每天30分，
学点会计

刘晓斌 ◎ 编著

中华工商联合出版社

图书在版编目（CIP）数据

每天30分，学点会计/刘晓斌编著.--北京：中华工商联合出版社，2020.12
ISBN 978-7-5158-2901-2

Ⅰ.①每… Ⅱ.①刘… Ⅲ.①会计学－基本知识 Ⅳ.①F230

中国版本图书馆CIP数据核字（2020）第203819号

每天30分，学点会计

作　者：	刘晓斌
出品人：	李　梁
责任编辑：	付德华　关山美
装帧设计：	北京任燕飞图文设计工作室
责任审读：	于建廷
责任印制：	迈致红
出版发行：	中华工商联合出版社有限责任公司
印　　制：	三河市宏盛印务有限公司
版　　次：	2021年6月第1版
印　　次：	2021年6月第1次印刷
开　　本：	710mm×1000mm　1/16
字　　数：	249千字
印　　张：	17.5
书　　号：	ISBN 978-7-5158-2901-2
定　　价：	49.80元

服务热线：010－58301130-0（前台）
销售热线：010－58301132（发行部）
　　　　　010－58302977（网络部）
　　　　　010－58302837（馆配部）
　　　　　010－58302813（团购部）
地址邮编：北京市西城区西环广场A座
　　　　　19—20层，100044
http://www.chgslcbs.cn
投稿热线：010－58302907（总编室）
投稿邮箱：1621239583@qq.com

工商联版图书
版权所有 侵权必究

凡本社图书出现印装质量问题，请与印务部联系
联系电话：010－58302915

PREFACE 前言

会计是一个非常讲究实际经验和专业技巧的职业，它的入职门槛相对比较低。但是想要得到好的发展，就必须要在工作中积累经验，不断提高专业素质和专业技巧，开拓自己的知识面。随着社会经济的高速发展，会计行业已经开始和其他的专业慢慢融合从而产生了很多新职业，这也为以后会计人员的发展提供了更多的选择机会。

会计工作是一项烦琐、复杂的工作，大部分的人都会觉得会计枯燥难学，专业性太强。

本书以图表的形式，用简洁通俗的语言，将有关会计工作的方法、流程、要领完整地展示给读者。力求使读者在最短的时间内掌握会计工作的要领，快速提高业务水平。

本书详细讲解了会计工作人员的日常业务，包括：认识会计工作、会计基础知识、处理会计凭证、登记会计账簿、会计核算工作和编制会计报表等内容。本书内容全面丰富、讲解详细、条理清晰、难易适度，可操作性非常强。

本书的主要特点如下所示。

◆全面丰富，思路清晰。本书详细讲解了会计的日常工作内容，知识全面周到，相信读者在阅读完本书之后，一定会对会计工作有更深刻的认识，并能轻松地用于日常的实战操作中。

◆图文并茂，操作性强。为了使读者能更容易地掌握会计工作的方法和技巧，本书配用了大量的图表和案例，使读者能更直观、生动地了解会计工作的奥秘。另外，本书的脉络清晰，条理清楚，相信读者能够轻松阅读。

◆难度适中，深入浅出。本书在讲解会计工作实务时，尽量采用通俗易懂的语言，由表及里，深入浅出，为读者拨开了会计工作的层层面纱，让读者能快速掌握会计工作的方法和技巧。

在编写过程中，我们参考了大量具有科学依据的文献资料和最新的会计法律法规，在此，向各位专家学者和一线财务工作者表示感谢！

CONTENTS 目录

第一章
先知先觉抓重点——认识会计工作..........001

会计的概述..........002
◎ 会计的概念..........002
◎ 会计对象与目标..........005
◎ 会计基本职能..........006

会计岗位的设置..........008
◎ 会计岗位类别..........008
◎ 会计岗位设置原则..........010
◎ 会计与出纳的区别..........011
◎ 会计电算化岗位设置..........011

会计工作的组织..........012
◎ 组织会计工作的意义..........012
◎ 会计工作的组织方式..........013

第二章
练好入门基本功——会计核算基础知识..........015

会计的核算内容..........016

◎ 会计核算前提..........016
◎ 会计核算的内容..........018
◎ 会计核算的要求..........020
◎ 会计核算方法..........022
◎ 会计信息质量要求..........024

会计要素与会计分录..........026
◎ 会计要素..........026
◎ 会计分录..........032

常用的会计科目与账户..........033
◎ 会计科目..........033
◎ 会计账户..........035

会计等式与借贷记账法..........038
◎ 会计等式..........038
◎ 借贷记账法..........043

第三章
同心协力理凭证——处理会计凭证..........047

原始凭证的处理..........048
◎ 原始凭证的分类..........048

◎原始凭证的内容 048
◎原始凭证的编制 051
◎原始凭证的审核 052
记账凭证的处理 054
◎记账凭证的分类 054
◎记账凭证的内容 055
◎记账凭证的填制 057
◎记账凭证的审核 059
会计凭证的传递和保管 060
◎会计凭证的传递 060
◎会计凭证的保管 061
◎会计凭证的销毁 063

第四章
认真仔细是关键——登记会计账簿 065

会计账簿的概述 066
◎会计账簿的分类 066
◎账簿的设置原则 068
会计账簿的登记 069
◎现金日记账的登记 069
◎银行存款日记账的登记 072
◎总账的登记 073
◎明细账的登记 075
账簿的保管和更换 082
◎会计账簿的更换 082
◎会计账簿的保管 083
◎会计账簿的销毁 085
对账的内容和方法 086
◎账证核对 086
◎账账核对 087
◎账实核对 087

◎账表核对 088
结账的步骤和方法 089
◎结账的程序和内容 089
◎结账的方法 090
错账查找与更正方法 091
◎错账查找方法 091
◎错账更正方法 094
账项调整和财产清查 099
◎账项调整 099
◎财产清查 103

第五章
精打细算样样通——企业经济业务核算 ...111

资金筹集过程的业务核算 112
◎企业筹集资金业务核算的内容 112
◎投入资本的核算 114
◎短期借款的核算 118
◎长期借款的核算 122
采购供应的业务核算 127
◎取得固定资产的核算 127
◎取得无形资产的核算 133
◎购入存货的核算 137
生产过程的业务核算 143
◎材料费用的核算 143
◎职工薪酬的核算 162
◎固定资产折旧的核算 169
◎制造费用的核算 173
◎完工产品的核算 177
销售过程的业务核算 183
◎商品销售收入的核算 183
◎提供劳务收入的核算 188

◎其他业务收入的核算...........193
◎营业成本和应交税金的核算 196

利润的分配核算...........................197
◎企业利润构成....................198
◎期间费用的核算................199
◎资产减值的核算................208
◎投资收益的核算................212
◎营业外收支的核算.............215
◎所得税费用的核算.............221
◎利润分配的核算................226
◎年末净利润结转的核算......232

第六章
精益求精做报表——编制会计报表...........239

会计报表的概述...........................240
◎会计报表的结构................240
◎会计报表的编制要求..........241

资产负债表的编制........................243
◎资产负债表的结构.............243
◎资产负债表的编制.............247

利润表的编制和分析....................250
◎利润表的概述...................250
◎利润表的编制方法.............253

现金流量表的编制........................257
◎现金流量表的概述.............257
◎现金流量表的编制.............260

所有者权益变动表的编制..............263
◎所有者权益变动表的概述....263
◎所有者权益表的编制..........265

财务报表附注的编制....................266
◎财务报表附注的概述..........266

◎财务报表附注的编制...........269

参考文献..270

第一章
先知先觉抓重点——认识会计工作

会计是以货币为主要计量单位，反映和监督一个单位经济活动的一种经济管理工作。通过本章的阅读，我们可以认识到企业会计工作的重要性，知晓会计的类型、对象、目标；会计的职能；并能够理解企业会计岗位设置的原则、类别；知晓会计与出纳的区别，同时，我们也会对企业会计日常工作和会计工作的组织有一个大致的了解。

学习导读：

◆认识会计类型、对象与目标

◆熟悉会计岗位设置

◆梳理会计基本职能

◆掌握会计核算内容

◆了解会计日常工作

会计的概述

> 在企业，会计主要反映企业的财务状况、经营成果和现金流量，并对企业经营活动和财务收支进行全面、综合、连续、系统地核算和监督。

◎会计的概念

会计是伴随着人们的生产实践而产生的一种活动。在甲骨文中，会计的"会"字就是一个人在篝火旁用树枝在地上划字，这个字很形象地说明了会计活动的特点，即对社会再生产过程中的经济活动进行核算和监督。

小故事：我国会计的起源

在我国，"会计"一词最早可以追溯到公元前1100年～前770年的西周时代，它的产生经历着一个漫长而又十分有趣的过程。

在西周以前所应用的文字中，尚未发现开会的"会"字，也无"会计"二字。当时人们表达"开会""集会""相会"之类的意思用的是"合"字；反映事物数量的增加或数目相加也用的是"合"字。由于"合"字的用处较多，在使用过程中人们越来越感到不方便，而且也越来越感到用"合"字来表达"会计"方面的意思很不确切、妥当。这样，大约到西周中后期，人们便从"合"字出发创造出新字形"会"字。这时，"会计"一词的基本含义是："会"是日常的零星核算，而"计"则是岁终的总合核算，通过日积月累的账务处理，达到正确管理和考核国家财政经济收支的目的。

随着周王朝的发展壮大，当会计成为国家行为的时候，"官厅会计"便应运而生。为管理贡赋、徭役等征收与分配，西周王朝在官厅中专门设置了位高权重的管理全国钱粮、赋税和官厅财物收支的"司会"一职，设立了独立的会计部门，并与财物保管等业务部门之间有了比较明确的分工，会计与出纳也有了初步的分工。此外，西周还规定了"以参互考日成，以月要考月成，以岁会考岁成"的会计检查制度。其中的"参互""月要"和"岁会",相当于今天的日报、月报和年报,初步形成了会计报表的雏形。

美国会计史学家迈克尔·查特菲尔德(Michael Chatfield)在其名著《会计思想史》一书中指出:"在内部控制、预算和审计程序等方面,周代在古代世界是无与伦比的。"

古今会计的区别

随着社会生产的日益发展和生产规模的日益扩大,会计经历了一个由简单到复杂、由低级到高级的不断发展完善的过程。

1. 会计内涵变得丰富

会计从简单地计算和记录财务收支,逐渐发展到利用货币计量来综合地反映和监督经济过程。会计的方法和技术也逐渐完善起来,现在用会计电算化来代替手工操作就是一个例证。更重要的是,利用会计管理经济所发挥的作用日益显著,日益为人们所认识。可以说,会计是经济管理的重要组成部分。经济愈发展,会计愈重要。

现代会计的含义已绝不仅仅是做账算账,它的内涵丰富得多。可以这样来表述会计的定义:会计是一个经济信息系统,也是一项管理活动。它是以一定的货币单位作为统一计量标准,对企业、事业和行政等单位的经济活动进行完整、连续、系统的记录、计算和分析,并对经济活动的进程和结果加以控制和考核,旨在加强经济管理,提高经济效益。

2. 会计外延得以拓展

会计从古代发展至今,已经不仅仅单指会计工作这一内涵,还专指会计人员,即从事会计工作的具体人员,如会计机构负责人、总会计师、高级会计师、会计师、助理会计师、会计员和出纳等,均可统称为会计。本文所说的会计是专指会计工作。

会计的特点

会计具有显著的特点,通过对会计特点的认识,可以进一步理解会计的含义。会计的特征主要表现在如图1-1所示的五个方面。

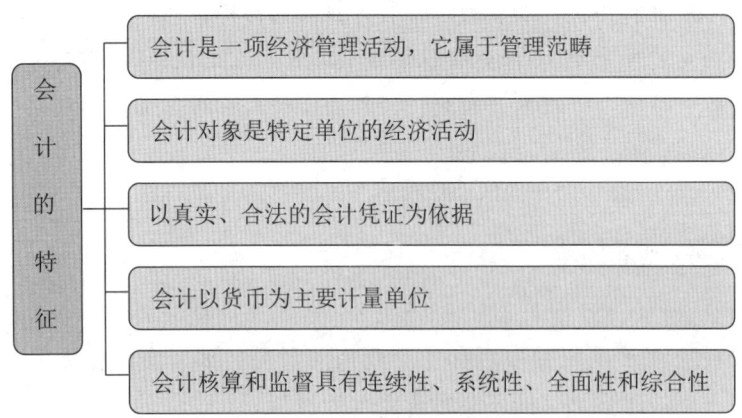

图1-1 会计的特征

会计以货币为主要计量单位,各项经济业务以货币为统一的计量单位才能够汇总和记录,但货币并不是唯一的计量单位。

会计的分类

会计按其报告对象不同,分财务会计和管理会计。(如图1-2所示)

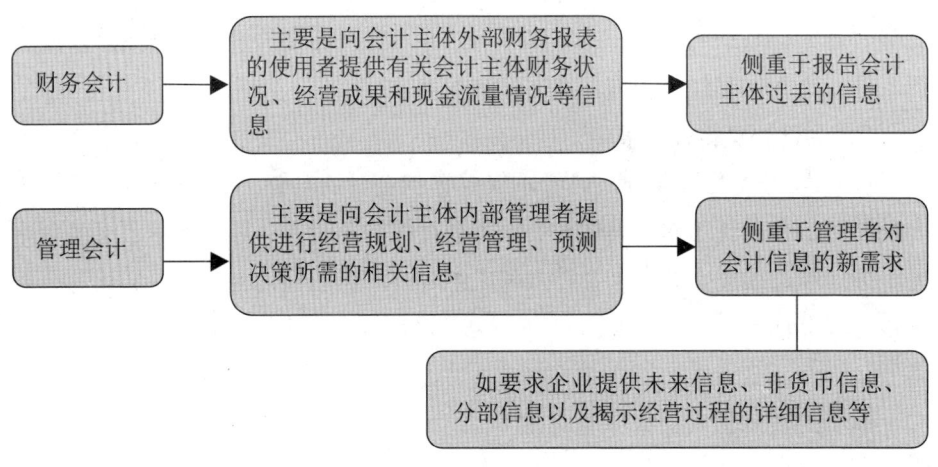

图1-2 会计的分类

按其服务主体的运营性质不同，分营利组织会计（企业会计）和非营利组织会计（非企业会计）；按其核算和监督的内容不同，分通用业务会计和特殊业务会计；按其采用的技术手段不同，分手工会计和电算化会计。

◎会计对象与目标

会计对象是指会计所要核算和监督的内容，凡是特定主体能够以货币表现的经济活动，都是会计核算和监督的内容，也就是会计对象。会计的目标，则是指在一定的社会经济环境下，会计工作所要达到的目的。

会计对象

会计对象一般意义上是指社会在生产过程中的资金运动。企业的价值运动包括资金的投入、资金的循环与周转、资金的退出三个基本环节。（如表1-1所示）

表1-1 企业的价值运动内容

类　别	具体分析
资金的投入	所有者资金和债权人贷款的投入两部分
资金的循环与周转	资金的运动是资金在企业内部的循环和周转。企业的资金运动是从货币资金开始，经过供应过程（生产准备）、生产过程（产品制造）、销售过程（产品价值的实现）三个环节
资金的退出	资金的退出包括偿还债务、上缴税金、向投资者分配利润等，使得这部分资金离开本企业，退出资金的循环与周转

会计目标

会计目标是向会计信息使用者提供与会计主体财务状况、经营成果和现金流量等有关的会计信息，反映会计主体管理层受托责任的履行情况，有助于财务报表使用者做出经济决策。按会计主体的不同分企业会计目标和非企业会计目标。

企业会计目标包括如表 1-2 所示内容。

表 1-2 企业会计目标内容

目 标	具体分析
向会计信息使用者提供决策有用的会计信息	会计要为企业外部各有关方面提供信息。有关方面包括：企业的投资者、债权人、社会公众等。投资者分析企业的理财能力、盈利能力和发展能力，预测投资风险和报酬。债权人分析企业的偿债能力，衡量贷款风险，作出贷款决策
反映企业管理层受托责任的履行情况	现代企业制度强调企业所有权和经营权相互分离，会计信息反映企业管理层受托责任的履行情况，以有助于评价企业的经营管理责任和资源使用的有效性

◎会计基本职能

会计的职能是指会计在经济管理过程中所具备的功能。会计的职能有多种，如进行会计核算、实施会计监督、预测经济前景以及评价经营业绩等，其中进行会计核算和实施会计监督是会计最重要的，也是最基本的职能。

会计核算职能

会计核算职能也叫反映职能，指会计以货币为主要计量单位，通过确认、计量、记录和报告等环节，反映特定会计主体的经济活动，向有关各方提供会计信息。会计核算是会计最基本的职能。

会计核算的基本特点如图 1-3 所示。

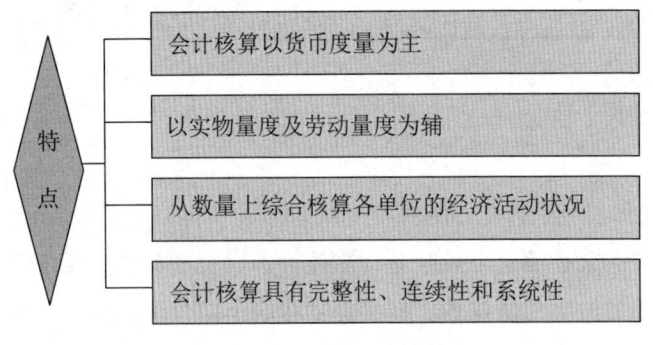

图 1-3 会计核算的基本特点

会计核算有四个环节，如图1-4所示。

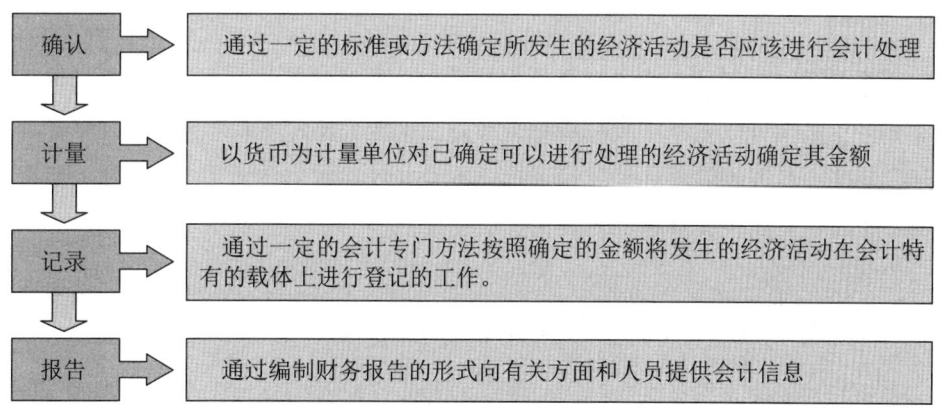

图1-4　会计核算的四个环节

会计核算的具体方法包括：设置会计科目和账户；复式记账；填制和审核会计凭证；登账簿；成本计算；财产清查；编制会计报表。

会计监督职能

会计监督职能也称控制职能，指会计具有按照一定的目的和要求，利用会计核算所提供的经济信息，对会计主体的经济活动进行检测、调节、反馈和指导，使之达到预测目标的功能。

按照不同的标准，会计监督有不同的分类，如图1-5所示。

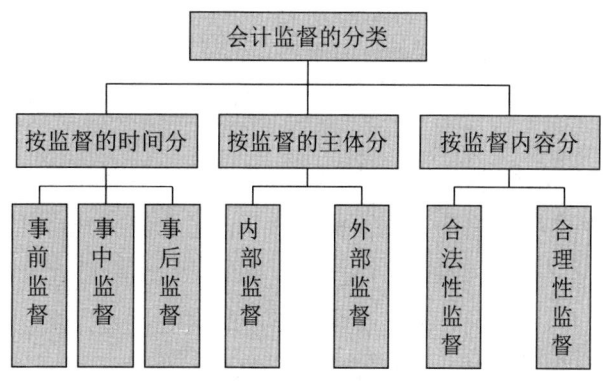

图1-5　会计监督的分类

特别提示

会计的核算职能和监督职能是密切联系、相辅相成的。会计核算是基础,没有核算所提供的各种信息,监督就失去了依据;而会计监督又是会计核算的有力保障,只有通过会计监督保证经济活动按规定的要求进行,并且达到预期的目的,才能发挥会计核算的作用。

会计岗位的设置

根据《中华人民共和国会计法》(以下简称《会计法》)规定:"各单位应当根据会计业务的需要,设置会计机构,或者在有关机构中设置会计人员并指定会计主管人员。"实行独立核算的大中型企业,实行企业化管理的事业单位,以及财务收支数额较大、会计业务较多的企业都需要设置具体的工作岗位;其他情况的企业可以聘请经批准有权代理记账的中介机构代理记账。

◎会计岗位类别

小故事:什么样的人能做会计

2018年12月,××电子有限公司侯总经理,以加强对公司财务部管理为由,将自己朋友的女儿王××,调入该公司财务部担任出纳,登记现金和银行存款日记账,并兼管会计档案工作。王××到公司财务部工作后,经过两年的努力,取得了会计从业资格证书。2020年2月,侯总经理即任命王××为该公司财务部经理,全面主持该公司财务部工作。

通过阅读上述故事，我们可以知道，侯总经理将王××调入该公司担任出纳的行为不符合国家法律规定；出纳兼管会计档案工作的行为不符合规定；任命王××为财务部经理的行为不符合规定。理由如下：

（1）《会计法》第38条规定，从事会计工作的人员，必须取得会计从业资格证书，而王××在2019年12月前尚未取得会计从业资格证书；

（2）《会计法》第37条规定，出纳人员不得兼任稽核、会计档案保管和收入、支出、费用、债权债务账目的登记工作；

（3）《会计法》第38条第二款规定，担任单位会计机构负责人(会计主管人员)的，除取得会计从业资格证书外，还应当具备会计师以上专业技术职务资格或者从事会计工作三年以上经历。而王××当时既不是会计师，又从事会计工作不满三年。

会计人员责任重大，所以一般企业在聘用会计人员时，不但对专业和资格有要求，对道德品质也有很高的要求。这是由会计工作的特殊性所决定的。会计人员在工作当中，应当时时警醒，须知法律利刃高悬于顶。虽然我国的会计法明确规定，单位负责人对本单位的会计工作和会计资料的真实性、完整性负责，但是会计人员作为会计机构的主体和主要经手人，本单位出现的与会计相关的违法行为，必定会参与其中。所以不管是主观因素还是客观因素引起的，当本单位出现会计违法行为时，会计都将作为直接责任人员而承担应有的法律责任。

现代企业会计岗位类别

目前，我国会计工作岗位一般可分为：会计机构负责人或会计主管人员、出纳、财产物资核算，工资核算，成本费用核算，财务成果核算，资金核算，往来核算，总账报表，稽核，档案管理等。

每个企业可以根据实际需要设置会计岗位。比如有的企业设置会计主管、出纳、流动资产核算、固定资产核算、投资核算、存货核算、工资核算、成本核算、利润核算、往来核算、总账报表、稽核、综合分析等特定会计岗位。而这些岗位有的是一人一岗，一人多岗，也可能是一岗多人。有的小企业只有一个会计一个出纳，但是也有企业根据自己的业务需要分别设置。（如图1-6所示）

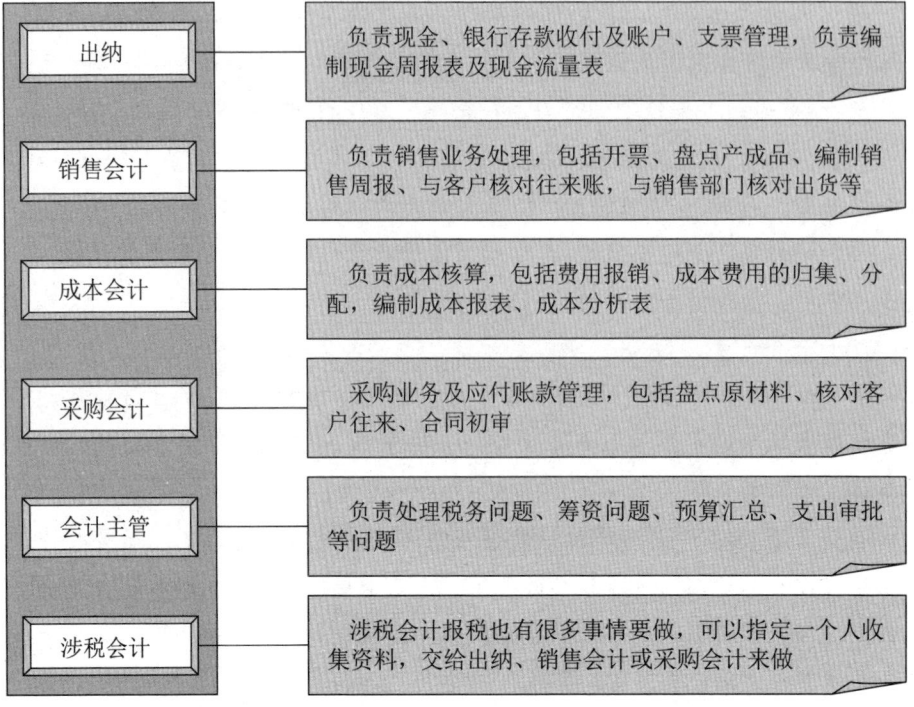

图1-6 企业会计岗位分类

◎会计岗位设置原则

企业单位在设置会计人员岗位时,应注意以下几个原则,如图1-7所示。

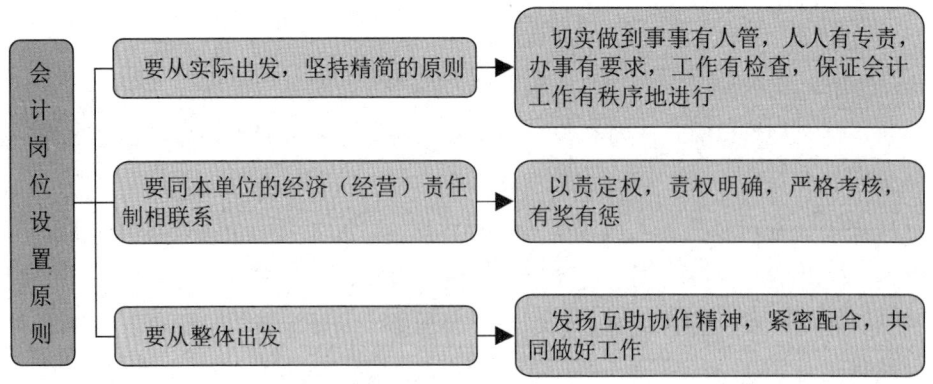

图1-7 会计岗位设置原则

会计岗位可以一人一岗，一人多岗或一岗多人，但出纳人员不得兼管稽核、会计档案保管和收入、费用、债权债务账目的登记工作。正确区分会计工作同出纳工作是把握工作重点，切实做好会计工作的前提。

◎会计与出纳的区别

财务包括会计和出纳，法规有规定会计和出纳不能兼任，实务中好多好会计都是从出纳做起的。会计和出纳既相区别又有联系，是分工与协作的关系。他们的主要区别如表1-3所示。

表1-3 会计与出纳的区别

区别	会计	出纳
概念不同	会计是指对一个单位的经济活动进行确认、计量和报告，作出预测，参与决策，实行监督，旨在实现最佳经济效益的一种管理活动	出纳是指按照有关规定和制度，办理本单位的现金收付、银行结算及有关账务，保管库存现金、有价证券、财务印章及有关票据等工作的总称
职责不同	会计的工作包括负责具体审核和办理财务收支、编制记账凭证、登记会计账簿、编制会计报表和办理其他会计事务	出纳的日常工作主要是现金、银行存款和各种有价证券的收支与结存核算，以及现金、有价证券的保管和银行存款账户的管理工作
工作的特点不同	会计是以货币为主要计量尺度，以审核无误的会计凭证为依据进行核算和监督，具有一整套专门的方法	出纳具有社会性、专业性、政策性、时间性

◎会计电算化岗位设置

在会计信息系统的普及之下，电算化岗位设置也很重要。会计电算化岗位是指直接管理、操作、维护计算机及会计软件系统的岗位。会计电算化岗位的设置除要考虑会计人员工作规则外，还要受单位电算化系统模式、规模的制约，这种制约甚至是决定性的，单位采用的系统大小、复杂程度都对岗位设置产生重要影响。具体来说，比较完善的电算化会计系统应设置如表1-4所示的电算化岗位。

表1-4 会计电算化岗位分类

会计分类	详细介绍
系统管理员	系统管理员负责会计电算化过程中的管理及运行工作，要求具备会计和计算机知识，以及相关的会计电算化组织管理的经验，可由会计主管兼任。采用中小型计算机和计算机网络会计软件的单位，须设立此岗位
系统操作员	系统操作员要求具备会计知识及上机操作知识，达到会计电算化初级知识培训的水平
资料审核员	数据审核要求具备会计和计算机知识，由具有会计师以上职称的财会人员担任
系统维护员	负责计算机硬件、软件的正常运行。要求具备计算机和会计知识，经过会计电算化中级培训。采用大型、小型计算机和计算机网络会计软件的单位，应专门设立此岗位，由专职人员担任
会计档案管理员	负责存盘各类数据软盘、程序软盘、输出的账表、凭证及其他各种会计档案数据的保管工作，做好软盘、数据及数据的安全保密工作

会计工作的组织

会计是经济管理的重要组成部分。为了使会计工作正常、高效运行，必须科学地组织会计工作。会计工作组织是建立会计系统、设计会计政策和制度，以及系统内部部门和人员之间的分工与协调。

◎组织会计工作的意义

小故事：鲁宾孙漂流的故事与会计的任务与作用

马克思在《资本论》里，生动地引述了一段漂流在荒岛上的鲁宾孙的故事，指出了会计的任务和作用："我们这位从破船上抢救出表、账簿、墨水和笔的鲁宾孙，马上就作为一个道地的英国人开始记起账来。他的账本记载着他所有的各种物品，生产这些物品所必需的各种活动，最后还记载着他制造这种一定量的产品平均耗费的劳动时间。"他为什么要记账呢？因为"需要本身迫使他精确地分配自己执行各种职能的时间。在他的全部劳动中，这种或那种职能所占比重的大小，取决于他为取得预期效果所要克服的困难的大小"。

组织会计工作的意义

会计工作组织就是根据会计工作的特点，制定会计法规制度，设置会计机构，配备会计工作人员，以保证合理、有效地进行会计工作。

合理组织会计工作的意义可以归纳为以下几个方面，如图1-8所示。

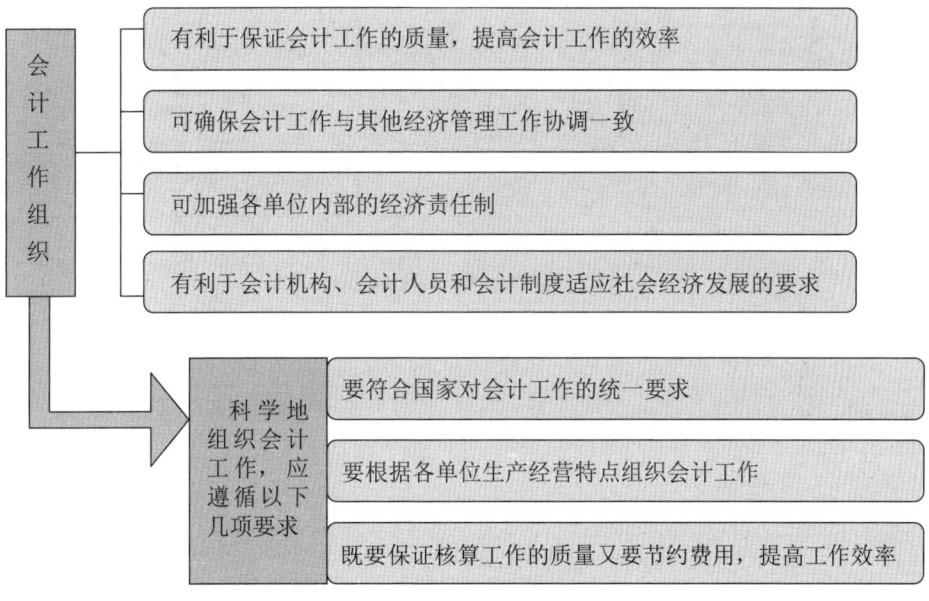

图1-8 合理组织会计工作

◎会计工作的组织方式

企业单位或其内部机构按其核算关系的性质不同，一般可分为独立核算单位和非独立核算单位。（如图1-9所示）

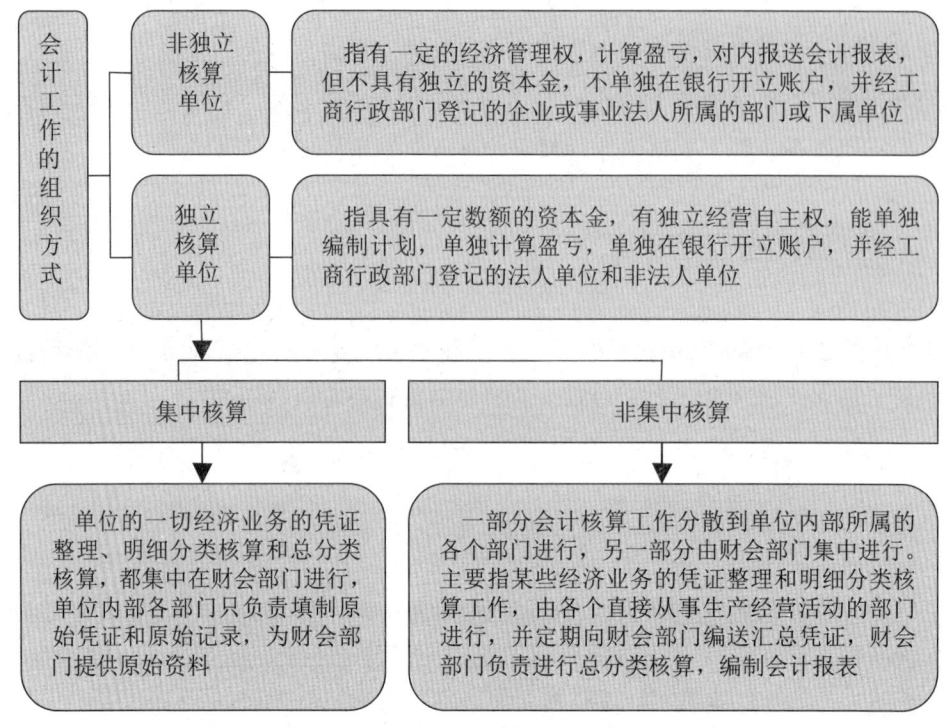

图1-9 会计工作的组织方式

第二章
练好入门基本功——会计核算基础知识

本章重点阐述会计学原理中的基本理论问题。通过本章的学习，我们可以了解有关会计的基础知识，包括会计的基本职能、核算内容等，掌握用手工进行账务处理的一些基本知识，如掌握会计要素和会计分录，了解会计科目和账户，掌握会计等式或借贷记账法等。

学习导读：

◆掌握会计的基本职能

◆体悟会计核算的内容

◆了解会计要素和会计分录

◆知晓会计科目和账户

◆掌握会计等式与借贷记账法

会计的核算内容

> 会计核算是会计工作的基础,在我国,会计核算必须遵守《中华人民共和国会计法》和有关财务制度的规定,符合有关会计准则和会计制度的要求,力求会计资料真实、正确、完整,保证会计信息的质量。

◎会计核算前提

明确会计核算的基本前提主要是为了在会计实务中出现一些不确定因素时,能进行正常的会计业务处理,并对会计领域里存在的某些尚未确知并无法正面论证和证实的事项作出符合客观情理的推断和假设,故而会计核算的基本前提也称会计假设。

会计假设是企业会计确认、计量和报告的前提,是对会计核算单位所处的时间、空间环境作出的合理设定。会计核算的基本前提包括如图2-1所示的四方面内容。

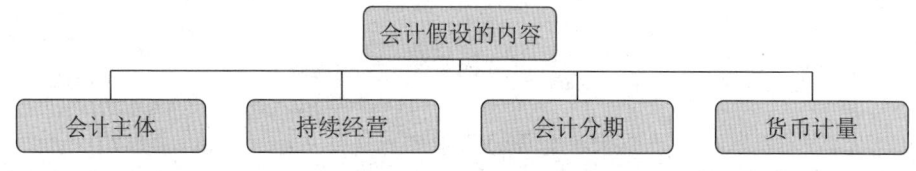

图2-1 会计假设的内容

会计主体

会计主体是指会计核算的对象,是会计人员进行核算所采取的立场及空间活动范围界定。一般来说,凡拥有独立的资金、自主经营、独立核算收支、盈亏并编制会计报表的企业或单位就构成一个会计主体。

会计主体与法律主体并非对等概念,一般而言,凡是法人可以作为会计主体，但会计主体不一定就是法人。会计主体可以是独立法人，也可以是非法人；可以是一个企业，也可以是企业内部的某一个单位或企业中的一个特定部分；可以是一个单一的企业，也可以是几个企业组成的企业集团。

组织会计核算工作时，首先应明确"为谁核算""为谁服务"的问题，这是因为会计的各种要素(如资产、负债、收入、费用等)都是特定的经济实体，都是与会计主体相联系的，一切核算工作都是站在特定会计主体的立场上进行的。如果主体不明确，那么资产和负债就难以界定，收入和费用便无法衡量，以划清经济责任为准绳而建立的各种会计核算方法的应用更无从谈起。

会计主体的确定决定了会计人员的记账立场，因为从不同的主体立场对资金运动进行表达，其结果完全是不一样的。比如：A企业出售一批50万元的钢材给B企业，款项尚未收到。从A企业的立场：在这项购销交易中，销售收入增加了50万元，同时有了50万元应收款项；从B企业立场：在这项购销交易中，钢材资产增加了50万元，同时有了50万元的应付账款。

持续经营

将持续经营作为基本前提条件，是假设企业在可以预见的将来，企业将会按当前的规模和状态继续经营下去，不会面临破产和清算，也不会大规模地削减业务，这样才能够认为资产在未来的经营活动中可以给企业带来经济效益，固定资产的价值才能够按照使用年限的长短以折旧的方式分期转为费用。

会计分期

会计分期是指将一个企业持续经营的生产经营活动划分为一个个连续的，长短相同的期间，以便分期结算账目和编制财务会计报告。会计期间通常分为年度和中期。（如图2-2所示）

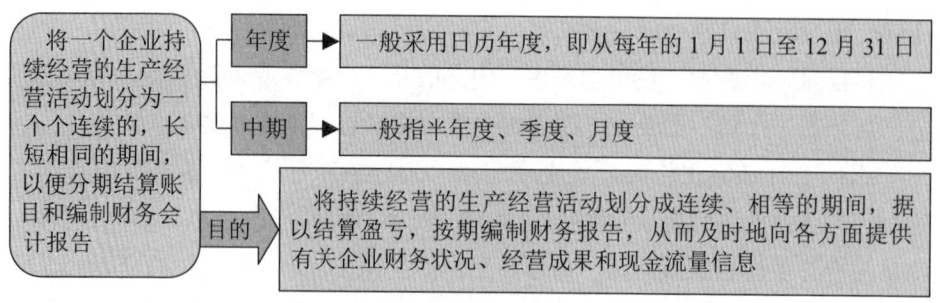

图 2-2　会计期间的分类

货币计量

货币计量是指会计主体在财务会计确认、计量和报告时采用货币作为统一的计量单位，反映会计主体的生产经营活动。根据《企业会计准则》的规定，会计核算以人民币为记账本位币。业务收支以人民币以外的货币为主的单位，可以选定某种外币作为记账本位币，但是编报的财务会计报告应当折算为人民币。

◎会计核算的内容

单位在生产经营和业务活动中，会发生各种各样的经济业务事项。如商品的买卖、提供劳务等。会计核算的具体内容就是单位发生的交易或事项。根据我国《会计法》第十条规定，单位发生的下列交易或事项应当办理会计手续，进行会计核算。（如图2-3所示）

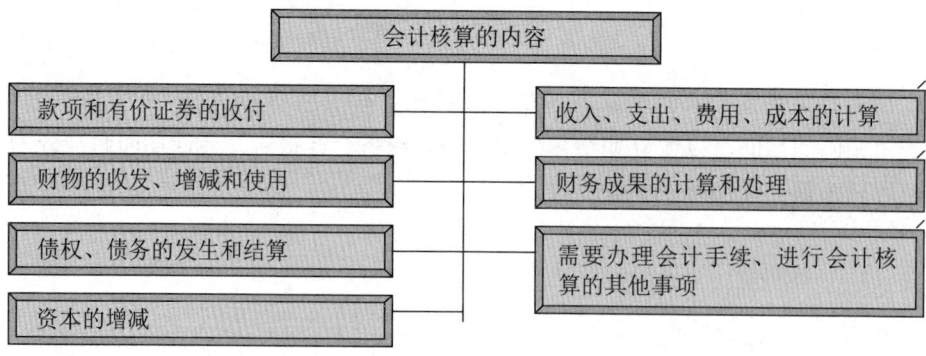

图 2-3　会计核算的内容

款项和有价证券的收付

款项是作为支付手段的货币资金,主要包括现金、银行存款以及其他视同现金和银行存款的银行汇票存款、银行本票存款、信用卡存款、信用证存款等。有价证券是指表示一定财产拥有权或支配权的证券,如国库券、股票、企业债券等。

财物的收发、增减和使用

财物是指单位的财产物资,一般包括原材料、燃料、包装物、低值易耗品、在产品、商品等流动资产和房屋、建筑物、机器、设施、运输工具等固定资产。财物的收发、增减和使用是单位资金运动的重要形态,因而是会计核算的经常性业务。加强对财物的管理,有利于控制和降低成本,保证财物的安全、完整,防止资产流失。

债权、债务的发生和结算

债权是企业收取款项的权利,一般包括各种应收和预付款项等。债务则是指由于过去的交易、事项形成的企业需要以资产或劳务等偿付的现时义务,一般包括各项借款、应付和预收款项,以及应交款项等。

资本、基金的增减

会计上的资本又称为所有者权益,是指投资人对企业的净资产的所有权,是企业全部资产减去全部负债后的余额,包括实收资本、资本公积、盈余公积和未分配利润。基金主要是指机关、事业单位某些特定用途的资金,如事业发展基金,集体福利基金、后备基金等等。资本、基金的增减都会引起单位资金的变化,会计机构、会计人员必须及时办理会计手续,进行核算。

收入、支出、费用、成本的计算

收入是指企业在销售商品、提供劳务及让渡资产使用权等日常活动中所形成的经济利益的总流入。支出是指企业所实际发生的各项开支,以及在正常生产经营活动以外的支出和损失。费用是指企业为销售商品、提供劳务等日常活动所发生的经济利益的流出。成本是指企业为生产产品、提供劳务而发生的各种耗费,是按一定的产品或劳务对象所归集的费用,是对象化了的费用。

财务成果的计算和处理

财务成果是单位在一定期间内经济活动的最终成果,也就是单位所得与所耗费或支出的配比,二者相抵后的差额,有的表现为盈余,有的则表现为亏损。财务成果是反映经营成果的最终要素,对它的计算和处理涉及有关方面的经济利益,因此,必须及时进行会计核算。

其他需要办理会计手续,进行会计核算的事项

这是指除了前面六项内容以外需要进行会计核算的内容。前面六项内容基本上涵盖了会计核算的主要内容,但由于会计环境纷繁复杂,经济活动及会计业务的发展也是日新月异,仍有可能产生一些新的会计核算内容,如企业的终止清算,破产清算等这些业务的核算,也是会计核算不可缺少的内容。为了适应经济发展对会计核算工作的要求,会计法将可能产生的新的会计业务事项以"其他事项"来概括,以保证各种复杂的经济活动都能够得到及时的核算和反映。

◎会计核算的要求

会计核算的要求有如下几方面内容,如表2-1所示。

第二章 >>> 练好入门基本功——会计核算基础知识

表2-1 会计核算的要求

会计分类	详细介绍
方法的要求	各单位必须按照国家统一的会计制度的要求设置会计科目和账户、复式记账、填制会计凭证、登记会计账簿、进行成本计算、财产清查和编制财务会计报告
依据的要求	各单位必须根据实际发生的经济业务事项进行会计核算，编制财务会计报告
设置账簿的要求	各单位发生的各项经济业务事项应当在依法设置的会计账簿上统一登记、核算，不得违反《会计法》和国家统一的会计制度的规定私设会计账簿登记、核算
资料保管的要求	各单位对会计凭证、会计账簿、财务会计报告和其他会计资料应当建立档案，妥善保管
会计电算化的要求	使用电子计算机进行会计核算的，其软件及其生成的会计凭证、会计账簿、财务会计报告和其他会计资料，也必须符合国家统一的会计制度的规定
文字的要求	会计记录的文字应当使用中文。在民族自治地区，会计记录可以同时使用当地通用的一种民族文字。在中华人民共和国境内的外商投资企业、外国企业和其他外国组织的会计记录，可以同时使用一种外国文字。

小故事：这样核算是否妥当

文远会计师事务所由赵文和孙远合伙创建，最近发生了下列经济业务，并由会计员做了相应的处理。

（1）4月10日，赵文从事务所出纳处借了500元现金给自己的孩子购买玩具，会计人员将500元记为事务所的办公费支出，理由是：赵文是事务所的合伙人，事务所的钱也有赵文的一部分。

（2）4月15日，会计员将4月1日至15日的收入、费用汇总后，计算出半个月的利润，并编制了财务报表。

（3）4月20日，事务所收到某外资公司支付的业务咨询费2000美元，会计员没有将其折算为人民币反映，而直接计到美元账户。

（4）4月30日，收到某公司的预付审计费用3000元，会计员将其作为4月份的收入处理。

该事务所会计员对上述经济业务的处理不正确，主要理由如下：

(1)处理不正确。违反了真实性原则,赵文买玩具是他的个人行为,与事务所没有关系。显然违背了真实性原则中要企业做到的以实际发生的交易或事项为依据,不得根据虚构的事项或交易进行确认。

另外赵文虽然是合伙人,但其只对此所拥有占其股份份额的所有权。如果据此要求买玩具支出由所里承担是违反了利润分配程序,损害了其他合伙人的正当权益。

(2)我国会计期间是月度、季度、半年度和年度。最小会计期间是一个月度,正式对外送的报表没有半个月的报表。此报表只可以当作内部报表作为管理参考。

(3)如果此所以人民币为记账本位币,那这笔咨询业务收入应该折算成人民币核算收入。如果在银行开有美元户则存款按美元和人民币两个金额核算。如果只有人民币户的就按出售给银行得到的人民币分别计入收入和银行存款(不需要计入汇兑损益)。

(4)不正确。违反了权责发生制原则。当收到预付款是并没有实际发生这部业务。

◎会计核算方法

会计核算方法,是指会计对企、事业,行政单位已经发生的经济活动进行连续、系统、全面反映和监督所采用的方法。在传统的手工记账程序下,会计核算的各种方法主要包括:设置会计科目及账户、复式记账、填制与审核凭证、设置与登记账簿、成本计算、财产清查和编制会计报表。会计核算方法构成会计循环过程。

在经济业务发生后,取得和填制会计凭证;按会计科目对经济业务进行分类核算,并运用复式记账法在有关会计账簿中进行登记;然后对生产经营过程中各种费用进行成本计算;并对账簿记录通过财产清查加以核实,保证账实相符;在期末,根据账簿记录资料和其他资料,实行必要的加工计算,编制会计报表。

会计核算的方法是相互联系、密切配合,构成了一个完整的核算方法体系。这些方法相互配合运用的程序如图2-4所示。

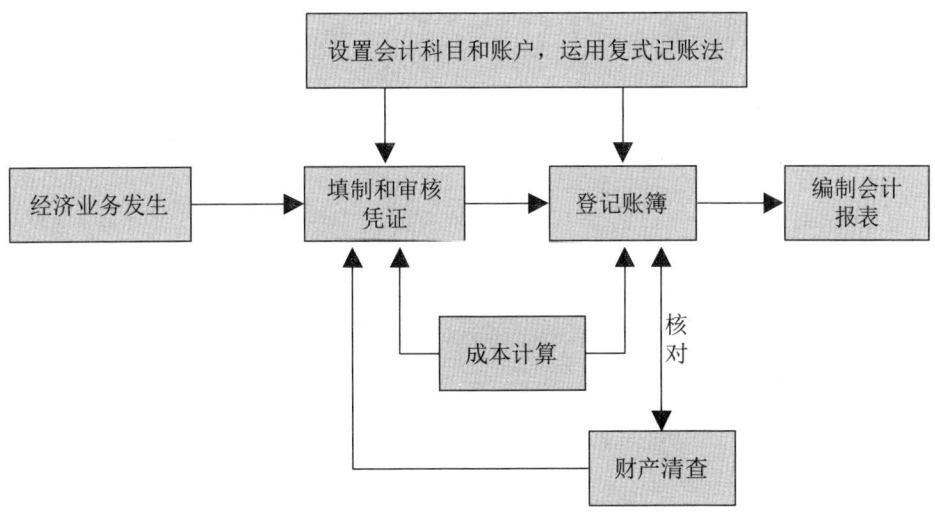

图 2-4　会计核算工作程序

设置会计科目及账户

根据会计对象具体内容的不同特点和经济管理的不同要求，选择一定的标准进行分类，并按分类核算的要求，逐步开设相应的账户。

复式记账

复式记账就是对每一项经济业务，都以相等的金额同时在两个或两个以上的相关账户中进行记录的方法。

填制和审核凭证

对于已经发生的经济业务，都必须由经办人或单位填制原始凭证，并签名盖章。所有原始凭证都要经过会计部门和其他有关部门的审核，并根据审核后的原始凭证编制记账凭证，作为登记账簿的依据。

设置与登记账簿

根据填制和审核无误的记账凭证，在账簿上进行全面、连续、系统的记录。

成本计算

对应记入一定对象的全部费用进行归集、计算，并确定各对象的总成本和单位成本。

财产清查

通过实物盘点、往来款项的核对来检查财产和资金的实有数额。

编制会计报表

根据账簿记录的数据资料，采用一定的表格形式，概括地、综合地反映各单位一定时期内的经济活动过程和结果。

在一个会计期间，会计主体(企业)所发生的经济业务，都要通过这几个环节将大量的经济业务转换为系统的会计信息。这个转换过程，即从填制和审核会计凭证开始，经过登记会计账簿，一直到编制出会计报表周而复始的变化过程，就是一般称谓的会计循环。在这个循环过程中，以三个环节为联结点，联结其他的核算方法，从而构成了一个完整的会计核算方法体系。

◎会计信息质量要求

会计信息质量要求如表 2-2 所示。

表 2-2 会计信息质量要求

原 则	分 析
可靠性	保证会计信息真实可靠、内容完整
相关性	有用性，会计信息应与财务报表使用者的经济决策需要有关，有助于其对企业情况做出评价或预测
可理解性	即明晰性，会计信息清晰明了，利于理解和使用
可比性	会计信息同一企业不同时期、不同企业相同会计期间可比
实质重于形式	注重交易或事项的经济实质，而不必完全拘泥于法律形式。如，融资租赁
重要性	会计信息影响财务报表使用者的决策的程度。从项目性质和金额大小来判断
谨慎性	即稳健性，不高估资产或收益、不低估负债或费用
及时性	会计信息的及时收集、处理、传递，保证其时效性

会计的核算职能渗透到生产经营或业务活动的全过程。包括事前核算及事中核算、事后核算。从核算内容看，既包括记账、算账、报账，又包括预测、分析和考核。

特别提示

在实务中，为了及时提供会计信息，可能需要在有关交易或者事项的信息全部获得之前即进行会计处理，这样就满足了会计信息的及时性要求，但可能会影响会计信息的可靠性；反之，如果企业等到与交易或者事项有关的全部信息获得之后再进行会计处理，这样的信息披露可能会由于时效性问题，对于投资者等财务报告使用者决策的有用性将大大降低。这就需要在及时性和可靠性之间作相应权衡，以最好地满足投资者等财务报告使用者的经济决策需要为判断标准。

会计要素与会计分录

会计要素是指按照交易或事项的经济特征对会计对象进行的基本分类,是会计核算和监督的主要对象。会计分录则是指对某项经济业务标明其应借应贷账户及其金额的记录,简称分录。

◎会计要素

会计对象的内容繁多,涉及面广。为了便于会计核算,必须对其做进一步的分类,这样不仅有利于对不同经济类别进行确认、计量、记录和报告,而且还可以为设置会计科目和设计财务报表提供依据。这种分类的类别,在会计上称为会计要素。概括地说,所谓会计要素,就是对会计对象按其经济特征所作的进一步分类。

会计要素内容

我国《企业会计准则——基本准则》将会计要素划分为资产、负债、所有者权益、收入、费用和利润六个会计要素,用于反映企业的财务状况和经营成果等情况。(如图2-5所示)

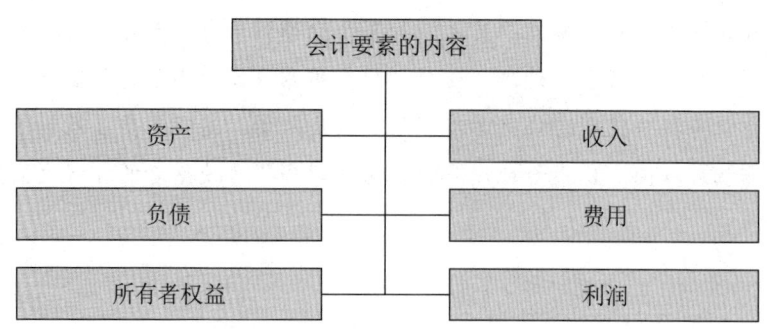

图2-5 会计要素的内容

1. 资产

资产是指过去的交易或事项形成并由企业拥有或者控制的资源,该资源预期会给企业带来经济利益。(如图 2-6 所示)

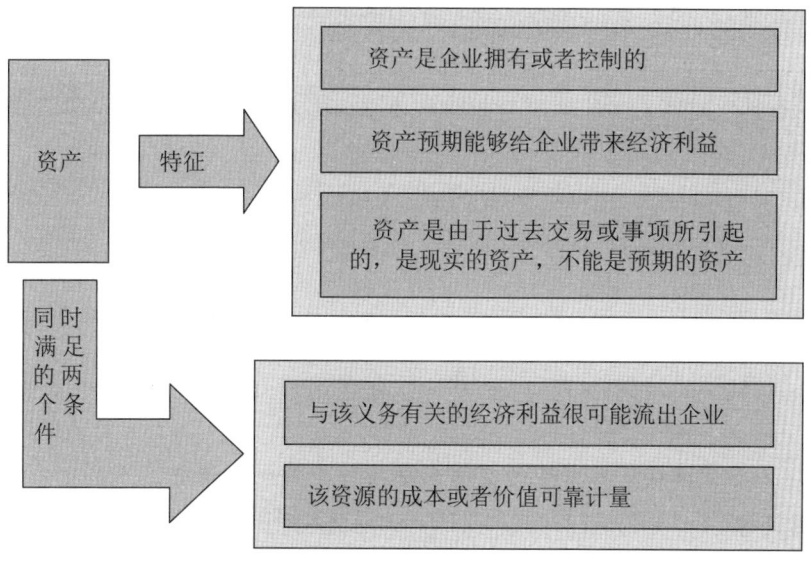

图 2-6 资产

资产按其流动性分为流动资产和非流动资产。(如表 2-3 所示)

表 2-3 资产的分类

类别	具体分析
流动资产	在一年或者超过一年的一个营业周期内变现或耗用的资产,包括:现金、银行存款、交易性金融资产、应收及预付款项、存货等 (应收款项包括:预付账款、其他应收款、应收票据、应收账款)
非流动资产	不符合流动资产确认条件的资产,包括长期股权投资、固定资产、无形资产、长期待摊费用和其他长期资产等

2. 负债

负债是指过去的交易或者事项形成的现时义务,履行该义务预期会导致经济利益流出企业。实质上反映了企业与债权人之间的一种债权、债务关系。(如图 2-7 所示)

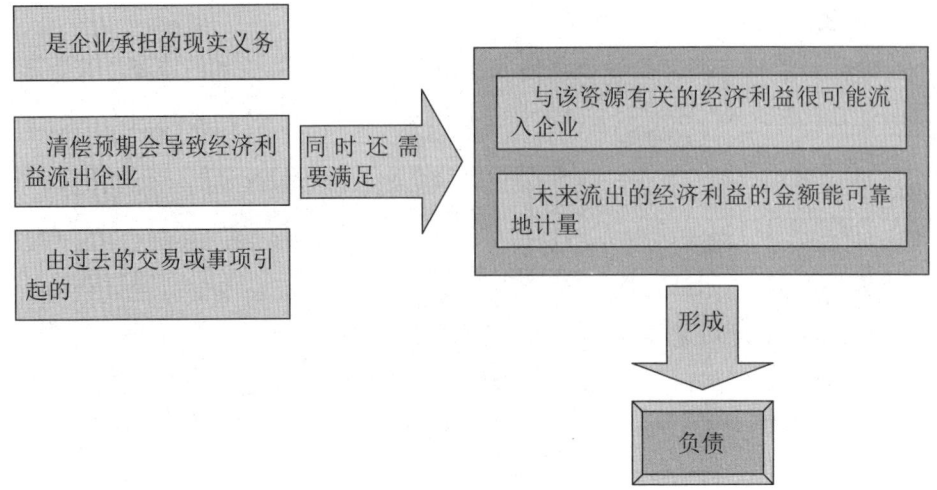

图 2-7 负债

注：企业预期将要发生的交易或事项可能产生的债务，不能作为会计上的负债处理。

负债按其流动性分为流动负债和长期负债。（如表 2-4 所示）

表 2-4 负债的分类

类别	具体分析
流动负债	将在一个年度或超过一年的一个营业周期内偿还的债务，包括：短期借款、应付票据、应付账款、应付职工薪酬、应交税费、应付股利等
长期负债	不满足流动负债确认条件的债务，包括：长期借款、应付债券和长期应付款等

3．所有者权益

企业资产扣除负债后由所有者享有的剩余权益。公司的所有者权益又称为股东权益，其金额为资产减去负债的余额。

（1）所有者权益的特征

所有者权益的特征如表 2-5 所示。

表2-5 所有者权益的特征

所有者权益的特征	除非发生减资、清算,企业不需要偿还所有者权益
	企业清算时,只有在清偿完所有的负债后,所有者权益才返还给所有者
	所有者凭借所有者权益能够参与企业的利润分配

(2) 确认条件

所有者权益是一种来自投资者投资行为的权利。(如图2-8所示)

图2-8 所有者权益确认的条件

(3) 所有者权益的构成

所有者权益包括实收资本(或股本)、资本公积、盈余公积和未分配利润。(如表2-6所示)

表2-6 所有者权益的分类

类别	具体分析
实收资本	投资者按照企业章程或合同、协议的约定、实际投入企业的资本。国家投入、法人投入、个人投入、外商投入。
资本公积	在筹集资本过程中所取得的由投入资本引起的各种增值项目,包括:资本(股本)溢价、其他资本公积等。投资者投入但不能构成实收资本,或从其他来源取得由所有者享有的资本(准资本)
盈余公积	企业按规定从税后利润中按一定比例提取的积累资金。用途:转到实收资本;弥补今后的亏损。特点:在经营过程中产生,包括法定盈余公积、任意盈余公积
未分配利润	企业留待以后年度分配的利润

注:盈余公积与未分配利润又统称为留存收益。

4. 收入

收入是企业日常活动中形成的，会导致所有者权益增加的，与所有者投入资本无关的经济利益的总流入。（非日常活动的经济利益流入是利得，不是收入）如图 2-9 所示。

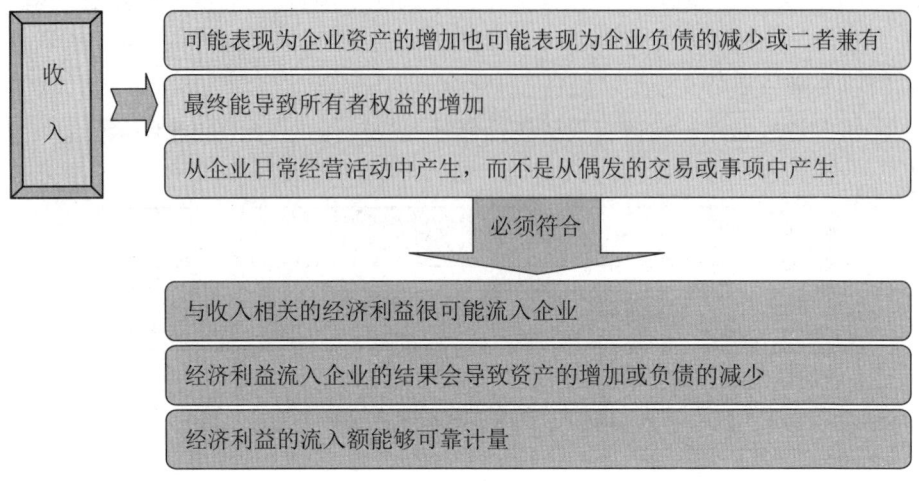

图 2-9　收入

注：本企业的收入指包括本企业经济利益的流入（分主营活动成果和其他业务活动的成果）而不包括第三方或客户代收的款项，如增值税、代收利息等。

收入的构成如图 2-10 所示。

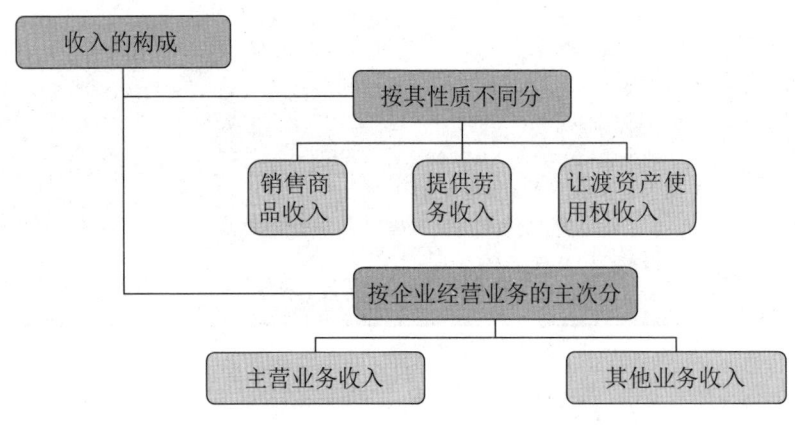

图 2-10　收入的构成

5. 费用

费用是指企业为销售商品、提供劳务等日常活动所发生的经济利益的流出。如图 2-11 所示。

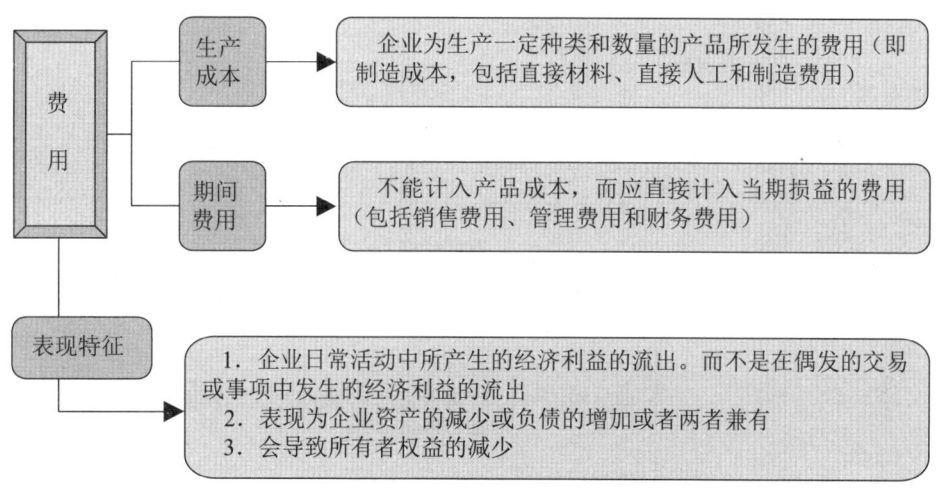

图 2-11　费用

6. 利润

利润包括企业收入减去费用后的净额和直接计入当期利润的利得和损失等。利润总额包括营业利润、利润总额和净利润。

会计六大要素的分类

以上各要素，凡符合资产负债的定义和确认条件的项目，以及所有者权益项目应列入资产负债表；凡符合收入、费用的定义和确认条件的项目，以及利润项目应列入利润表。

会计要素项目的分类，如图 2-12 所示。

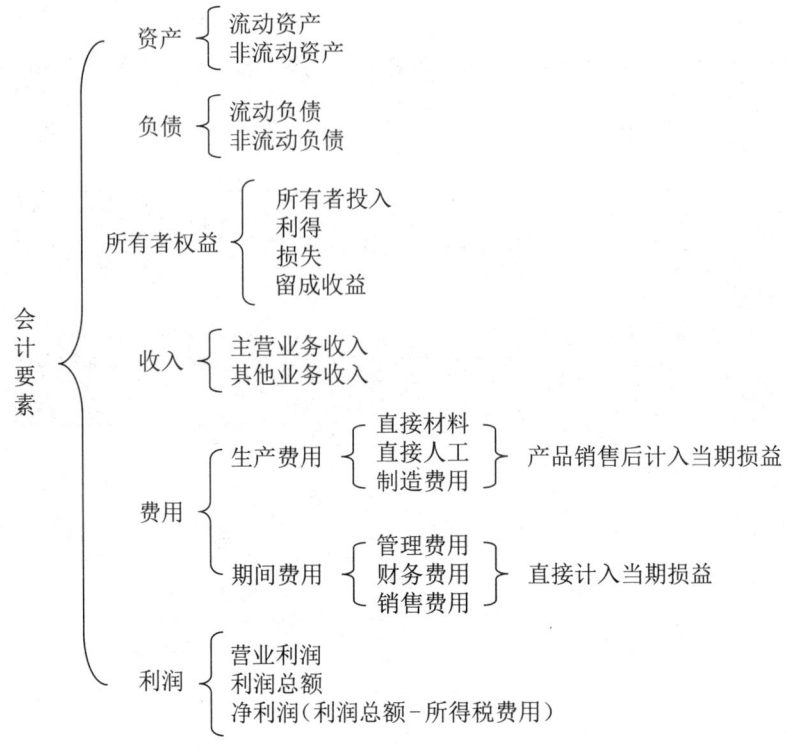

图 2-12　会计要素项目分类

◎会计分录

在借贷记账法下，为了连续、系统地记录资产、负债和所有者权益的变化，清晰地反映各个账户之间的对应关系，应该首先分析每项经济业务性质的内容，确认应记入的账户、应记金额、应借应贷的方向，然后再记入到有关分类账户中。这种分类记录方法，在会计核算中称为会计分录。

会计分录的内容是由应借应贷方向、对应账户（科目）名称及应记金额三要素构成。

在编制会计分录时，可以按以下步骤进行，如图 2-13 所示。

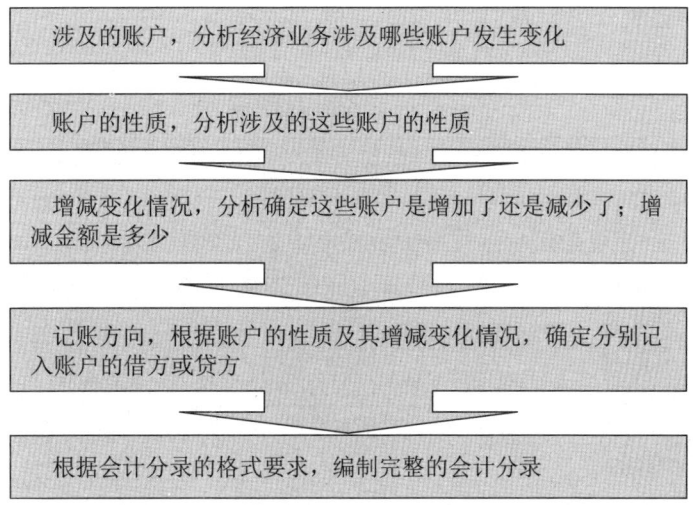

图 2-13 编制会计分录的步骤

常用的会计科目与账户

会计科目是对会计对象的具体内容（会计要素）进行分类核算的项目；会计账户是根据这种分类按照一定的结构特点，连续不断地记录经济业务，反映会计对象的增减变化及其结果，为经济管理提供数据资料的一种核算工具。会计科目与账户的关系非常密切，它们既有区别，又有联系。它们的共同点是两者都是分类地反映某一项经济业务内容，不同点会计科目仅是对会计对象的具体内容进行分类的项目，不能进行核算，而账户具有一定的格式、结构，能进行核算。

◎会计科目

会计科目的分类

会计科目的分类如表 2-7 所示。

表 2-7　会计科目的分类

按照会计反映的经济内容的性质	资产类科目	现金、银行存款、短期投资、应收账款等
	负债类科目	短期借款、应付账款、应付工资、应交税金等
	所有者权益类科目	实收资本、资本公积、盈余公积、未分配利润
	成本类科目	生产成本、制造费用、劳务成本（人力成本）
	损益类科目	主营业务收入、营业外收入、主营业务成本、税金及附加、其他业务支出、营业费用、管理费用、财务费用、资产减值损失、营业外支出、所得税费用
按照提供核算指标详细程度进行分类	总分类科目	也称总账科目或一级科目，它是对会计要素具体内容进行总括分类，提供总括信息的会计科目。总账科目一般是按财政部门制定的统一会计制度规定设置
	明细分类科目	也称明细科目，是对总分类科目进行明细分类，提供更详细更具体会计信息的科目，它们所反映的经济内容或提供的指标比较详细具体，它是对总分类科目的具体化和详细说明。明细科目的设置，除国家统一规定外，各单位可根据本单位的具体情况和经济管理的需要自行设定

总分类科目对明细分类科目具有统驭和控制作用，明细分类科目对总分类科目起补充和说明作用。

设置会计科目的原则

会计科目作为向投资者、债权人、企业经营管理者等提供会计信息的重要手段，在其设置过程中应努力做到科学、合理、适用，应遵循下列原则，如表 2-8 所示。

表 2-8　设置会计科目的原则

分类	具体分析
合法性原则	指所设置的会计科目应当符合国家统一的会计制度的规定，对于国家统一会计制度规定的会计科目，企业可以根据自身的生产经营特点，在不影响统一会计核算要求以及对外提供统一的财务报表的前提下，自行增设、减少或合并某些会计科目

续表

分类	具体分析
相关性原则	指所设置的会计科目应当为提供有关各方所需要的会计信息服务，满足对外报告与对内管理的要求。根据企业会计准则的规定，企业财务报告提供的信息必须满足对内对外各方面的需要，而设置会计科目必须服务于会计信息的提供，必须与财务报告的编制相协调，相关联
实用性原则	指所设置的会计科目应符合单位自身特点，满足单位实际需要。企业的组织形式、所处行业、经营内容及业务种类等不同，在会计科目的设置上亦应有所区别。在合法性的基础上，企业应根据自身特点，设置符合企业需要的会计科目
清晰性原则	会计科目作为对会计要素分类核算的项目，要求简单明确，字义相符，通俗易懂。同时，企业对每个会计科目所反映的经济内容也必须做到界限明确，既要避免不同会计科目所反映的内容重叠的现象，也要防止全部会计科目未能涵盖企业某些经济内容的现象

◎会计账户

设置账户是会计核算的一种专门方法。设置账户的意义在于，能序时、连续地记录经济业务的发生情况，系统反映经济业务发生所引起的会计要素增减变动情况及变动结果。

会计账户与会计科目的联系和区别

会计账户与会计科目的联系和区别如表 2-9 所示。

表 2-9　会计账户与会计科目的联系和区别

二者的联系	会计科目与账户都是对会计对象具体内容的科学分类，两者口径一致，性质相同。
	会计科目是账户的名称，也是设置账户的依据，账户是会计科目的具体运用。会计科目的性质决定了账户的性质
	会计科目的分类于账户的分类相同
二者的区别	会计科目仅仅是账户的名称，不存在结构；而账户则具有一定的格式和结构。能够用来连续、系统、全面地记录反映某种经济业务的增减变化及其结果

账户的分类

账户的分类如表 2-10 所示。

表 2-10 账户的分类

分类依据	类别	具体内容
按提供指标的详细程度不同	总分类账户	指根据总分类科目设置的、用于对会计要素具体内容进行总括分类核算的账户
按提供指标的详细程度不同	明细分类账户	根据明细分类科目设置的、用来对会计要素具体内容进行明细分类核算的账户
按经济内容分	资产类账户	用来反映企业资产的增减变动及其结存情况的账户
按经济内容分	负债类账户	用来反映企业负债的增减变动及其结存情况的账户
按经济内容分	所有者权益类账户	用来反映企业所有者权益的增减变动及其结存情况的账户
按经济内容分	成本类账户	用来反映企业在生产经营过程中发生的各项耗费并计算产品或劳务成本的账户
按经济内容分	损益类账户	用来反映企业收入和费用的账户

账户的结构

账户分为左方、右方两个方向,一方登记增加,另一方登记减少。至于哪一方登记增加,哪一方登记减少,则取决于账户的性质和所采用的记账方法。登记本期增加的金额,称为本期增加发生额;登记本期减少的金额,称为本期减少发生额;增减相抵后的差额,称为余额,余额按照表示的时间不同,分为期初余额和期末余额,其基本关系如下:

期末余额 = 期初余额 + 本期增加发生额 − 本期减少发生额

上述四个部分称为账户的四个金额要素。

会计账户的内容

会计账户的格式有多种,但是任何一种账户格式的设计,都应包含下列内容。如图 2-14 所示。

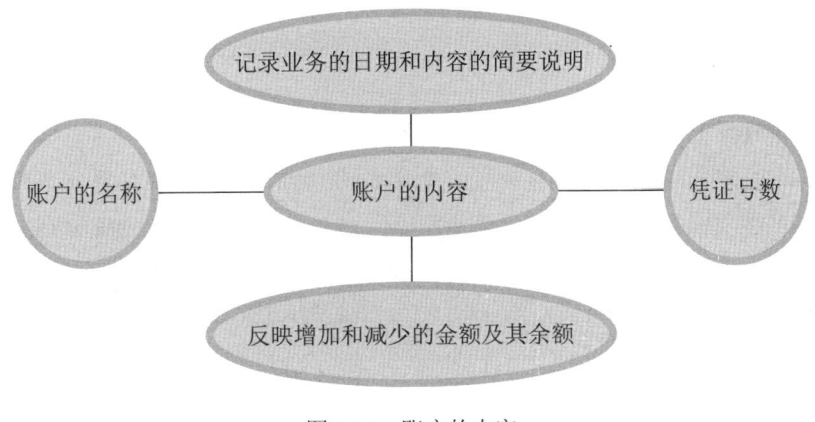

图 2-14　账户的内容

账户的格式如表 2-11 所示。

表 2-11　"原材料"总账结构

2021 年		凭证号	摘要	增加	减少	余额
月	日					

如果账户有期初余额，应先于本期发生额，记在增加方，然后将本期发生的经济业务按照时间发生的先后顺序记入该账户的增加方或减少方。每个会计期末（月末、季末、年末）对各个账户要进行结账，分别计算出本期增加发生额合计、本期减少发生额合计及期末余额。

期末余额 = 期初余额 + 本期增加发生额 − 本期减少发生额

会计等式与借贷记账法

> 会计等式，也称会计平衡公式，或会计方程式，它是对各会计要素的内在经济关系利用数学公式所作的概括表达。借贷记账法是按照复式记账法的原理，以"借""贷"为记账符号，以"资产＝负债＋所有者权益"的会计等式为理论依据，以"有借必有贷，借贷必相等"为记账规则的一种科学复式记账法。

◎会计等式

六大会计要素的形态随着经济业务的发生会相互转换，转换结果仍然保持平衡状态；处于平衡状态的会计要素以数学表达式来表示相互关系就产生了会计恒等式。

会计恒等式

会计恒等式是复式记账原理、账户试算平衡原理、编制会计报表的理论基础。会计恒等式体现了以下三种数量关系：

（1）资产、负债及所有者权益的关系：**资产＝负债＋所有者权益**（静态等式）

（2）收入、费用与利润的关系：**收入－费用＝利润**（动态等式）

（3）会计六大要素的综合关系：**资产＝负债＋所有者权益＋（收入－费用）**（综合等式）

静态的会计等式

静态会计平衡是最基本的会计等式，通常称为第一会计等式。资产、负债和所有者权益反映企业某一时点的财务状况,为静态会计要素。资产、负债和所有者权益三个要素之间存在平衡关系。资产表明企业拥有哪些经济资源以及拥有多少经济资源,权益则表明这些资源是谁提供的以及谁对资源享有权益。资产与权益相互依存,不能单独存在。即有多少资产,就有多少权益;没有无资产的权益,也没有无权益的资产。

资产 = 权益 = 债权人权益 + 投资者权益 = 负债 + 所有者权益

这一等式反映任一时点资产、负债和所有者权益之间的关系,实际上反映了企业资金的相对静止状态,所以也称为静态会计等式。是复式记账法的理论基础,也是编制资产负债表的依据。

在企业生产经营过程中,从任何一个时点来看,资产与负债及所有者权益之间永远保持着这种数量上的平衡关系。

动态的会计等式

企业经营的目的是赚钱,静态会计等式并不能反映企业在经营过程中是盈利还是亏损,而下面这个等式可以充分反映企业的盈利状况:

收入 − 费用 = 利润

利润 >0,表现为企业盈利;利润 <0,表现为企业亏损。

我们之所以将这一等式称为动态指标,是因为它可以从不同阶段企业利润的变化中分析企业的盈利状况。这一动态等式也是编制"利润表"的主要依据。

这一等式是基本等式的补充和发展,表明了企业一定会计期间的经营成果与相应的收入和费用之间的关系,说明了企业利润的实现过程。实际上反映的是企业资金的绝对运动形式,也称为动态会计等式。收入、费用和利润之间的上述关系,是编制利润表的基础

综合会计等式

静态会计等式只能看出企业资金运动的静态情况,即某一个时点的状况;而动态会计等式只能反映出企业资金运动的动态情况,即赚了多少钱,而无法

反映企业的规模。另外，资产运用会取得收入，同时也产生了费用，而利润的增加一方面增加了所有者权益，另一方面也增加了企业资产或减少了企业的负债，企业的经营总是如此持续下去，这就产生了综合会计等式。

资产＋利润＝负债＋所有者权益＋（收入－费用）

由于企业的利润最终要归入新的资产中去，同时减少负债或者增加所有者权益，资产和权益在金额上是相等的，这种数量上的平衡关系，可以表示为：

资产＝权益

这个等式为会计恒等式，又称会计基本等式。反映了企业资产的归属关系，是会计要素的公式化，反映了资产负债表中资产、负债和所有者权益在经济内容和数额上的等量关系，说明企业在某一时点的财务状况，是设置账户、复式记账和编制资产负债表的理论基础。

经济业务类型对会计等式的影响

任何经济业务的发生都会引起会计等式各要素的增减变化，但都不会破坏会计等式的成立。主要有四种情况山，如图2-15所示。

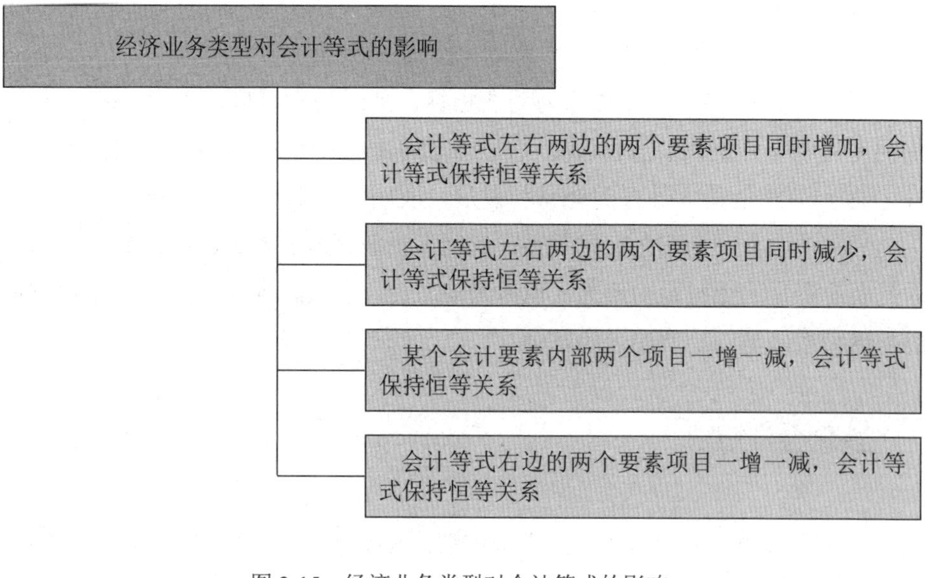

```
经济业务类型对会计等式的影响
├── 会计等式左右两边的两个要素项目同时增加，会计等式保持恒等关系
├── 会计等式左右两边的两个要素项目同时减少，会计等式保持恒等关系
├── 某个会计要素内部两个项目一增一减，会计等式保持恒等关系
└── 会计等式右边的两个要素项目一增一减，会计等式保持恒等关系
```

图2-15　经济业务类型对会计等式的影响

经济业务的发生必然会引起会计要素数量上的增减变化，但是，无论发生什么经济业务，都不会破坏会计等式的平衡关系。

小故事：会计六大要素中的数量关系

假定甲有一处 50 万元的房屋准备开一家公司，然后以公司名义向银行借了 20 万元。甲开的公司在第一个月没有收入，但是必须支付银行利息（现实中是三个月支付一次）1400 元，那么，第一个月公司出现了亏损。第二个月，公司收到 10000 元的收入，支付 5000 元的工资，支付利息 1400 元。

根据上述业务情景，分析会计六大要素的含义及其数量关系如下：

（1）资产负债所有者权益的关系

资产，它通常表现为有形的东西，也就是人们通常所说的财产。上述案例中这家公司的资产就是 50 万元，甲对这家公司有 50 万元的所有权。用会计恒等式来表达就是：

资产（房屋）50 万元 = 所有者权益（投资人所有权）50 万元

这一等式表明，投资者投入资产（货币、实物）的数量与投资者拥有的权益的数量是相等的。

仅有房屋公司无法经营，甲以公司名义向银行借了 20 万元，那么，这家公司就有负债 20 万元，当然，这家公司同时增加了 20 万元资产——银行贷款。用会计恒等式来表达就是：

资产（房屋）50 万元 + 资产（银行贷款）20 万元 = 所有者权益（投资人所有权）50 万元 + 负债（债权人所有权）20 万元

以会计要素来表达上述数量关系时就有第一个会计恒等式：

资产 = 负债 + 所有者权益　（1-1）

把（1-1）式移项，就得出：**所有者权益 = 资产 - 负债 = 净资产**　（1-2）

（1-1）等式是会计记账、核算的基础，也是编制资产负债表的基础，是基本的会计恒等式，它表明了投资人与债权人两者在企业的资产中到底占了多大份额。当负债不变时，资产与所有者权益同方向变化，即资产增加多少，所有者权益同时增加多少；资产减少多少，所有者权益同时减少多少。当所有者权益不变时，资产就与负债同方向变化，即资产增加多少，负债同时增加多少；

资产减少多少，负债同时减少多少。当所有者权益与负债都变化的时候，其资产的变化则等于两者之和，即所有者权益与负债都增加（或减少）时，增加（或减少）之和等于资产的增加（或减少）；所有者权益与负债一增一减时，其差额就是资产的增加或减少。

在会计术语中，所有权称为权益。投资者的所有权称为所有者权益，债权人的所有权称为债权人权益，因此，"资产＝负债＋所有者权益"的会计恒等式又可以表达为：

资产＝权益 （1-3）

（2）收入、费用与利润的关系

企业的目的是获取利润，没有收入就没有利润，因此企业的首要任务是获取收入。要获取收入，必定要付出代价，会计上把代价称为费用。在生活中，不一定付出代价就一定有收获，在经济生活中也如此，所以常常有负利润的状况出现，会计上把负利润称为亏损。

上例中，甲开的公司在第一个月不但没有收入，还必须支付银行利息，因而，第一个月公司出现了亏损。这三个要素在一定期间（第一个月），就形成了下面第二个会计恒等式所表示的数量关系：

收入－费用＝利润 （1-4）

0-1400＝-1400

第二个会计恒等式直观地表达了企业经营的结果——亏损1400元。会计上把企业经营的结果称为经营成果。反映经营成果的会计报表是利润表（又称损益表）。

第二个月，公司收到10000元的收入，支付5000元的工资，支付利息1400元，那么：10000-5000-1400=3600（本月利润）＋（-1400上月亏损）=2200

公司的利润是持续结算的，第二个月的利润应当弥补第一个月的亏损。

（3）会计六大要素的综合关系

资产、负债、所有者权益、收入、费用和利润的数量关系存在着一种内在有机的联系，它们的综合反映是第三个会计恒等式：

资产＝负债＋所有者权益＋（收入－费用） （1-5）

或者：资产＝负债＋所有者权益＋利润 （1-6）

把甲所开公司上述的所有经济业务全部予以反映：

①开业

500000 元 =500000 元

②借款

500000 元 +200000 元 =500000 元 + 200000 元

③支付利息

500000 元 -1400 元 +200000 元 =（500000 元 -1400 元）+200000 元

④发生收入与费用

498600 元 +200000 元 +10000 元 -6400 元 =500000 元 +2200 元 +200000 元

由上述分析，不难看出会计等式（1-1）是反映企业资金运动从开业到某一时刻累计的状况，也就是企业经营中的某一天，一般是开始日或结算日的状况；而等式（1-4）反映的是企业资金运动一段时期（如一个月、一年）的状况。所有的资产都是为了赚钱，而资产一旦运用时，资产就转化为费用，收入减去费用即为利润，又叫净收益，净收益又会作为资产用到下一轮的经营，于是就产生了等式（1-5），等式（1-5）并没有破坏等式（1-1），当利润分配后，等式（1-5）便消失了，又成了等式（1-1）。可见，会计六要素不管如何转换，最后都会回到"资产－负债＋所有者权益"这一基本等式。在实际工作中要是等式不平衡了，那就说明记账有错。

◎借贷记账法

借贷记账法是复式记账法的一种。它是以"借""贷"为记账符号，以"资产＝负债＋所有者权益"的会计等式为理论依据，以"有借必有贷，借贷必相等"为记账规则的一种科学复式记账法。借贷记账法之所以科学，是因为其具有科学明确的记账符号、健全的账户体系及合理的账户结构、科学的记账规则和试算平衡方法。

小故事：借贷记账法的起源

借贷记账法起源于中世纪的意大利。那时，借贷资本家按债权和债务关系开设账户，设计了"借""贷"的两个记账方向。当借贷资本家取得货币时，形成债务记入"贷方"；出借货币时，形成债权记入"借方"。随着社会经济的发展，借贷记账法不断完善，"借""贷"两字逐渐脱离了其本来的含义，变成了纯粹的记账符号。

1494年11月10日，意大利数学家巴其阿勒在其出版的《算术、几何与比例概要》一书中详细、全面、系统地介绍了借贷记账法，并从理论上给予了必要的阐述，使它的优点及方法为世人所接受，是现代会计的开端。到了15世纪，这种新的记账方法已比较完备，并逐渐流传于西欧，风靡全球，成为全世界通用的一种记账方法。

但直到20世纪初，借贷记账法才由日本传入我国，当时只在一部分企业得到应用。20世纪50年代，借贷记账法被我国广泛采用。1993年执行的《企业会计准则》明确规定企业单位一律采用借贷记账法。随着行政事业会计准则的执行，自1998年开始，我国所有企事业单位全部采用借贷记账法。

借贷记账法的记账符号

借贷记账法是以"借""贷"为记账符号，反映经济活动的价值量变化。借贷记账法以"借""贷"为记账符号，分别作为账户的左方和右方。至于"借"表示增加还是"贷"表示增加，则取决于账户的性质。"借""贷"纯粹是一种符号，本身没有任何字面意思。

借贷记账法的账户结构

借贷记账法的账户基本结构分为左、右两方，左方称之为借方，右方称之为贷方。（如表2-12所示）一般在账户借方记录的经济业务称之为"借记某账户"；在账户的贷方记录的经济业务称之为"贷记某账户"。至于借方和贷方究竟哪一方用来记录金额的增加，哪一方用来记录金额的减少，则要根据账户的性质来决定，不同性质的账户，其结构是不同的。

表 2-12　借贷记账法的账户结构

账户名称	借方	贷方	期末余额
资产类账户	登记增加额	登记减少额	借方余额，表示期末资产余额
成本费用类	登记增加额	登记减少额	一般无余额
负债类账户	登记减少额	登记增加额	贷方余额
所有者权益类账户	登记减少额	登记增加额	贷方余额
收入类账户	登记减少额	登记增加额	无余额

在借贷记账法下，资产和权益两大类账户的结构是相反的，账户余额的方向，表示账户的性质，因此，可以通过账户的余额来判断账户的性质，这是借贷记账法的一个特点。

借贷记账法的记账规则

借贷记账法的记账规则可以概括为：有借必有贷，借贷必相等。即对每一笔经济业务都要在两个或两个以上相互联系的账户中以借方和贷方相等的金额进行登记。

1. 任何一笔经济业务都必须同时分别记录到两个或两个以上的账户中去；
2. 所记录的账户可以是同类账户，也可以是不同类账户，但必须是两个记账方向，既不能都记入借方，也不能都记入贷方；
3. 记入借方的金额必须等于记入贷方的金额。

特别提示

对于初学者来说,学习借贷记账法的难点是,"借"和"贷"不能单一地表示账户内容的增加和减少。其实,这个难点并不难克服,只要能熟记"借"和"贷"所表示的增减含义,再进行适量的有针对性的练习,就完全可以掌握。我们应该明确,在借贷记账法下,将"借"和"贷"这两个记账符号全都赋予了增加和减少的双重含义,才使得借贷记账法具有上述优点,从而成为最科学的复式记账方法。

第三章
同心协力理凭证——处理会计凭证

会计凭证是记录经济业务、明确经济责任并据以登记会计账簿的书面证明,包括原始凭证和记账凭证。通过本章的阅读,我们可以了解会计凭证的形成过程,包括原始凭证和记账凭证的概念、分类、内容、填制要求和审核等;同时我们也会对会计凭证的传递和保管有一个大致的了解。

学习导读:

◆掌握原始凭证的处理

◆掌握记账凭证的处理

◆了解会计凭证的传递和保管

原始凭证的处理

> 原始凭证又称单据,是经济业务发生时直接取得的或者填制的、载明经济业务的执行和完成情况,并具有法律效力的书面证明,是经济业务的最初证明,也是记账的原始依据。

◎原始凭证的分类

原始凭证是会计核算的起点和基础。原始凭证按不同的分类依据可以分为以下几种,如表 3-1 所示。

表 3-1　原始凭证的分类

按来源不同	外来原始凭证	在经济业务发生或完成时,从其他单位或个人直接取得的原始凭证
	自制原始凭证	在经济业务发生或完成时,由本单位内部经办业务的部门和人员填制的原始凭证
填制手续和内容	一次凭证	一次填制完成、只记录一项经济业务
	累计凭证	一定时期内连续多次记录发生的同类经济业务,是多次有效的原始凭证
	汇总凭证	一定时期内反映经济业务内容相同的若干原始凭证,按照一定标准综合填制的原始凭证
格式	通用凭证	由有关部门统一印制、在一定范围内使用的具有统一格式和使用方法的原始凭证
	专用凭证	由单位内部自行印制的、仅在本单位内部使用的原始凭证

◎原始凭证的内容

任何一张原始凭证都必须同时具备一些相同的内容,这些内容被称为原始凭证的基本内容或基本要素。原始凭证的内容包括以下几个方面,如图 3-1 所示。

>>> 同心协力理凭证——处理会计凭证

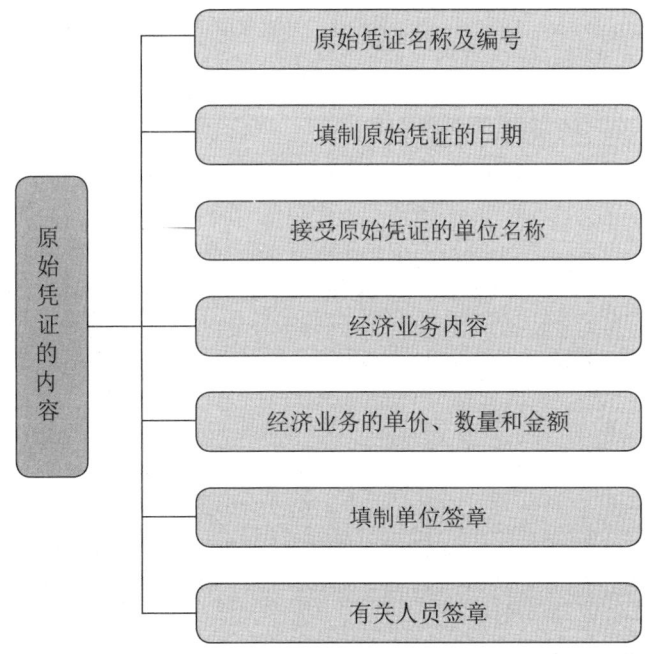

图 3-1　原始凭证的内容

原始凭证如表 3-2、表 3-3、表 3-4 所示。

表 3-2　材料入库单

出货单位：　　　　　　　　　　　　　　　　凭证编号：
发票号码：　　　　　　　　　　　　　　　　收料仓库：

编号	规格及名称	单位	数量		单价(元/吨)	金额(元)
			应收	实收		
备注					合计	

仓库负债人　　　　　　记账　　　　　　仓库保管员　　　　　　收料

表 3-3 差旅费报销单

姓名　　　　　职别　　　　　　　　　　　　　　　年　月　日
金额单位：元

起日		止日		合计天数	各项补助费									车船杂支费						合计金额
					伙食补助			住宿补助			未买卧铺补助			夜间乘硬座超过12小时补助	火车费	汽车费	轮船费	飞机费	市内交通	住宿费	其他杂支	
月	日	月	日		天数	标准	金额	天数	标准	金额	票价	标准	金额									
合计人民币大写						万			仟			佰		拾			元		角		分	
原借差旅费							元	报销					元	剩余交回							元	
出差事由																						

审批人签字：　　　合计主管签字：　　　报账人签字：　　　领款人签字：

表 3-4 材料入库单

年　月　日

料编号	材料名称规格	计量单位	计划投产量	单位消耗定额	领用限额	实发		
						数量	单价	金额
日期	领用			退料			限额结余数量	
	数量	领料人	发料人	数量	退料人	收料人		

仓库负债人：　　　　　　　　　　生产部负债人：

◎原始凭证的编制

记录要真实可靠

如实填列经济业务内容,不弄虚作假,不涂改、挖补。

记录内容要完整

应该填写的项目要逐项填写(接受凭证方应注意逐项验明),不可缺漏,尤其需要注意的是,年、月、日要按照填制原始凭证的实际日期填写;名称要写全,不能简化;品名或用途要填写明确,不许含糊不清;有关人员的签章必须齐全。

手续完备

单位自制原始凭证必须有经办单位领导人或者其他指定人员签名盖章。对外开出的原始凭证必须有本单位公章。从外部取得的原始凭证,必须盖有填制单位的公章。从个人取得的原始凭证,必须有填制人员的签名盖章。购买实物的原始凭证,必须有验收证明。实物购入以后,要按照规定办理验收手续。

填制及时

每当一项经济业务发生或完成,都要立即填制原始凭证,做到不积压、不误时、不事后补制。

书写清楚、规范

具体要求如图3-2所示。

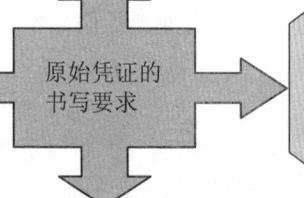

图 3-2 原始凭证的书写要求

编号要按顺序使用

即收付款项或实物的凭证要顺序或分类编号，在填制时按照编号的次序使用，跳号的凭证应加盖"作废"戳记，不得撕毁。

◎ 原始凭证的审核

小故事：发现伪造发票怎么办

2020 年 5 月，某有限责任公司出纳员王某在审查原始凭证时，发现业务员李某提供的住宿费发票和张某提供的购货发票存在问题：李某的住宿费发票大小写金额不一致；张某提供的购买办公用品的发票经审查是伪造的发票。

王某有些忐忑不安，她私下找到公司会计孟姐那儿，询问这件事应该怎么办？孟姐告诉她，如果发现李某提供的发票大小写不一致，应仔细分析发票金额大小写不一致的原因，若是人为涂改所致，则属于不合法的原始凭证，应不予接受，同时应向单位负责人报告；若为发票填写错误，则应退回，要求开票单位重开发票，予以更正。对张某提供的伪造的购买办公用品的发票，王某有权不予受理，并向单位负责人报告，请求查明原因，追究有关当事人的责任。

王某听了老会计的话，心里安定下来，决定照此办理。

原始凭证审核内容

原始凭证的审核主要包括以下几方面，如表3-5所示。

表3-5 原始凭证的审核

类别	具体分析
真实性	真实性的审核包括对凭证日期是否真实、摘要是否真实、业务内容是否真实、数据是否真实等内容的审查。对外来原始凭证，必须有填制单位公章和填制人员签章；对自制原始凭证，必须有经办部门和经办人员的签名或盖章。此外，对通用原始凭证，还应审核凭证本身的真实性，以防假冒
合法性	审查原始凭证所记录经济业务是否违反国家法律法规的情况，是否符合规定的审核权限，是否履行了规定的凭证传递和审核程序
合理性	审核原始凭证所记录经济业务是否符合企业生产经营活动的需要、是否符合有关的计划和预算等
完整性	审核原始凭证填写的项目内容是否符合规定的要求，是否填列齐全，手续是否完备，有关经办人员是否都已签名或盖章，是否经过有关主管人员审批同意，凭证联次是否正确等
正确性	审核原始凭证各项金额的计算及填写是否正确，如阿拉伯数字不得连写、大小写金额相符等，有无刮擦、涂改和挖补等

原始凭证审核后的处理

经审核的原始凭证应根据不同情况处理。

对于完全符合要求的原始凭证，应及时据以编制记账凭证入账。

对于真实、合法、合理但内容不够完整、填写有错误的原始凭证，应退回给有关经办人员，由其负责将有关凭证补充完成、更正或重开后，再办理正式会计手续。

对于不真实、不合法的原始凭证，会计机构和会计人员有权不予接受，并向单位负责人报告。

原始凭证记载的各项内容均不得涂改；内容有错误的，应当由出具单位重开或者更正，更正工作须由原始凭证出具单位进行，更正处应当加盖出具单位签章；金额错误的不得更正，只能由原始凭证开具单位重开。

特别提示

原始凭证开具单位应当依法开具准确无误的原始凭证，对填制有误的原始凭证，负有更正和重新开具的法律义务，不得拒绝。

记账凭证的处理

> 记账凭证又称记账凭单或分录凭证，是会计人员根据审核无误的原始凭证或汇总原始凭证，按照经济业务的内容加以归类，并据以确定会计分录后所填制的会计凭证，它是登记会计账簿的直接依据。

◎记账凭证的分类

记账凭证按不同的分类方式，可以分为以下几类，如表3-6所示。

表3-6 记账凭证的分类

按经济业务内容不同	收款凭证	用于记录现金和银行存款、收款业务的记账凭证。收款凭证又可分为：现金收款凭证和银行存款收款凭证

续表

按经济业务内容不同	付款凭证	用于记录现金和银行存款、付款业务的记账凭证。付款凭证又可分为：现金付款凭证和银行存款付款凭证
	转账凭证	用于记录不涉及现金和银行存款业务的记账凭证。转账凭证应根据有关转账业务的原始凭证编制，作为登记有关明细账和总账等账簿的依据
按用途不同	分录凭证	直接根据原始凭证编制，载明会计科目、记账方向和金额的凭证
	汇总凭证	为了简化记账工作，对分录凭证加以汇总，据以登记分类账的记账凭证，如记账凭证汇总表
	联合凭证	既有原始凭证或原始凭证汇总表的内容，同时又具备记账凭证内容的凭证
按填制方法分类	复式凭证	指将每一笔经济业务或事项所涉及的全部会计科目及其发生额均在同一张记账凭证中反映的一种记账凭证
	单式凭证	指每一张记账凭证只填列经济业务事项所涉及的一个会计科目及其金额的记账凭证

◎记账凭证的内容

记账凭证种类繁多，格式不一，但其主要作用都在于对原始凭证进行分类整理，按照复式记账的要求，运用会计科目，编制会计分录，据以登记账簿。因此，无论采用何种格式，记账凭证都必须具备以下基本内容，如图3-3所示。

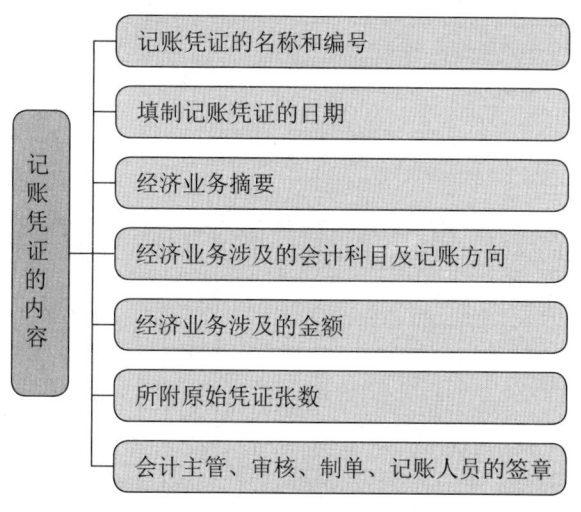

图3-3 记账凭证的内容

记账凭证的格式如表3-7、表3-8、表3-9所示。

表3-7 记账凭证

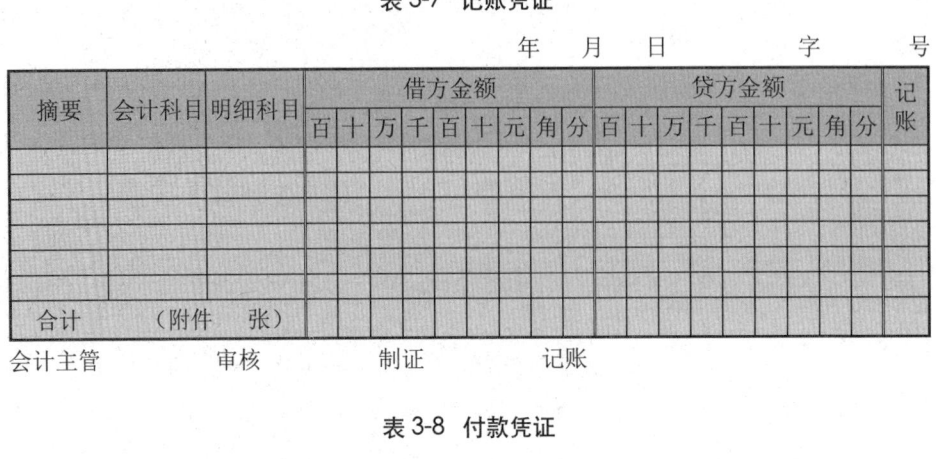

表3-8 付款凭证

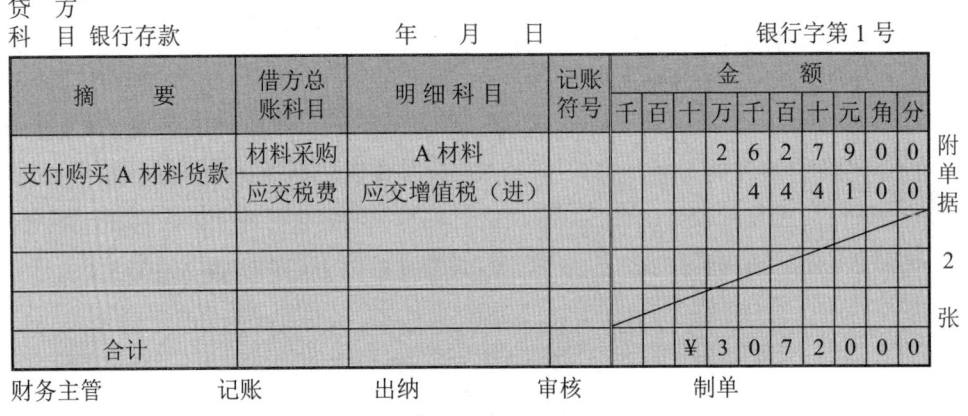

表3-9 转账凭证

原始凭证与记账凭证的区别如表3-10所示。

表3-10 原始凭证与记账凭证的区别

区别	原始凭证	记账凭证
填制人员	大多是由经办人员填制	一律由本单位的会计人员填制
填制依据	根据已经发生或完成的经济业务填制	根据审核后的原始凭证填制
填制方式	只是经济业务发生时的原始证明	要依据会计科目对已经发生的经济业务进行归类
发挥作用	填制记账凭证的依据	登记会计账簿的依据

◎记账凭证的填制

小故事：记账凭证怎样编制

2020年4月11日，公司出纳从银行提取现金4000元，作为公司备用金使用，根据以上资料，填制记账凭证。

2020年4月28日，公司收到外来投资款2000000元，据此填制收款凭证。

根据上述经济业务填写记账凭证如下所示：

付 款 凭 证

贷方科目　　　　　　　2020年4月　　　　　　　银付第011号

摘要	借方科目		记账	金额								
	总账科目	明细科目		千	百	十	万	千	百	十	元	角	分
提现备用金	现金		√					4	0	0	0	0	0
合计							¥	4	0	0	0	0	0

财务主管　　　　　记账　　　　　出纳　　　　　审核　　　　　制单

收 款 凭 证

借方科目：银行存款　　　　2020 年 4 月　　　　银收第 006 号

摘要	贷方科目		记账	金额								
	总账科目	明细科目		千	百	十	万	千	百	十	元	角	分
收到投资客	实收资本		√		2	0	0	0	0	0	0	0	0
合计				¥	2	0	0	0	0	0	0	0	0

财务主管：　　　记账：　　　出纳：　　　审核：　　　制单：

记账凭证填制要求

记账凭证的填制是会计核算中的基础环节之一，正确、及时、完整地填制记账凭证是正确、及时地提供会计信息的保证。对记账凭证的填制要求，主要有以下几个方面：

1. 审核无误

记账凭证必须附有经审核确认为真实、完整和合法的原始凭证为依据。除结账和更正错账的记账凭证可以不附原始凭证外，其他记账凭证必须附有原始凭证。

2. 内容要真实完整

记账凭证应该包括的内容都要具备。应该注意的是：以自制的原始凭证或者原始凭证汇总表代替记账凭证使用的，也必须具备记账凭证所应有的内容；记账凭证的日期，一般为编制记账凭证当天的日期，按权责发生制原则计算收益、分配费用、结转成本利润等调整分录和结账分录的记账凭证，虽然需要到下月才能编制，仍应填写当月月末的日期，以便在当月的账内进行登记。

3. 分类正确

会计人员应根据原始凭证所记录的经济业务内容，先确定应借、应贷的会计科目，即会计分录。在采用收、付、转记账凭证的情况下，若分录的借方出现现金或银行存款会计科目的应选择使用收款凭证；若分录的贷方出现现金或银行存款会计科目，则应选择使用付款凭证，在采用通用记账凭证的情况下，则无论出现什么类型的会计分录，都统一使用一种通用记账凭证。

4. 连续编号

记账凭证应当连续编号。这有利于分清会计事项处理的先后顺序，便于记账凭证与会计账簿之间的核对，确保记账凭证的完整。

5. 记账凭证的签名或盖章

记账凭证填制完成后，一般应由填制人员、审核人员、会计主管人员、记账人员分别签名盖章，以示其经济责任，并使会计人员互相制约，互相监督，防止错误和舞弊行为的发生。对于收款凭证及付款凭证，还应由出纳人员签名盖章，以证明款项已收讫或付讫。实行会计电算化的单位，对于机制记账凭证，在审核无误后，上述人员也要加盖印章或签字。

◎记账凭证的审核

为了正确登记账簿和监督经济业务，除编制记账凭证的人员应当认真负责、正确填制、加强自审以外，同时还应建立专人审核制度。只有经过审核无误的记账凭证，才能据以登记账簿。对记账凭证的审核，除了需要对原始凭证进行复审外，还应注意审核以下几点，如图3-4所示。

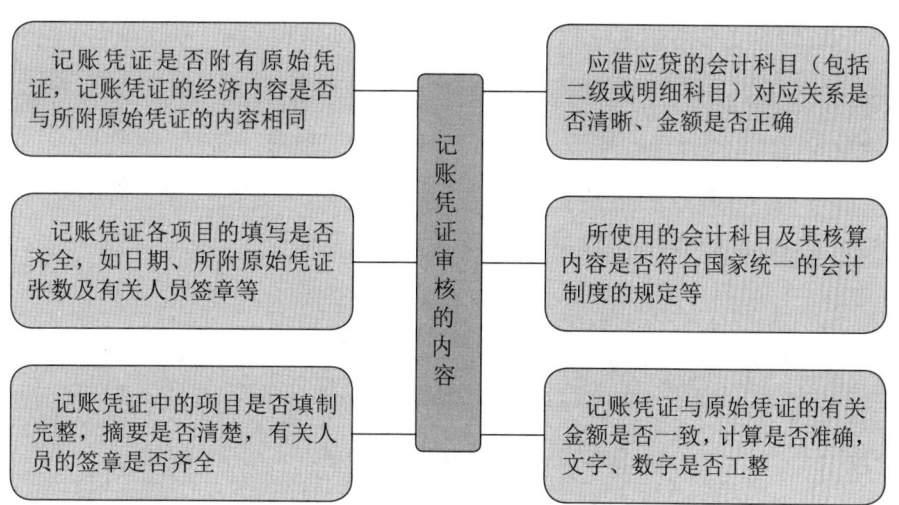

图3-4 记账凭证审核的内容

特别提示

在记账凭证的审核过程中,如果发现差错,应查明原因,按照规定的办法及时处理和更正。只有经过审核无误的记账凭证,才能作为登记账簿的直接依据。

会计凭证的传递和保管

为了确保会计资料的安全、完整,财政部《会计基础工作规范》第五十四条和第五十五条分别对会计凭证的传递及保管作了具体规定。

◎会计凭证的传递

会计凭证的传递是指会计凭证从编制时起到归档时止,在单位内部各有关部门及人员之间的传递程序和传递时间。正确组织会计凭证的传递,对于及时处理和登记经济业务,明确经济责任,实行会计监督,具有重要作用。

科学的传递程序应该使会计凭证沿着最迅速、最合理的流向运行。因此在指定会计凭证传递程序时,应当注意考虑三个问题,如表3-11所示。

表3-11 会计凭证传递的注意事项

会计凭证传递的注意事项	具体分析
制定科学合理的传递程序	要根据经济业务的特点、企业内部机构的设置和人员分工的情况,以及经营管理上的需要,恰当地规定各种会计凭证所流经的必要环节,做到既能使各有关部门和人员能利用凭证了解经济业务情况,并按照规定手续进行处理和审核,又要避免凭证传递通过不必要的环节,影响传递速度

续表

会计凭证传递的注意事项	具体分析
确定合理的停留处理时间	要根据有关部门和人员对经济业务办理必要手续的需要，确定凭证在各个环节停留的时间，保证业务手续的完成，但又要防止不必要的耽搁，从而使会计凭证以最快的速度传递，以充分发挥及时传递经济信息的作用
建立凭证交接的签收制度	为了确保会计凭证的安全和完整，在各个环节中都应指定专人办理交接手续，做到责任明确，手续完整、严密、简便易行

特别提示

一般说来，会计凭证传递程序越简单，就越有利于提高会计工作效率，保证会计核算的及时性，但也会削弱内部控制的效力，容易产生错弊。必须根据经济业务的性质，单位规模的大小和人员分工情况，以及经营管理的需要和成本效益原则，恰当地规定会计凭证的传递环节和顺序，并根据各个环节办理经济业务所需的时间，合理规定凭证在各个环节停留的时间，使会计凭证的传递既保证有必要的控制环节，又便于提高工作效率，节约费用；既能满足各方面的需要，又能确保会计信息的时效。

◎会计凭证的保管

会计凭证是重要的经济资料和会计档案。每个单位在完成经济业务手续和记账以后，须按规定的立卷归档，形成会计档案资料，以便日后查阅。会计凭证的保管是指会计凭证记账后的整理、装订、归档和存查工作。

会计凭证的整理和装订

每月记账完毕，要将本月的记账凭证按编号顺序整理，检查有无缺号和附件是否齐全，然后加上封面封底，装订成册，以防散失。为了防止任意拆装，在装订处要贴上封签，并由会计主管人员盖章。最后，要将凭证按封面大小折叠整齐，在封面上写明年度、月份、共计册数，每册记账凭证的起止号数等。

从外单位取得的原始凭证遗失时，应取得原签发单位盖有公章的证明，并注明原始凭证的号码、金额、内容等，由经办单位会计机构负责人、会计主管人员和单位负责人批准后，才能代作原始凭证。若确实无法取得证明的，如车票丢失，则应由当事人写明详细情况，由经办单位会计机构负责人、会计主管人员和单位负责人批准后，代作原始凭证。

小故事：会计凭证我会装

小王在工作中表现得十分出色，老会计很欣赏，并不断地交给他一些新的任务锻炼他的能力。老会计拿来一些会计凭证让小王装订成册。面对一沓乱七八糟的凭证，小王应该如何整理装订好呢，老会计告诉了他一些诀窍。

1. 将凭证封面和封底裁开，分别附在凭证前面和后面，再拿一张质地相同的纸（可以再找一张凭证封皮，裁下一半用，另一半为订下一本凭证备用）放在封面上角，做护角线。

2. 在凭证的左上角画一边长为5厘米的等腰三角形，用夹子夹住，用装订机在底线上分布均匀地打两个眼儿。

3. 用大针引线绳穿过两个眼儿。如果没有针，可以将回形别针顺直，然后将两端折向同一个方向，将线绳从中间穿过并夹紧，即可把线引过来，因为一般装订机打出的眼儿是可以穿过的。

会计凭证的归档保管

已装订成册的会计凭证，应按规定归档保管。当年的会计凭证在年度终了后，可暂由会计部门保管一年，期满后原则上应由财会部门编制移交清册，交本单位档案部门保管。未设立档案机构的，应当在会计机构内部指定专人保管。

原始凭证较多时可单独装订，但应在凭证封面注明所属记账凭证的日期、编号和种类，同时在所属的记账凭证上应注明"附件另订"及原始凭证的名称和编号，以便查阅。每年装订成册的会计凭证，在年度终了时可暂由单位会计机构保管一年，期满后应当移交本单位档案机构统一保管；未设立档案机构的，应当在会计机构内部指定专人保管。出纳人员不得兼管会计档案。

会计凭证应加贴封条，防止抽换凭证。原始凭证不得外借，其他单位如有特殊原因确实需要使用时，经本单位会计机构负责人、会计主管人员批准，可以复制。向外单位提供的原始凭证复制件，应在专设的登记簿上登记，并由提供人员和收取人员共同签名、盖章。

会计凭证的查阅

会计凭证不得外借，已装订成册的不得抽出。其他单位和个人经单位领导批准调阅会计凭证的，要填写会计档案调阅表，详细填写借阅会计凭证名称、调阅日期、调阅人姓名和工作单位、调阅理由、归还日期。调阅人一般不得将会计凭证携带外出。如有贪污盗窃等经济犯罪案件，需要以某些原始凭证作证时，也只能复制，不得抽取。

会计凭证的保存期限

会计凭证有规定的保管期限，按照我国目前《会计档案管理办法》的规定，一般的会计凭证应保存 15 年，涉外凭证和其他重要凭证应永久保存，银行存款余额调节表应保存 3 年。会计凭证要按照有关会计法规制度规定的期限进行保管。保管期间要防止虫蛀鼠咬等毁损事故的发生。保管期满后，要报经上级主管部门批准后，方能销毁。

◎会计凭证的销毁

会计凭证的保管期限和销毁手续必须严格根据《会计档案管理办法》的

有关规定执行。在确定会计凭证保管期满可以销毁时，应报上级主管部门批准。在销毁前，对其中所涉及的未了结的债权债务的原始凭证，要由会计部门和档案部门共同抽出，并整理立卷保管，直至债权债务结清为止。

根据《会计档案管理办法》的规定，按规定可以销毁的会计凭证，销毁时应办理如表3-12所示手续。

表3-12　会计凭证销毁时应办理的手续

会计凭证销毁时应办理的手续	由本单位档案机构会同会计机构提出销毁意见，编制销毁清册，列明所销毁的会计凭的名称、卷号、册数、起止年度、档案编号、应保管期限、已保管期限和销毁的时间
	由单位负责人在销毁清册上签署意见
	销毁时，应由档案机构和会计机构共同派员监督
	监销人员在会计凭证销毁前，应当按照销毁清册所列的内容清点核对所要销毁的会计凭证；销毁后，应当在销毁清册上签名盖章，并将监销情况报告本单位负责人

第四章
认真仔细是关键——登记会计账簿

会计账簿是以会计凭证为依据，由一定格式并相互联系的账页组成的，用以全面、系统、连续地记录各项经济业务的簿籍，简称账簿。通过本章的学习，我们可以了解会计账簿的概念和分类，掌握各种账簿共同的基本内容、启用规则及记账规则，不同账簿的登记方法；掌握对账的步骤和方法、错账的查找及更正方法，以及账项调整和财产清查的方法；并简单了解账簿的保管和更换等内容。

学习导读：

◆会计账簿的登记、保管和更换

◆对账的内容和方法

◆结账的步骤和方法

◆错账的查找与更正方法

◆账项调整和财产清查方法

会计账簿的概述

> 会计账簿是以会计凭证为依据,由一定格式并相互联系的账页组成的,用以全面、系统、连续地记录各项经济业务的簿籍,简称账簿。它是会计账户的表现形式。设置和登记账簿,是编制会计报表的基础,是连接会计凭证和会计报表的桥梁,账簿与账户的关系是形式和内容的关系。账簿是形式;账户是内容。

◎会计账簿的分类

小故事:帐、账的由来

"帐"字本身与会计核算无关,在商代,人们把帐簿叫作"册";从西周开始又把它更名为"籍"或"籍书";战国时代有了"簿书"这个称号;西汉时,人们把登记会计事项的帐册称为"簿"。据现有史料考察,"帐"字引申到会计方面起源于南北朝。

南北朝时,皇帝和高官显贵都习惯到外地巡游作乐。每次出游前,沿路派人张记帏帐,帐内备有各种生活必需品及装饰品,奢侈豪华,供其享用,此种帏帐称之为"供帐"。供帐内所用之物价值均相当昂贵,薪费数额巨大,为了维护这些财产的安全,指派专门官吏掌管并实行专门核算,在核算过程中,逐渐把登记这部分财产及供应之费的簿书称为"簿帐"或"帐",把登记供帐内的经济事项称为"记帐"。

以后"簿帐"或"帐"之称又逐渐扩展到整个会计核算领域,后来的财计官员便把登记日用款目的簿书通称作"簿帐"或"帐",又写作"账簿"或"账"。

从此,"账簿""账"就取代了一切传统的名称。现在又统一改作"账"。

会计账簿的类型

由于各个单位的经济业务和经营管理的要求不同，账簿的种类也有所不同。为了便于了解和运用会计账簿，可以从不同角度对其进行分类。如表4-1所示。

表4-1　会计账簿的分类

分类依据	类别	具体解释
按用途分	序时账簿	按经济业务发生和完成时间的先后顺序逐日、逐笔进行登记的账簿。序时账簿按其记录内容的不同，又可分为普通日记账和特种日记账
	分类账簿	按照账户对经济业务进行分类核算和监督的账簿。分类账簿按其反映内容的详细程度不同，又可分为总分类账簿和明细分类账簿
	备查账簿	对在序时账簿和分类账簿中未能反映和记录的事项进行补充登记的账簿。它不是根据会计凭证登记的账簿；同时它也没有固定的格式
按格式不同分	两栏式账簿	只有借方和贷方两个基本金额栏目的账簿
	三栏式账簿	采用借方、贷方、余额三个主要栏目的账簿。它适用于只要求提供价值指标的账户，如：应收账款、短期投资、长期投资、应付账款、实收资本等账户的明细分类账
	数量金额式账簿	采用在借方（收入）、贷方（发出）、余额（结存）三个主要栏目的基础上，需要反映数量与金额双重指标的账簿。它适用于既要提供价值指标又要提供数量指标的账户，如：原材料、库存商品等账户的明细分类账
	多栏式账簿	在借方栏或贷方栏下设置多个栏目用以反映经济业务不同内容的账簿，一般适用于成本、费用类的明细账，如：管理费用、生产成本、制造费用等账户的明细分类账
按外表形式分	订本式账簿	在启用前进行顺序编号并固定装订成册的账簿，总分类账、现金日记账和银行存款日记账必须采用订本账
	活页式账簿	把账页装订在账夹内，可以随时增添或取出账页的账簿。活页账在会计年度终了时，应及时装订成册，妥善保管。明细账多采用活页账
	卡片式账簿	由专门格式、分散的卡片作为账页组成的账簿，一般情况下，固定资产的明细账采用卡片账

会计账簿的内容

在实际工作中,由于各项经济业务记录时的不同需要,账簿的格式也是多种多样的,但无论账簿的内容怎样变化,都不应缺少以下几项内容,如表4-2所示。

表4-2 会计账簿的基本内容

项目	释义
封面	主要用来标明账簿的名称,如总分类账、各种明细分类账、现金日记账、银行存款日记账等
扉页	主要列明科目索引、账簿启用和经管人员一览表
账页	是账簿用来记录经济业务事项的载体,包括账户的名称、登记账户的日期栏、凭证种类和号数栏、摘要栏(记录经济业务内容的简要说明)、金额栏(记录经济业务的金额增减变动情况)、总页次和分户页次等基本内容

会计账簿的启用

会计账簿在启用时应当在上面注明账簿名称和单位名称,并在账簿的扉页上附启用表。启用表应当填制完整,不得涂改或刮擦,并加盖单位公章及相关人员的印鉴,在更换记账人员时,应当办理相关的交接手续,并在启用表中注明交接日期,并由相关人员签章。使用活页账时,应按账户顺序编号,并定期装订成册,装订后按实际的账页顺序编号,另加目录、记录账户名称及页次。

◎账簿的设置原则

《会计法》不仅规定各单位必须依法设账,还对设置会计账簿的种类作出规定:"会计账簿包括总账、明细账、日记账和其他辅助性账簿。"其中,其他辅助账簿也称备查簿,是为备忘备查而设置的。(如图4-1所示)

第四章

>>> 认真仔细是关键——登记会计账簿

各企业均应当按照会计核算的基本要求和会计规范的有关规定，结合本企业的经济业务特点和经营管理的需要，设置必要的账簿，并且认真做好记账工作。在进行账簿设置的时候，一般应当遵循以下原则：

要确保全面、连续、系统的核算和监督所发生的各项经济业务，为企业经营管理和编制会计报表提供完整、系统的会计信息和资料

在格式设计上，要从所要核算的经济业务的内容和需要提供的核算指标出发，力求简明实用，避免烦琐复杂，以提高会计工作效率

在保证满足核算和监督经济业务的前提下，尽量考虑人力、物力的节约，注意防止重复记账

图 4-1　账簿设置原则

会计账簿的登记

为了有利于建立健全责任制，充分发挥账簿的作用，会计人员应根据经济业务的特点和管理要求，科学、合理地设置和登记账簿，使之互相衔接、互相补充、互相制约。这是确保会计信息质量的重要措施。

◎现金日记账的登记

现金日记账是用来核算和监督库存现金每天的收入、支出和结存情况的账簿。现金日记账通常由出纳人员根据审核后的现金收、付款凭证，逐日逐笔顺序登记。同时，由其他会计人员根据收、付款凭证，汇总登记总分类账。对于从银行提取现金的业务，由于只填制银行存款付款凭证，不填制现金收款凭证，因而现金的收入数，应根据银行存款付款凭证登记。每日收付款项逐笔登记完毕后，应分别计算现金收入和支出的合计数及账面的结余额，并将现金日

记账的账面余额与库存现金实存数相核对,借以检查每日现金收、支和结存情况。

现金日记账登记要求

登记现金日记账时,除了遵循账簿登记的基本要求外,还应注意以下栏目的填写方法,如表 4-3 所示。

表 4-3 现金日记账各栏目的填列

栏目	具体解释
日期栏	按照记账凭证的日期
凭证栏	按照记账凭证的种类和编号登记,如果是现金收款凭证,就登记"现收",如果是现金付款凭证,就登记"现付"。另外,要把编号写在号数栏,以便查账和核对
摘要	按照记账凭证所记录的摘要登记。
对方科目栏	为了方便查看每笔现金业务的来源和去向,要按照记账凭证所列的对方科目进行登记
收入栏、支出栏	均按照记账凭证登记
余额	根据"本行余额=上行余额+本行借方-本行贷方"公式计算填入

每日终了,应该分别计算现金的收入合计和支出合计,然后结出余额,同时要与实际库存现金进行核对,做到"日清月结"。

月度结账时,在各账户的最后一笔数字下,结出本月借方发生额、贷方发生额和期末余额,在摘要栏内注明"本月发生额及期末余额"字样,并在数字的上端和下端各划一根红线。年度结账时,应将全年发生额的合计数填制于 12 月份结账记录的下面,并在摘要栏内注明"全年发生额及年末余额"字样,最后在数字下端划双红线,便是"封账"。年度结账后,根据各账户的年末余额过入新账簿,结转下年度。

现金日记账格式

现金日记账的格式如表4-4所示。

表4-4 现金日记账格式

现 金 日 记 账

第1号

年		凭证		对方科目	摘要	借方											贷方											余额											核对
月	日	种类	号数			亿	千	百	十	万	千	百	十	元	角	分	亿	千	百	十	万	千	百	十	元	角	分	亿	千	百	十	万	千	百	十	元	角	分	
					过次页																																		

核准　　　　　　　　　　　　　　　复核　　　　　　　　　　　　　　　记账　　　　　　　　　　　　　1105

◎银行存款日记账的登记

银行存款日记账是用来计算银行存款每天的收入、支出和结余情况的账簿。银行存款日记账应该按照企业在银行的币种分别设置,每个银行账户设置一本日记账。由出纳员负责登记,按时间先后顺序逐日逐笔进行登记。

银行存款日记账格式

银行存款日记账的格式如表 4-5 所示。

表 4-5　银行存款日记账格式

银　行　存　款　日　记　账

年		凭证编号	结算方式		摘要	借方							√	贷方							√	余额						
月	日		类	号码		百	十万	千	百	十	元	角	分		百	十万	千	百	十	元	角	分		百	十万	千	百	十	元	角	分

银行存款日记账登记要求

银行存款日记账,应按各种存款分别设置。银行存款日记账通常也是由出纳员根据审核后的有关银行存款收、付款凭证,逐日逐笔顺序登记的。对于现金存入银行的业务,存款的收入数,应根据现金付款凭证登记。每日终了,应分别计算银行存款收入、付出的合计数和本日余额,以便于检查监督各项收支款项,并便于定期同银行对账单逐笔核对。

银行存款日记账登记时必须做到反映经济业务的内容完整,登记账目及时,凭证齐全,账证相符,数字真实、准确,书写工整,摘要清楚明了,便于查阅,不重记,不漏记,不错记,按期结算,不拖延积压,按规定方法更正错账,从而使账目既能明确经济责任,又清晰美观。具体要求同现金日记账一样。

每登记满一张账页结转下页时,需要最后一行结出本页发生总额,然后,将总额和余额转抄下页,在本页和下页的摘要栏内分别写明"过次页"和"承前页"。在登账过程中出现错误,采用正确的方法予以更正,不得刮、擦、挖、补。

◎总账的登记

总分类账是按照总分类账户分类进行登记全部经济业务的账簿。在总分类账中,应该按照会计科目的编码顺序分别设置账户,并为每个账户合理预留出账页。由于总分类账能够全面、总括的反映经济活动情况,并为编制会计报表提供资料,因此,任何单位都必须设置总分类账。为了保证账簿资料的安全、完整,总分类账应使用订本式账簿。

总分类账格式

总分类账簿的格式如表 4-6 所示。

表 4-6 总分类账格式

总 分 类 账

年		凭证		摘要	日期	借方								贷方								借或贷	余额							
月	日	种类	号码			十	万	千	百	十	元	角	分	十	万	千	百	十	元	角	分		十	万	千	百	十	元	角	分

总分类账登记方法

总账登记方法因依据不同,其登记方法也有所不同。具体包括以下几种,如表 4-7 所示。

表 4-7　总账登记方法

方式	具体分析
采用记账凭证核算形式登记总账	直接根据记账凭证定期(3 天、5 天或 10 天)登记,在这种核算形式下,应当尽可能地根据原始凭证编制原始凭证汇总表,根据原始凭证汇总表和原始凭证填制记账凭证,根据记账凭证登记总账
采用科目汇总表形式登记总账	可以根据定期汇总编制的科目汇总表登记总账。科目汇总表是根据每月发生的全部记账凭证,按科目作为归类标志进行编制的
两种方法相结合	对经常重复发生的业务,用汇总登记;对发生较少的业务,用逐笔登记

每月都要将所发生的经济业务全部登记入账,月末要结出总分类账中各个账户的本期发生额和余额,然后要与明细分类账进行核对相符,方可作为编制会计报表的主要依据。

科目汇总表的编制方法如图 4-2 所示。

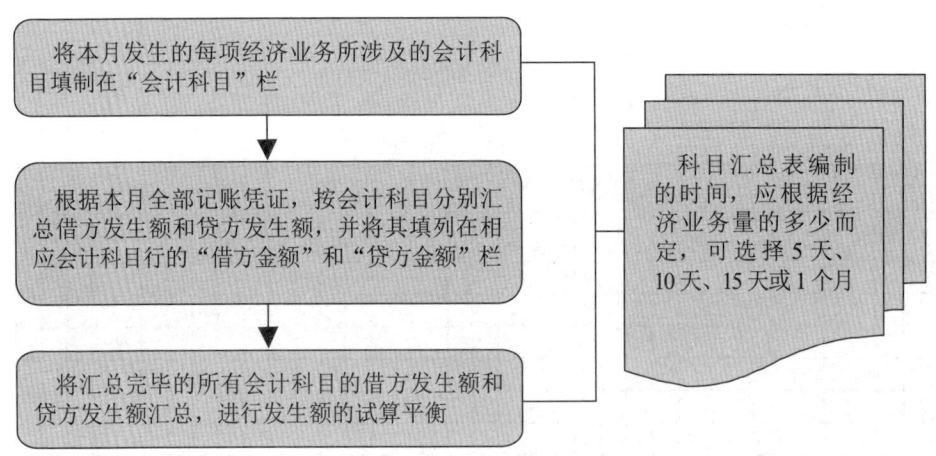

图 4-2　科目汇总表编制的方法

总分类账与明细分类账的平行登记

所谓平行登记是指对所发生的每项经济业务,都要以会计凭证为依据,一方面记入有关总分类账户,另一方面记入有关总分类账户所属的明细分类账户。其登记包括以下四个要点,如图 4-3 所示。

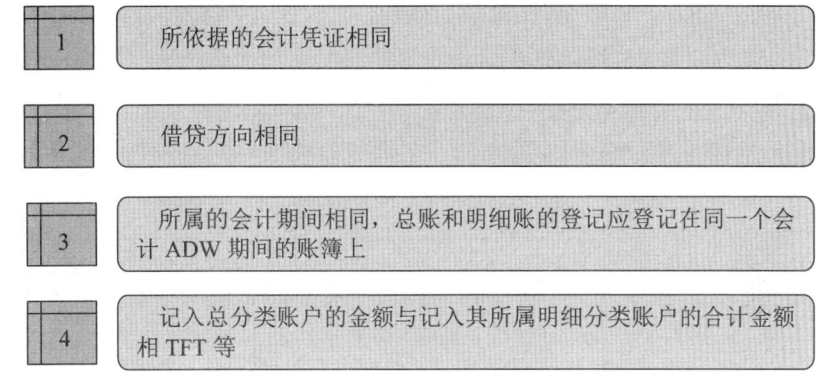

图 4-3 平行登记的要点

平行登记的具体要求为:

总账账户的期初余额＝所属明细账户期初余额合计

总账账户的本期发生额＝所属明细账户本期发生额合计

总账账户的期末余额＝所属明细账户期末余额合计

◎明细账的登记

明细分类账是按照总分类账户的二级科目或明细账户开设账页,分类的登记经济业务以提供明细核算资料的账簿。各单位应当根据具体情况设置必要的明细分类账。明细分类账是为满足不同的经济管理要求而设,所以其所记录的内容也不同。

明细账的分类

明细分类账一般都三栏式、数量金额式和多栏式三种格式。如图4-4所示。

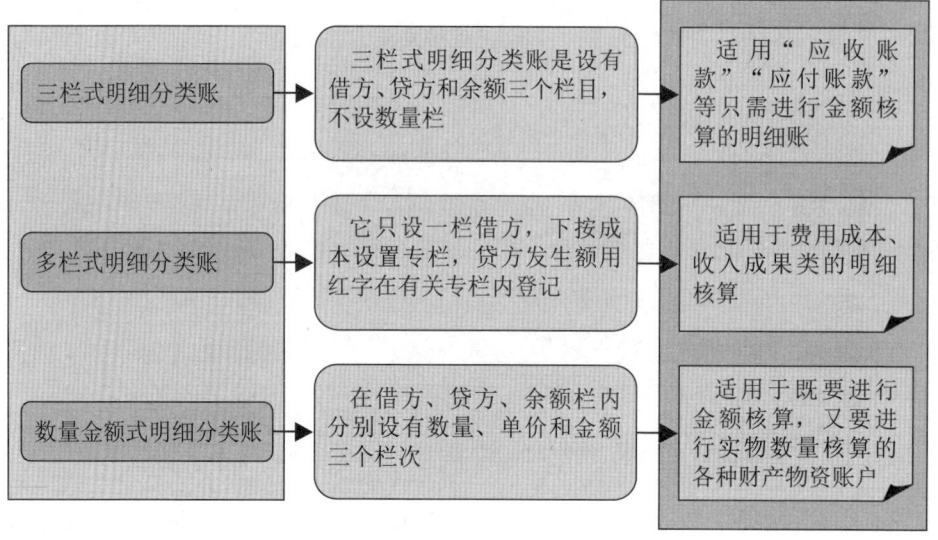

图4-4 明细账的分类

明细账的格式

明细账的格式如表4-8所示。

表 4-8 明细账格式

明 细 账

编号	年 月 日	凭证号	摘要	规格 品名 数量 单价	借方金额 单位 亿千百十万千百十元角分	存放地点 数量 单价	贷方金额 亿千百十万千百十元角分	数量 单价	结存金额 亿千百十万千百十元角分

明细账的登记

各种明细账，要根据原始凭证、原始凭证汇总表和记账凭证每天进行登记，也可以定期(3天或者5天)登记。但债权债务明细账和财产物资明细账应当每天登记，以便随时与对方单位结算，核对库存余额。

三栏式和多栏式由会计人员根据审核后的记账凭证，按经济业务发生的时间先后顺序逐日逐笔进行登记。日期栏登记经济业务发生的具体时间，与记账凭证的日期一致；凭证字、号栏登记原始凭证或记账凭证的种类和编号；摘要栏登记业务的简要内容，通常也和记账凭证中的摘要内容是一致的；借方、贷方金额栏登记账户的借方、贷方发生额；借或贷栏登记余额的方向；余额栏登记每笔业务发生后该账户的余额。

数量金额式明细账的具体登记方法如下：

1．日期栏登记经济业务发生的具体日期，应与原始凭证的日期一致；

2．凭证字、号栏按证明业务发生或完成的原始凭证进行登记；

3．摘要栏登记业务的简要内容，文字力求简练，但要能说明问题；

4．入库、出库栏中的数量栏登记实际入、出库的财产物资的数量；入库单价栏和金额栏按照所入库材料的单位成本登记；出库栏和结存栏中的单价栏和金额栏，登记时间及登记金额取决于企业所采用的期末存货计价方法。

小故事：总分类账与明细分类账的平等登记

轩环公司2019年8月"原材料"和"应付账款"两个总分类账户和所属各明细分类账户的月初余额如下。"原材料"中分类账户月初余额为70000元，所属各明细分类账户的月初余额如表所示。

轩环公司各明细分类账余额表

材料类别	重量（千克）	单价（千克/元）	金额（元）
甲材料	3000	10	30000
乙材料	2000	20	40000
合计			70000

"应付账款"总分类账户月初余额为10000元，所属各明细分类账户的月初余额如下：亮马工厂4500元，明达工厂5500元，合计10000元。

假设8月份发生的材料收发业务以及供应单位的结算业务如下：

（1）8月2日，仓库发出甲材料1600千克，单价10元，共计16000元；乙材料1100公斤，单价20元，共计22000元；共计38000元。上述材料直接用于产品制造。

（2）8月5日，向亮马工厂购入甲材料1500千克，单价10元，货款未付。

（3）8月15日，向明达工厂购进乙材料1300千克，单价20元，货款未付。

（4）8月23日，以银行存款偿还亮马工厂欠款17000元、明达工厂30000元，共计47000元。

公司会计根据据上述资料，采用平行登记法对"原材料"和"应付账款"总分类账户及其所属明细分类账户进行登记如下：

（1）将月初余额分别记入"原材料"和"应付账款"总分类账户及其所属的明细分类账户。

（2）根据上述有关经济业务编制会计分录如下：

①借：生产成本　　　　　　38000
　　贷：原材料——甲材料　　　　16000
　　　　　　——乙材料　　　　　22000

②借：原材料——甲材料　　15000
　　贷：应付账款——亮马工厂　　15000

③借：原材料——乙材料　　26000
　　贷：应付账款——明达工厂　　26000

④借：应付账款——亮马工厂　17000
　　　　　　——明达工厂　　30000
　　贷：银行存款　　　　　　　　47000

（3）根据上列会计分录，平行登记"原材料"和"应付账款"总分类账户及其所属的明细分类账户，并计算本期发生额和期末余额。登账结果见以下表格所示。

总分类账

会计科目：原材料

2019年		凭证		摘要	借方	贷方	借或贷	余额
月	日	种类	编号					
8	1			期初余额			借	70000
	2	转	略	生产领用		38000	借	32000
	5	转	略	购入	15000		借	47000
	15	转	略	购入	26000		借	73000
8	31			本期发生额及期末余额	41000	38000	借	73000

原材料分类账户

明细科目：甲材料

2019年		凭证号数	摘要	收入			发出			结存		
月	日			数量	单价	金额	数量	单价	金额	数量	单价	金额
8	1		期初余额							3000	10	30000
	2	略	生产领用				1600	10	16000			
	5	略	购入	1500	10	15000						
8	31		本期发生额及期末余额	1500	10	15000	1600	10	16000	2900	10	29000

原材料分类账户

明细科目：乙材料

2019年		凭证号数	摘要	收入			发出			结存		
月	日			数量	单价	金额	数量	单价	金额	数量	单价	金额
8	1		期初余额							2000	20	40000
	2	略	生产领用				1100	20	22000			
	15	略	购入	1300	20	26000						
8	31		本期发生额及期末余额	1300	20	26000	1100	20	22000	2200	20	44000

总分类账户

会计科目：应付账款

2019年		凭证		摘要	借方	贷方	借或贷	余额
月	日							
8	1			期初余额			贷	10000
	5	转	略	购进材料款		15000	贷	25000
	15	转	略	购进材料款		26000	贷	51000
	23	银付	略	偿还贷款	47000		贷	4000
8	31			本期发生额及期末余额	47000	41000	贷	4000

应付账款明细分类账户

明细科目：亮马工厂

2019年		凭证		摘要	借方	贷方	借或贷	余额
月	日	种类	号数					
8	1			期初余额			贷	4500
	5	转	略	购进材料款		15000	贷	19500
	23	银付	略	偿还贷款	17000		贷	2500
8	31			本期发生额及期末余额	17000	15000	贷	2500

应付账款明细分类账户

明细科目：明达工厂

2019年		凭证		摘要	借方	贷方	借或贷	余额
月	日	种类	编号					
8	1			期初余额			贷	5500
	15	转	略	购进材料款		26000	贷	31500
	23	银付	略	偿还贷款	30000		贷	1500
8	31			本期发生额及期末余额	30000	26000	贷	1500

由于总分类账和明细分类账是按平行登记的方法进行登记的，因而总分类账及所属明细分类账的登记结果，应当进行相互核对。核对通常是通过编制"总分类账户与明细分类账户发生额及余额对照表"进行的。

仍以"原材料"和"应付账款"总分类账户及其所属各明细分类账户平行登记的结果,说明"总分类账户与明细分类账户发生额及余额对照表"的编制,见表所示。

原材料总分类账户与明细分类账户发生额及余额对照表

账户名称	期初余额		本期发生额		期末余额	
	借	贷	借	贷	借	贷
甲材料明细分类账	30000		15000	16000	29000	
乙材料明细分类账	40000		26000	22000	44000	
原材料总分账	70000		41000	38000	73000	

应付账款总分类账户与明细分类账户发生额及余额对照表

账户名称	期初余额		本期发生额		期末余额	
	借	贷	借	贷	借	贷
应付亮马工厂明细分类账		4500	17000	15000		2500
应付明达工厂明细分类账		5500	30000	26000		1500
应付账款总分类账		10000	47000	41000		4000

账簿的保管和更换

会计账簿记录着企业的债权、债务以及其他重要的经济信息,是企业会计资料的主要构成部分,也是企业重要的经济档案。因此,企业必须按规定妥善保管,不得随意销毁或丢失。

◎会计账簿的更换

在年度结账完毕后,将上年旧账全部结束,对于新的会计年度,启用新账,即以新账代替旧账。为了便于管理，一般情况下，总分类账、日记账和大部分明细账都应每年更换一次；但有些财产物资明细账和债权、债务明细账，由于材料品种、规格和往来单位较多，更换新账，重抄一遍工作量较大，因此，这些明细账可以跨年度使用，不必每年更换一次；各种备查账簿也可以连续使用。对于更换的会计账簿，各单位要进行必要的整理并移交档案管理部门保管。（如图 4-5 所示）

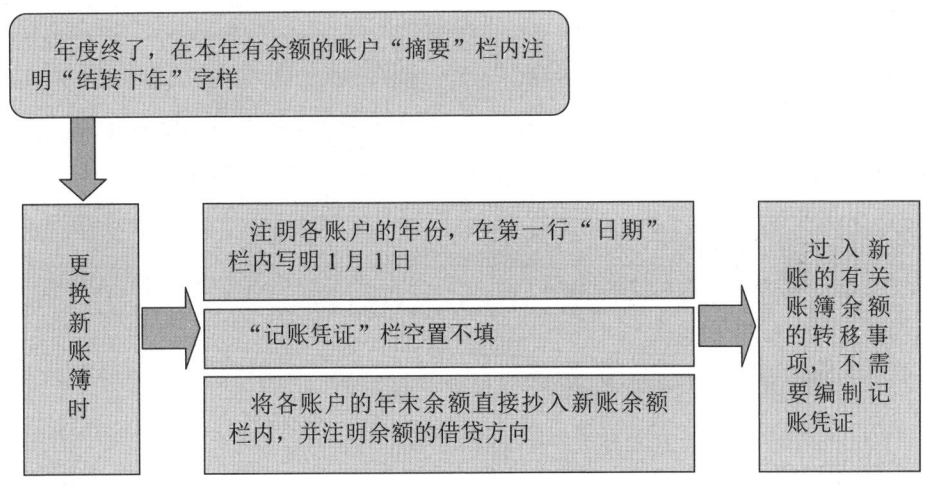

图 4-5　更换账簿的程序

在新的会计年度建账也并不是所有的账簿都更换为新的，一般来说，现金日记账、银行存款日记账、总分类账和大部分的明细分类账应当每年更换一次。只是有个别的明细分类账例如财产物资明细账和债权债务明细账等，由于原材料品种、数量和往来相关的单位较多，更换新账需要重新抄一遍，就加大了工作量，因此，可以跨年度使用，不必每年更换一次。第二年度时，可直接在上年终了的双红线下面记账。各种备查账簿也可以连续使用。

◎会计账簿的保管

会计账簿是重要的经济资料，必须建立管理制度，妥善保管。账簿管理分为平时管理和归档保管两部分。

会计账簿保管期限规定

会计账簿保管期限规定如表4-9所示。

表4-9 会计账簿保管期限

会计账簿类	保管年限
日记账	15年
其中：现金和银行存款日记账	25年
明细账	15年
总账	15年
固定资产卡片	固定资产报废清理后保存5年
辅助账簿	15年
涉及外事和"转制"的会计账簿	永久

账簿平时管理的具体要求

各种账簿要分工明确，指定专人管理，账簿经管人员既要负责记账、对账、结账等工作，又要负责保证账簿安全。

会计账簿未经领导和会计负责人或者有关人员批准，非经管人员不能随意翻阅查看会计账簿。会计账簿除需要与外单位核对外，一般不能携带外出，对携带外出的账簿，一般应由经管人员或会计主管人指定专人负责。会计账簿不能随意交与其他人员管理，以保证账簿安全和防止任意涂改账簿等问题发生。

会计账簿的保管，既要做到安全、完整，又要保证在需要的时候能在账簿中迅速查到所需要的资料。为此，会计人员必须在年度结束后，将各种活页账簿连同"账簿启用登记和经管人员一览表"装订成册，加上封面，统一编号，与各种订本式账簿一起归档保管。

旧账归档保管

年度终了，各种账簿在结转下年、建立新账后，一般都要把旧账送交总账会计集中统一管理。会计账簿暂时由本单位财务会计部门保管一年,期满之后,由财务会计部门编造清册移交本单位的档案部门保管。

年度终了更换并启用新账后,对更换下来的旧账要整理装订,造册归档。归档前旧账的整理工作包括:检查和补齐应办的手续,如改错盖章、注销空行及空页、结转余额等。各种会计账簿年度结账后,除跨年使用的账簿外,其他账簿应按时整理立卷。

账簿装订前,首先按账簿启用表的使用页数核对各个账户是否相符,账页数是否齐全,序号排列是否连续;然后按会计账簿封面、账簿启用表、账户目录、该账簿按页数顺序排列的账页、会计账簿装订封底的顺序装订。活页账簿装订具体要求如表4-10、表4-11所示。

表4-10 活页账簿装订具体要求

活页账簿装订具体要求	保留已使用过的账页,将账页数填写齐全,去除空白页和撤掉账夹,用质地较好的牛皮纸做封面、封底,装订成册。活页账一般按账户分类装订成册,一个账户装订成一册或数册;某些账户账页较少,也可以合并装订成一册
	多栏式活页账、三栏式活页账、数量金额式活页账等不得混装,应按同类业务、同类账页装订在一起
	在本账的封面上填写好账目的种类,编好卷号,会计主管人员和装订人(经办人)签章

表4-11 账簿装订后的其他要求

账簿装订后的其他要求	会计账簿应牢固、平整,不得有折角、缺角,错页、掉页、加空白纸的现象。
	会计账簿的封口要严密,封口处要加盖有关印章
	封面应齐全、平整,并注明所属年度及账簿名称、编号,编号为一年一编,编号顺序为总账、现金日记账、银行存(借)款日记账、分类明细账
	会计账簿按保管期限分别编制卷号,如现金日记账全年按顺序编制卷号;总账、各类明细账、辅助账全年按顺序编制卷号

◎会计账簿的销毁

会计账簿与会计凭证、会计报表一样都是会计核算的重要档案资料,也是重要的经济档案，必须按照国家会计档案管理办法的规定，妥善保管，不得丢失和任意销毁。保管期满后，需要销毁的，应该按照规定的审批程序报经批准后，再行销毁。

旧账装订完毕应编制目录和编写移交清单，然后按期移交档案部门保管。各种账簿同会计凭证和会计报表一样，都是重要的经济档案，必须按照制度统一规定的保存年限妥善保管，不得丢失和任意销毁。

保管期满后，应按照规定的审批程序报经批准后才能销毁。这些相关的保管和销毁的规定也都和记账凭证的相关规定基本一致。

对账的内容和方法

> 在会计核算中，记账时会发生各种差错，造成账实不符、账证不符，为了保证账簿记录正确性，必须进行对账工作，通过对账来保证各种账簿记录的真实、正确、完整，以确保账证相符、账账相符、账实相符。

◎账证核对

账证核对是指各种账簿的记录与有关会计凭证进行核对。各种账簿（包括总账、明细账以及现金日记账、银行存款日记账）的记录与有关的记账凭证和原始凭证进行核对，要求做到账证相符。

会计凭证是登记账簿的依据，账证核对主要检查登账中的错误。核对时，将凭证和账簿的记录内容、数量、金额和账户等相互对比，保证二者相符。主要核对会计账簿记录与原始凭证、记账凭证的时间、凭证字号、内容、金额是否一致，记账方向是否相符。一般是在日常编制凭证和记账过程中进行，检查所记账目是否正确。

账证核对在日常记账过程中就应进行，以便及时发现错账并进行更正。

这是保证账账相符、账实相符的基础。所以这种一笔笔地核对的过程已经在平时就做过了。在实际的工作中,账证之间的一笔笔的核对应是在依据记账凭证登记账簿时进行,而在核对时,可以应用科目汇总表进行核对工作,更加快捷。

◎账账核对

账账核对是核对不同会计账簿之间的账簿记录是否相符,包括:总账有关账户的余额核对、总账与明细账核对、总账与日记账核对、会计部门的财产物资明细账与财产物资保管和使用部门的有关明细账核对等。(如表4-12所示)

表4-12 账账核对的内容

账账核对的内容	总分类账各账户本月借、贷方发生额合计数是否相等;期末借、贷方余额合计数是否相等,以检查总分类账户的登记是否正确
	各明细分类账的本期借、贷方发生额合计数及期末余额合计数与总分类账应该分别核对相符,以检查各明细分类账的登记是否正确
	现金日记账和银行存款日记账的本期借、贷方发生额合计数及期末余额合计数与总分类账应该分别核对相符,以检查日记账的登记是否正确
	会计部门有关财产物资的明细分类账结存数,应该与财产物资保管或使用部门的有关保管账的账存数核对相符,以检查双方记录是否正确

◎账实核对

账实核对是指各种财产物资的账面余额与实存数额相核对。

账实核对的内容主要包括以下几方面,如图4-6所示。

```
┌─────────────────────┐
│   账实核对的内容    │
└─────────────────────┘
         │
         ├── 现金日记账账面余额与库存现金数额是否相符
         │
         ├── 银行存款日记账账面余额与银行对账单的余额是否相符
         │
         ├── 各项财产物资明细账账面余额与财产物资的实有数额是否相符
         │
         └── 有关债权债务明细账账面余额与对方单位的账面记录是否相符
```

图 4-6　账实核对的内容

◎账表核对

账表核对是会计账簿记录与会计报表有关内容核对相符的简称，通过检查账表之间的相互关系，可以发现其中是否存在违法行为。

账表核对主要核对以下内容，如图 4-7 所示。

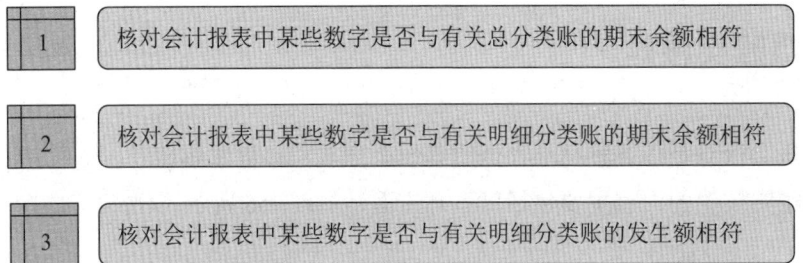

1	核对会计报表中某些数字是否与有关总分类账的期末余额相符
2	核对会计报表中某些数字是否与有关明细分类账的期末余额相符
3	核对会计报表中某些数字是否与有关明细分类账的发生额相符

图 4-7　账表核对的内容

进行账表核对时，查账人员必须熟识账与表中的项目或内容发生直接或者间接的勾稽关系。例如："现金""银行存款""其他货币资金"账户余额与资产负债表中的货币资金项目有直接的对应关系。如果不了解这些关系，查账人员是无法从查账中发现问题的。

结账的步骤和方法

> 结账是指在本期内所有发生的经济业务已经全部登记入账的基础上，在会计期末按照一定的方法结算账目，主要包括结出本期发生额和期末余额。各个企业的经济活动是连续不断进行的，进行结账的目的是总结每一个会计期间(月份、季度、年度)的经济活动情况，考核经营成果，还有最重要的是编制会计报表

◎结账的程序和内容

结账的程序

在结账之前，要有准备工作，结账的程序和内容主要包括以下三项：

1. 结账之前，必须保证本期内发生的各项经济业务已经全部登记入账；

2. 做好有关账项调整的账务处理，并且在此基础上，进行有关结转业务的会计处理，通过结转可以计算出本期的成本、费用、收入和利润；需要注意的是，不能为了赶制报表而提前结账，也不能将本期发生的经济业务延至下期登账，也不能先编制会计报表后结账；

3. 结账时，还应当计算出现金日记账、银行存款日记账、总分类账和明细分类账的各账户的本期发生额和期末余额，并且将期末余额结转至下期。

结账的内容

结账应当包括以下几项工作，如图4-8所示。

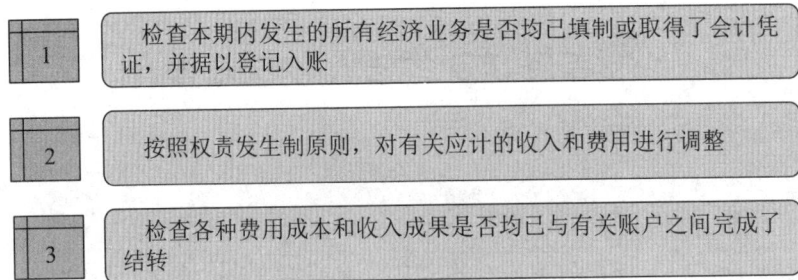

图4-8 结账的内容

对完成上述几项工作后，就可以计算各账户的本期发生额及期末余额。并根据总分类账和明细分类账的本期发生额和期末余额记录，分别进行试算平衡。

◎结账的方法

计算出各种账簿本期发生额和期末余额的工作，一般是按月进行的，称为月结；有的账目还应按季结算，称为季结；年度终了，还应进行年终结账，称为年结。

期末结账的方法主要是采用"划线结账法"。也就是期末结出各账户的本期发生额和期末余额后，加以划线标记，将期末余额结转至下期。

结账时，不同的账户记录应分别采用不同的方法。

1. 每月结账时，应该在各账户本月份最后一笔业务记录下面画一条通栏红线，表示本月结束；然后，在红线下面计算出本月发生额和月末余额，如果没有余额，在余额栏内写上"平"或者"0"符号。同时，在摘要栏内注明"本月合计"或"×月份发生额及余额"字样，最后，再在下面画一条通栏红线，表示完成月结工作。

2. 季结的结账方法与月结基本相同,但在摘要栏内注明"本季合计"或"第×季度发生额及余额"字样。

3. 年度结账时,在12月份结账记录的下一行填列全年12个月的发生额合计数,在"摘要"栏内注明"全年发生额及年末余额"字样,并在下面画两道红线。年度结账后将年末余额转入下年,结束各账户。

4. 结账时,应结出现金日记账、银行存款日记账以及总分类账和明细分类账各账户的本期发生额和期末余额,并将期末余额结转下期。就是在各账户本月份最后一笔记录下面画一条通栏红线,表示本月结束;然后,在红线下面结出本月发生额和月末余额,如果没有余额,在余额栏内写上"平"或"0"符号。同时,在摘要栏内注明"本月合计"字样,最后,再在下面画一条通栏红线,表示完成月结工作。

错账查找与更正方法

> 作为一名财会人员,谨慎的工作态度是做好会计工作的前提,但是填制会计凭证或登记账簿时由于疏忽会偶尔发生一些差错,对产生的这些差错,会计人员一定要学会查找并有效地进行更正。

◎错账查找方法

在实际的记账过程中,会产生例如重复记账、漏记、数字颠倒、数字错位、数字错误、科目记错、借贷方向记反等,影响会计信息的准确性。一般情况下,如果发生了错账,应采取以下措施查找:要确认错误的金额:先计算出差错的数额;综合各种有关情况,确定可能出现差错的范围。包括要确认错在借方还是贷方;确定查找的线索,采用适当的方法予以查错。主要查错方法有以下几种,如图4-9所示。

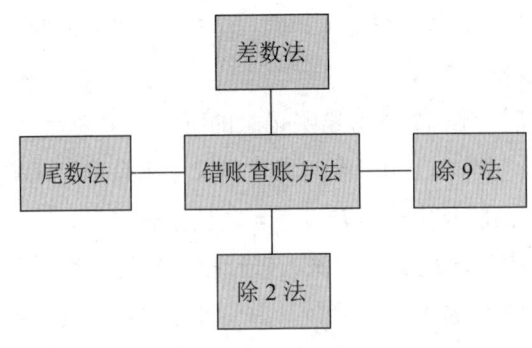

图 4-9　错账查找方法

差数法

差数法是指按照错账的差数来查找错账的方法。查找借贷方有一方漏记的错误。例如，在记账过程中只登记了经济业务的借方或者贷方，漏记了另一方，从而形成试算平衡中借方合计数与贷方合计数不相等。如果借方金额遗漏，就会使该金额在贷方超出；如果贷方金额遗漏，则会使该金额在借方超出。对于这样的差错，可由会计人员通过回忆和与相关金额的记账核对来查找。

尾数法

对于发生的只有角、分的差错的可以只检查小数部分，这样可以提高查找错误的效率。

除 2 法

除 2 法是指差数除以 2 来查找错账的方法。当记账时借方金额错计入贷方（或者相反）时，出现错账的差数就表现为错误的 2 倍，因此将此差数用 2 去除，得出的商就应该是反向的正确的金额。

除9法

除9法是指以差数除以9来查找错数的方法。适用于以下三种情况,如图4-10所示。

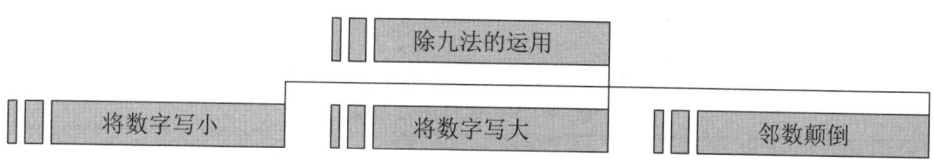

图4-10 除九法的运用

1. 将数字写大。例如将30写成300,错误数字大于正确数字9倍。查找的方法是:以差数除以9得出的商为正确的数字,商乘以10后所得的积为错误数字。上例差数270(即300-30)除以9以后,所得的商30为正确数字,30乘以10(即300)为错误数字。

2. 将数字写小。例如将500写成50,错误数字小于正确数字9倍。查找的方法是:以差数除以9得出的商即为写错的数字,商乘以10即为正确的数字。上例差数450(即500-50)除以9,商50即为错数,扩大10倍后即可得出正确的数字500。

3. 邻数倒置。如果记账时,出现将相邻两位数或三位数的数字顺序颠倒的错误,也可采用"除九法"查找。如将52误记为25,或将25误记为52,两个数字颠倒后,个位数变成了十位数,十位数变成了个位数,这就造成了差额为9的倍数。如果前大后小颠倒的前小后大,正确与错误的数的差额就是一个正数,这个差数除以9所得商的有效数字便是相邻颠倒两数的差值。

特别提示

查账的方法很多,每一种方法都有其特定的目的和适应范围,在选用查账方法时,必须遵循适应原则。具体来说,查账方法必须适应查账的特定目的和任务,适应查账方式和查账工作的地点,适应被查单位的具体条件和实际需要,还要适应查账主体的性质等。

◎错账更正方法

对于账簿记录中所发生的错误,不允许涂改、挖补、擦刮或者用药水消除笔迹,不允许重新抄写,必须按照有关制度规定的方法予以更正。具体更正的方法主要有以下几种,如表4-13所示。

表4-13 错账更正方法

类别	适用情况	更正方法
划线更正法	适用于结账前发现的账簿记录错误。也就是记账凭证正确,但是登记账簿时发生文字或者数字的错误	其更正时,应将错误的文字或者数字画一条红线,但是必须是原来的字迹可以清晰辨认,然后在红线的上方填写正确的文字或者数字,并且由记账人员及相关人员在更正处盖章,以明确责任。需要注意的是:对于错误的数字,应当全部画红线更正,而不能只更正其中的错误数字。对于文字错误的,可以只划去错误的部分
红字更正法	记账后发现记账凭证中的应借、应贷会计科目有错误。	其更正时,先用红字填写一张与原来错误的记账凭证完全相同的记账凭证,在"摘要"栏注明"更正第×号凭证的错误",用红字金额登记账簿,冲销原来的记录。再用蓝字填写一张正确的记账凭证,并据以登记入账
	记账后发现记账凭证和账簿记录中应借、应贷会计科目无误,只是所记金额大于应记金额	其更正时,将多记的金额用红字填写一张与原凭证相同的记账凭证,在"摘要"栏注明"更正第×号凭证的错误",并据以用红字登记入账,冲销多记的金额
补充登记法	适用于记账后发现记账凭证中会计科目和借贷方向正确,但是所记的金额小于应计金额,导致账簿记录的错误	其更正时,将少计的金额用蓝字填写一张与原凭证相同的记账凭证,据以登记入账,补记少计的金额

【案例】

1. 用现金428元购买办公用品,登记"现金日记账"时,错误地将428元记为482元,用划线更正法更正:

　　　　428
　借:管理费用 482 印章
　　　　428
　　贷:库存现金 482 印章

2. 用银行存款购买办公用品1600元，填制记账凭证时，错误写成贷记"现金"科目，并已经登记入账：

借：管理费用　　　1600

　　贷：现金　　　　　1600

记　账　凭　证

2020年5月6日　　　　　　　　字第6号

摘要	会计科目	借方金额									贷方金额									记账
		千	百	十	万	千	百	十	元	角	分	千	百	十	万	千	百	十	元	角	分	
购买办公用品	管理费用					1	6	0	0	0	0											
	现金															1	6	0	0	0	0	
合计						¥	1	6	0	0	0	0				¥	1	6	0	0	0	0

会计主管：赵某　　　记账：钱某　　　审核：孙某　　　制单：李某

发现错误后，先用红字填写一张与错误凭证相同的记账凭证，据以登记入账，冲销原来的错误的记录：

借：管理费用　　　1600

　　贷：现金　　　　　1600

记　账　凭　证

2020年5月6日　　　　　　　　字第6号

摘要	会计科目	借方金额									贷方金额									记账
		千	百	十	万	千	百	十	元	角	分	千	百	十	万	千	百	十	元	角	分	
购买办公用品	管理费用					1	6	0	0	0	0											
	现金															1	6	0	0	0	0	
合计						¥	1	6	0	0	0	0				¥	1	6	0	0	0	0

会计主管：赵某　　　记账：钱某　　　审核：孙某　　　制单：李某

再用蓝字填写一张正确的记账凭证，据以登记入账：

借：管理费用　　　1600
　　贷：银行存款　　　　　　1600

记　账　凭　证

2020 年 5 月 6 日　　　　　　　　　　字第 6 号

摘要	会计科目	借方金额 千 百 十 万 千 百 十 元 角 分	贷方金额 千 百 十 万 千 百 十 元 角 分	记账
购买办公用品	管理费用	1 6 0 0 0 0		
	银行存款		1 6 0 0 0 0	
合计		¥ 1 6 0 0 0 0	¥ 1 6 0 0 0 0	

会计主管：赵某　　记账：钱某　　审核：孙某　　制单：李某

3. 用现金支付员工报销差旅费 2000 元，填制记账凭证时，误将金额填写为 20000 元，并已经登记入账：

借：管理费用——差旅费　　　20000
　　贷：现金　　　　　　　　　　　20000

记　账　凭　证

2020 年 5 月 16 日　　　　　　　　　字第 16 号

摘要	会计科目	借方金额 千 百 十 万 千 百 十 元 角 分	贷方金额 千 百 十 万 千 百 十 元 角 分	记账
支付员工报销差旅	管理费用/差旅费	2 0 0 0 0 0 0		
	现金		2 0 0 0 0 0 0	
合计		¥ 2 0 0 0 0 0 0	¥ 2 0 0 0 0 0 0	

会计主管：赵某　　记账：钱某　　审核：孙某　　制单：李某

发现错误后，将多记的金额用红字填写一张与原凭证相同的记账凭证，并据以用红字登记入账，冲销多记的金额：

借：管理费用——差旅费　　　　　18000
　　贷：现金　　　　　　　　　　　　　　18000

记 账 凭 证

2020年5月16日　　　　　　　　字第16号

摘要	会计科目	借方金额									贷方金额									记账
		千	百	十	万	千	百	十	元	角	分	千	百	十	万	千	百	十	元	角	分	
支付员工报销差旅	管理费用/差旅费				1	8	0	0	0	0												
	现金														1	8	0	0	0	0		
合计					¥	1	8	0	0	0	0				¥	1	8	0	0	0	0	

会计主管：赵某　　　记账：钱某　　　审核：孙某　　　制单：李某

4. 收到A公司偿还的欠款60000元，存入银行。填制记账凭证时，误将金额填写为6000元，并已经登记入账：

借：银行存款　　　　　　　　　6000
　　贷：应收账款——A公司　　　　　　6000

记 账 凭 证

2020年5月18日　　　　　　　　字第18号

摘要	会计科目	借方金额									贷方金额									记账
		千	百	十	万	千	百	十	元	角	分	千	百	十	万	千	百	十	元	角	分	
收到A公司偿还的欠款	银行存款					6	0	0	0	0	0											
	应收账款															6	0	0	0	0	0	
合计						¥	6	0	0	0	0	0				¥	6	0	0	0	0	0

会计主管：赵某　　　记账：钱某　　　审核：孙某　　　制单：李某

发现错误后,将少计的金额用蓝字填写一张与原凭证相同的记账凭证,登记入账:

借:银行存款　　　　　　　　54000
　　贷:应收账款——A公司　　　　54000

记　账　凭　证

2020年5月18日　　　　　　　　字第18号

摘要	会计科目	借方金额									贷方金额									记账
		千	百	十	万	千	百	十	元	角	分	千	百	十	万	千	百	十	元	角	分	
收到A公司偿还的欠款	银行存款				5	4	0	0	0	0	0											
	应收账款														5	4	0	0	0	0	0	
合计				¥	5	4	0	0	0	0	0			¥	5	4	0	0	0	0	0	

会计主管:赵某　　　记账:钱某　　　审核:孙某　　　制单:李某

账项调整和财产清查

> 企业账簿中的日常经济业务的记录还不能确切反映本期的全部收入和费用。因为有一些经济业务不只影响一个会计期间的经营成果的确定,而是与两个或两个以上的会计期间的经营成果相联系,为了在权责发生制的基础上正确反映各会计期间的经营成果,就必须在编制财务报表和结账前,对这些有跨期影响的经济业务进行账项调整,然后确定本期的收入和费用,从而正确计量本期的经营成果。由于确定收入和费用的同时,也要确认资产和负债,期末账项的调整也关系到企业当期财务状况的正确性,因此,账项调整成为会计循环中起着重要意义的必要环节。

◎账项调整

期末账项调整是会计期末结账前,为比较真实地反映企业的经营成果和财务状况,按照权责发生制要求,对有关会计事项予以调整的会计行为。

期末账项调整的必要性

根据配比原则及应计制的观点,账簿的日常记录还不能确切地反映本期的收入和费用。有些收入款项虽在本期内已收到和入账,但并不应归属本期;而有些收入虽在本期内尚未收到,却应归属本期。有些费用虽在本期内已经支付和入账,但并不归属本期;而有些费用发生在本期,虽尚未支付,却应归属本期。所以,在期末结账以前,必须对账簿里已记的账项进行必要的调整。调整就是按照应予归属这一标准,合理地反映相互连接的各会计期应得的收入和应负担的费用,使各期的收入和费用能在相互适应的基础上进行配比,从而比较正确地算出各期的盈亏。

同时还必须指出,期末进行账项调整,虽然主要是为了在利润表中正确地反映本期的经营成果,但是收入和费用的调整,必然影响到有关资产、负债、所有者权益项目发生相应的增减变动，因此，期末账项调整也与比较正确地反映企业期末财务状况密切相关。

期末账项调整的内容

期末结账前，应予调整的账项一般可分为三大类，如图 4-11 所示。

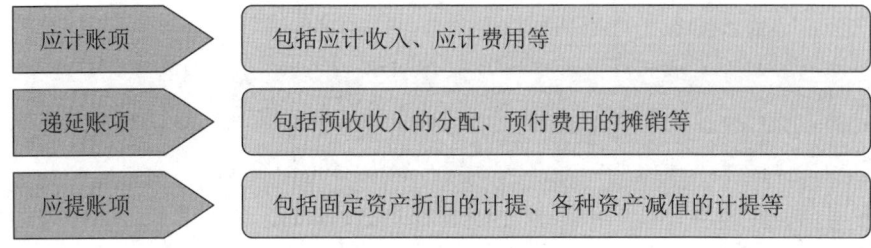

图 4-11　期末账项调整分类

账项调整的内容具体解释如表 4-14 所示。

表 4-14　期末账项调整的具体内容

类别	具体分析
本期已实现但尚未收到款项的收入	也称应计收入，是指企业在本期已经发生且符合收入确认条件，但尚未收到款项而未登记入账的产品，销售收入或劳务收入，如应收在金融机构的存款利息等。根据权责发生制的要求凡属于本期的收入不管其款项是否收到，都应作为本期收入处理，期末，应将那些本期已实现但尚未收到的款项收入编制调整分录，记入"应收账款""应收利息"等账户的借方，同时，将确认为本期的收入，记入有关收入账户或相关账户的贷方
本期已发生但尚未支付款项的费用	也称应计费用是指本期已发生，但因款项尚未支付因而未登记入账的费用，如应付银行借款利息、应付职工薪酬、应交各种税费等。凡属于本期的费用，不管其款项是否支付都应计为本期费用处理。期末应将那些本期已发生但尚未支付款项的费用编制调整分录，记入"制造费用""销售费用""财务费用"等账户的借方，同时，将尚未支付的款项记入"应付利息""应付职工薪酬""应交税费"等账户的贷方
本期已发生但尚未支付款项的费用	指已经收取款项入账，但尚未提供产品销售收入或劳务收入。如预收产品销售货款，预收租金等。企业预收款项时，因尚未提供产品或劳务，所以收入还未实现，也就不能直接全部记入有关收入账户，应通过负债类的"预收账款"账户核算。待期末确认实现的收入后，再编制调整分录，根据确认的属于本期已实现的收入金额，借记"预收账款"账户，贷记有关收入账户

续表

类别	具体分析
已经付款但不属于本期或部分属于本期的费用	指已经支出款项，但应由本期和以后各期负担的费用。如预付保险费、预付房屋租金等，此外，计提固定资产折旧费用也属于这类调整事项。企业预付各项支出时，由于尚未接受相应的服务，因此该项支出就不属于或不完全属于本期费用，也就不能直接全部记入有关费用财产，应通过资产类的"预付账款"账户核算。待未已接受部分服务时，再编制调整分录，按照本期和以后各期受益的程度，将分权来确认为本期的费用，借记有关费用账户，贷记"预付账款"、"累计折旧"等账户

【案例】2020年1月末、2月末、3月末，根据在银行的存款余额和存款利率计算，各月应计银行存款利息收入分别为40000元、30000元、18000元；4月2日银行已将利息88000元转入公司存款户。

（提示：银行对企业的存款通常按季结息，但根据权责发生制要求，企业在每个月末应确认利息收入；确认的利息收入应冲减"财务费用"。）

其处理如下：

1月末计提银行存款利息的处理：

借：应收利息　　　40000
　　贷：财务费用　　　　　40000

记　账　凭　证

2020年1月31日　　　　　　　　　　　字第29号

摘要	会计科目	借方金额									贷方金额									记账
		千	百	十	万	千	百	十	元	角	分	千	百	十	万	千	百	十	元	角	分	
计提银行存款利息	应收利息				4	0	0	0	0	0	0											
	财务费用														4	0	0	0	0	0	0	
合计		¥			4	0	0	0	0	0	0	¥			4	0	0	0	0	0	0	

会计主管：赵某　　　记账：钱某　　　审核：孙某　　　制单：李某

2月末计提银行存款利息的处理：

借：应收利息　　　30000

　　贷：财务费用　　　　30000

记 账 凭 证

2020 年 2 月 28 日　　　　　　　字第 30 号

摘要	会计科目	借方金额									贷方金额									记账
		千	百	十	万	千	百	十	元	角	分	千	百	十	万	千	百	十	元	角	分	
计提银行存款利息	应收利息				3	0	0	0	0	0	0											
	财务费用														3	0	0	0	0	0	0	
合计		¥			3	0	0	0	0	0	0	¥			3	0	0	0	0	0	0	

会计主管：赵某　　　记账：钱某　　　审核：孙某　　　制单：李某

3月末计提银行存款利息的处理：

借：应收利息　　　18000

　　贷：财务费用　　　　18000

记 账 凭 证

2020 年 3 月 31 日　　　　　　　字第 31 号

摘要	会计科目	借方金额									贷方金额									记账
		千	百	十	万	千	百	十	元	角	分	千	百	十	万	千	百	十	元	角	分	
计提银行存款利息	应收利息					1	8	0	0	0	0											
	财务费用															1	8	0	0	0	0	
合计		¥				1	8	0	0	0	0	¥				1	8	0	0	0	0	

会计主管：赵某　　　记账：钱某　　　审核：孙某　　　制单：李某

4月2日收到银行利息的处理：

借：银行存款　　　　88000

　　贷：应收利息　　　　　88000

记 账 凭 证

2020年4月2日　　　　　　字第2号

摘要	会计科目	借方金额 千 百 十 万 千 百 十 元 角 分	贷方金额 千 百 十 万 千 百 十 元 角 分	记账
收到银行存款利息	银行存款	8 8 0 0 0 0 0		
	应收利息		8 8 0 0 0 0 0	
合计		¥ 8 8 0 0 0 0 0	¥ 8 8 0 0 0 0 0	

会计主管：赵某　　　记账：钱某　　　审核：孙某　　　制单：李某

◎财产清查

企业各项财产物资的增减变动和结存情况都通过账簿记录如实地反映。为了保证账簿记录的正确性，需要定期不定期地对账实进行核对，账实核对通常是通过财产清查来完成的。财产清查是会计核算的一种专门方法，是通过对各项实物资产和库存现金进行实地盘点，对银行存款和往来款项进行查寻核对，以查明各项财产物资、货币资金、往来款项的实有数与账面数是否一致的一种会计核算的专门方法。

财产清查的意义

从理论上来说，企业各项财产物资、债权债务的日常增减变动及其结果都反映在账簿记录中，通过账证核对和账账核对保证了账簿记录的正确性，但在实际工作中有很多客观因素可能造成账实不符。比如，因气候等自然因素影响使企业某些财产物资自然挥发或增重，以及由于机械操作、切割等技术原因造成某些财产物资发生一定的损耗；再比如，有关人员工作中收发计量差错或核算不准等失误，以及管理制度不严造成贪污盗窃等都会造成账实在实际上可能不一致。因此，对各项财产进行定期或不定期的财产清查，对于加强企业经营管理，充分发挥会计的监督作用具有重要意义。财产清查的意义主要体现在以下几个方面，如图4-12所示。

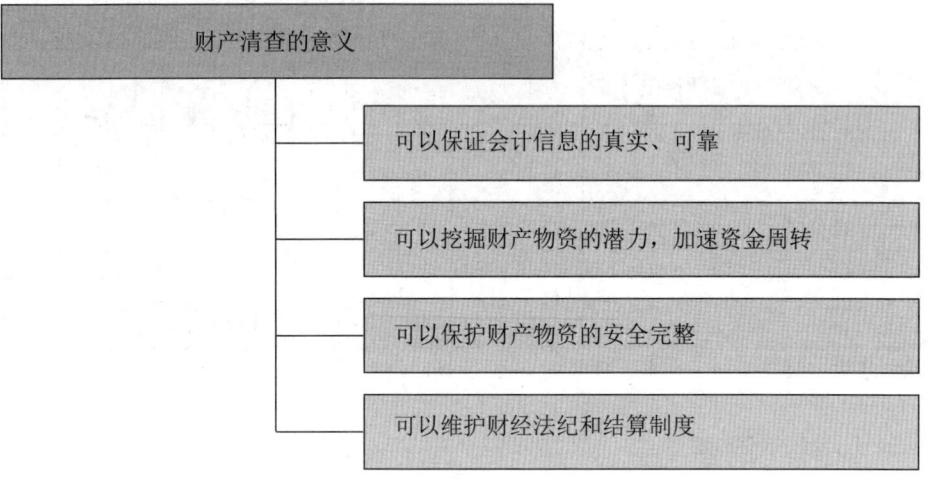

图4-12　财产清查的意义

财产清查的种类

财产清查的种类如图4-13所示。

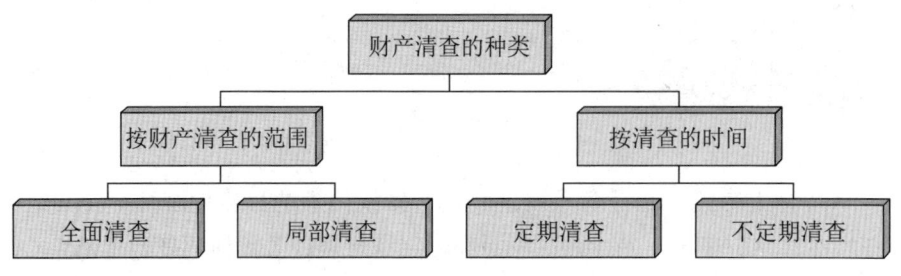

图4-13　财产清查的种类

1. **全面清查**

全面清查是指对全部财产进行盘点与核对。全面清查范围广、内容多、时间长、工作量大。全面清查的对象一般包括如图4-14所示。

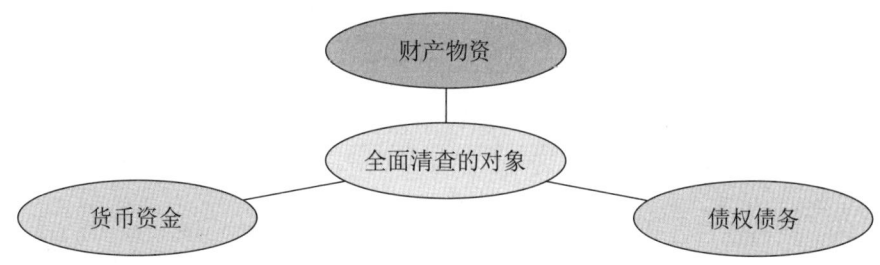

图4-14 全面清查的对象

全面清查主要适用以下几种情况，如表4-15所示。

表4-15 全面清查适用的情况

全面清查适用的情况	年终决算前，为确保年终决算会计资料真实、正确，需进行全面清查
	企业撤销、合并或改变隶属关系前
	中外合资、国内联营前
	企业实行股份制改造前，为了明确经济责任，需进行全面清查
	开展全面清产核资、资产评估等活动，为了摸清家底，准确的核定资产，需进行全面清查
	单位主要负责人调离工作前

全面清查范围广、内容多、时间长、工作量大。

2. **局部清查**

局部清查是指根据需要对部分财产进行盘点或核对。局部清查范围小、内容少、时间短，但专业性较强。（如图4-15所示）

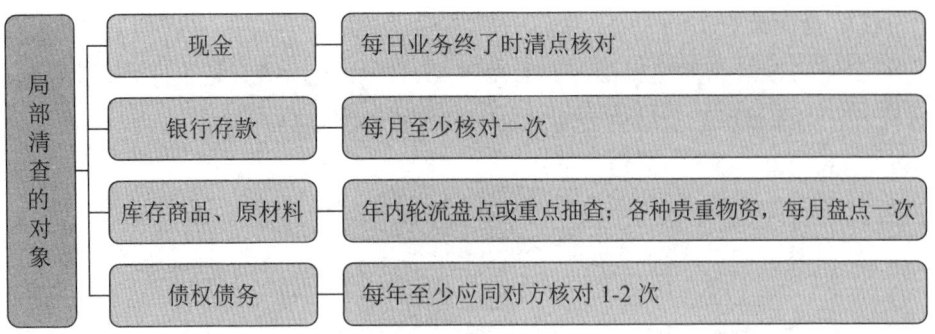

图 4-15 局部清查的对象

局部清查范围小、内容少、时间短,但专业性较强。

3. 定期清查

定期清查是指按预先计划安排的时间对财产进行的清查。定期清查一般在期末进行。它可以是全面清查,如年末决算前的清查,年末、月末结账前的清查;也可以是局部清查。如现金、贵重物品的每日清点。

4. 不定期清查

不定期清查是指根据实际需要对财产进行的临时性清查。不定期清查并未事先规定清查时间。它可以是全面清查,如:合资、改制、兼并、撤销前的清查;也可以是局部清查,如:物资保管人员工作交接时进行的清查,发生意外灾害时进行的清查。通常适用于以下情况,如图 4-16 所示。

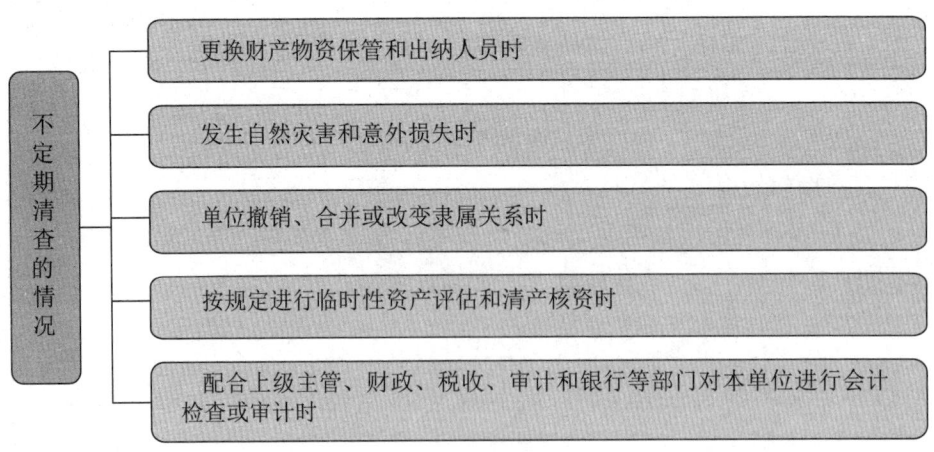

图 4-16 不定期清查的情况

财产清查的方法

财产清查的方法主要有以下几种,如表 4-16 所示。

表 4-16 财产清查的方法

形式	具体内容
实物盘点	主要是对固定资产、材料、产成品等实物,以及未完成的基建工程、专项工程等进行的清查
库存现金的清查	一般每天由出纳自行清查,会计每月至少进行一次定期或突击清查,年终也必须进行清查,清查后,编制"现金盘点报告表",对于账实不符的地方,分析原因,明确责任
银行存款的清查	银行存款的清查采用与开户行核对账目的方法,根据本公司银行存款日记账和银行对账单,编制银行存款余额调节表,剔除未达账项的影响,找出账实不符的原因,及时纠正
债权债务的清查	采用同对方单位核对账目的方法,公司在自身所记账目已确定完整的基础上,编制对账单,交对方核对。公司对账单可以一式两联,一联留本公司备查,另一联交对方核对。公司在收到对方寄回的回单后,应据以填制"债权债务报告表"
所有者权益的清查	对于法人资本,审查出资报告书,编制"投资者出资报告书",对于公积金,应按内容进行清查

财产清查的程序

财产清查是一项非常复杂细致的工作,它不仅是会计部门的一项重要任务,而且是各个财产物资经营部门的一项重要职责。为了妥善地做好财产清查工作,使它发挥应有的积极作用,必须在清查前,特别是全面清查以前,协调各方面力量,共同做好财产清查工作。

(1) 组织准备

财产清查组织准备内容如图 4-17 所示。

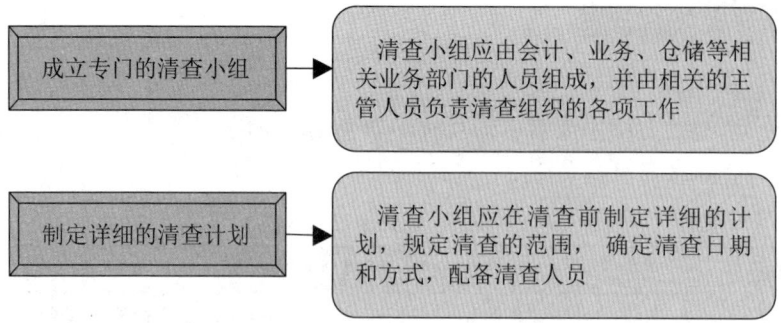

图 4-17 财产清查组织准备内容

（2）业务准备

①会计部门应在财产清查之前将截至清查日止的全部经济业务登记入账，结算出总账和明细账的余额，并相互核对，做到账证相符和账账相符，为账实核对提供正确的账簿资料。

②财产物资的保管使用等相关业务部门，应登记好所经管的全部财产物资明细账，并结出余额。将准备清查的各种财产分类整理清楚，排列整齐，并分别悬挂标签，详细标明实物的编号、名称、规格、结存数量等，以便盘点核对。

③准备好各种计量器具和印制清查登记用的清单、表册等。

（3）实施清查

在完成以上各项准备工作以后，就应该由清查人员依据清查对象的特点，预先确定的清查目的，采用合适的清查方法，实施财产清查、盘点工作。

（4）清查报告、总结

完成财产清查任务后，要将盘点清查资料整理好，由相关人员签名，将清查结果以文字形式报告给相关部门、领导，对清查中发现的问题、差异要切实寻找原因，落实责任人，并对财产物资的管理提出可行性建议。

财产清查的处理

清查后的处理如图 4-18 所示。

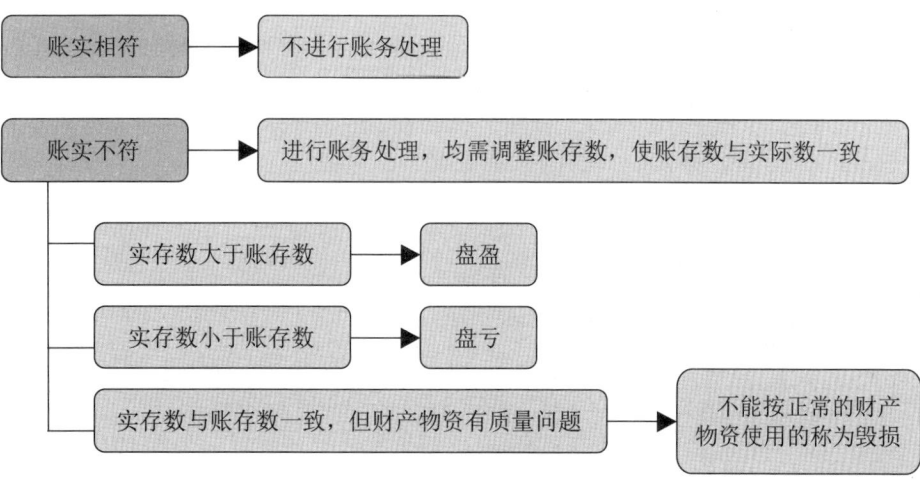

图 4-18 清查后的处理

清查结果处理步骤如图 4-19 所示。

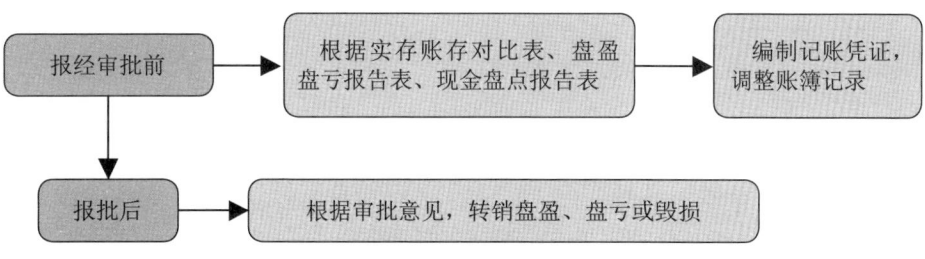

图 4-19 清查结果处理步骤

特别提示

通过财产清查可暴露出经营管理上的薄弱环节,促使企业进一步完善相关规章制度,堵塞漏洞,减少因管理不善和贪污盗窃等引起的财产损失,保护企业财产的安全、完整,所以财产清查能为企业内部控制制度的实施创造有利条件。

第五章
精打细算样样通——企业经济业务核算

本章通过对经济业务核算原则与方法的说明,可以帮助会计较熟悉地掌握复式记账原理的应用。通过本章的学习,我们可以了解资金筹集、供应过程、生产过程、销售过程、利润形成和分配核算的计算方法;并理解企业各项主要经济业务的内容。

学习导读:

◆了解经济业务会计核算的原则和方法

◆掌握集资过程中的业务核算

◆掌握采购业务的核算

◆掌握生产过程的业务核算

◆掌握销售过程的业务核算

◆掌握利润的分配核算

资金筹集过程的业务核算

> 企业为了进行正常的生产经营活动，必须要拥有一定数量的资金。因此，通过各种资金来源渠道筹集资金，是企业生产经营活动的首要条件。

◎企业筹集资金业务核算的内容

小故事：资本投入的处理

（1）红星公司收到华安公司投资一批原材料，双方协议价为40000元（不含可抵扣的增值税）。

（2）大江公司收到北方公司投入全新不需要安装设备一套，双方确认价值为120000元（假定该设备不涉及增值税），该设备投入使用。企业注册资本为1000000万元，北方公司投资在注册资本中占有的份额为10%。

（3）金隅公司收到某企业的土地使用权投资，经双方共同确认的价值为50000元，已办完各种手续。

上述资本投入，企业应该如何进行账务处理呢？企业接受固定资产、无形资产等非现金资产投资时，应按投资合同或协议约定的价值（不公允的除外）作为固定资产、无形资产的入账价值，按投资合同或协议约定的投资者在企业注册资本或股本中所占份额的部分作为实收资本或股本入账，投资合同或协议约定的价值超过投资者在企业注册资本或股本中所占份额的部分计入资本公积。因此，上述资本投入就作如下处理。

（1）红星公司收到的原材料投资一方面使企业资产中的原材料增加了40000元，另一方面使所有者权益中的投入资本增加了40000元。因此，这项经济业务涉及"原材料"和"实收资本"两个账户。原材料增加记入"原材料"账户的借方，投入资本增加记入"实收资本"账户的贷方。所以，这笔经济业务应编制如下会计分录：

借：原材料　　　　40000
　　贷：实收资本——华安公司　40000

（2）大江公司收到的安装设备投资一方面使企业资产中的固定资产增加了 120000 元，另一方面使所有者权益中的投入资本增加了 100000 元，资本溢价增加了 20000 元。因此，这项经济业务涉及"固定资产""实收资本"和"资本公积"三个账户。固定资产增加记入"固定资产"账户的借方，投入资本增加记入"实收资本"账户的贷方，资本溢价增加记入"资本公积"账户的贷方。所以，这笔经济业务应编制如下会计分录：

借：固定资产　　　120000
　　贷：实收资本——北方公司　　100000
　　　　资本公积——资本溢价　　20000

（3）金隅公司收到的土地使用权投资一方面使企业资产中的无形资产增加了 50000 元，另一方面使所有者权益中的投入资本增加了 50000 元。因此，这项经济业务涉及"无形资产"和"实收资本"两个账户。无形资产增加记入"无形资产"账户的借方，投入资本增加记入"实收资本"账户的贷方。所以，这笔经济业务应编制如下会计分录：

借：无形资产　　　50000
　　贷：实收资本——某公司　　50000

企业筹资的渠道

企业筹资主要有两大渠道，如图 5-1 所示。

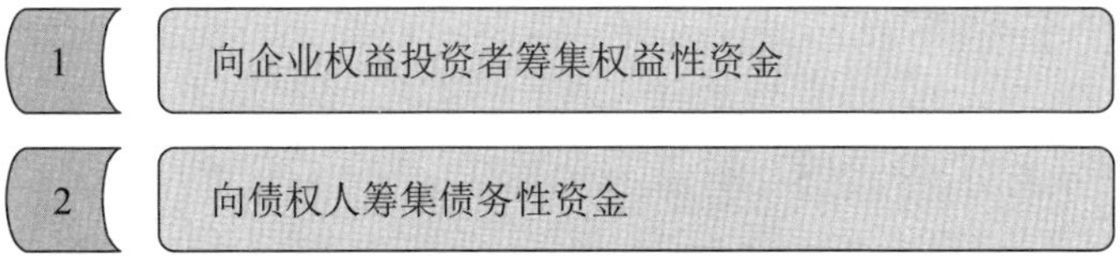

| 1 | 向企业权益投资者筹集权益性资金 |
| 2 | 向债权人筹集债务性资金 |

图 5-1　企业筹资主要有两大渠道

筹集资金业务所用的账户

筹集资金需要设置和运用的账户主要有以下几种，如表 5-1 所示。

表 5-1　筹集资金业务所用的账户

类别	具体分析
"实收资本" 账户	属于所有者权益类账户，所有者投入资本时增加，记入账户的贷方；因各种原因减少资本时，记入账户的借方；期末余额在贷方，表示企业实收资本的实有数额。该账户一般按投资人分别设置明细账户
"资本公积" 账户	应当分别 "资本溢价" 或 "股本溢价" "可供出售金融资产" "其他资本公积" 进行明细核算
"短期借款" 账户	属于负债类账户，核算企业向银行借入的短期债务。向银行借入时增加，记入账户的贷方；归还时减少，记入账户的借方；期末余额在贷方，表示尚未归还的短期借款数额。该账户一般按债权人名称分别设置明细账户
"长期借款" 账户	属于负债类账户，核算企业借入的长期借款。借入长期借款，记入贷方；偿还本息，记入借方；期末余额在贷方，表示尚未偿还的长期借款本息。该账户一般按债权人名称分别设置明细账户

◎投入资本的核算

投入资本是指所有者在企业注册资本的范围内实际投入的资本，是指出资人作为资本实际投入企业的资金数额，进一步划分为资本金与资本公积。

投入资本的分类

投入资本的分类如图 5-2 所示。

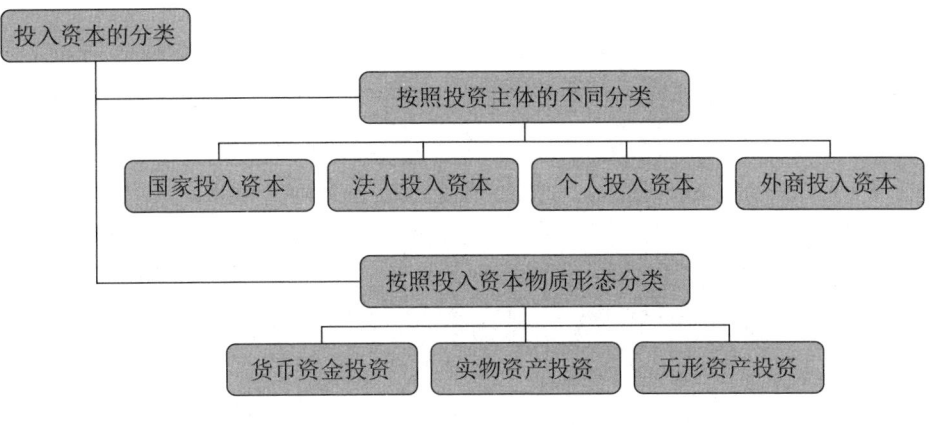

图 5-2 投入资本的分类

投入资本的核算

投入资本的核算应当设置"实收资本"账户,账户贷方登记实际收到的各出资人支付的出资额和由资本公积、盈余公积转增的资本额;借方登记减少的资本额;账户余额在贷方,反映企业实际拥有的资本额。除独资企业以外,投资人一般不是单一的,"实收资本"账户应按投资人名称设立明细账户进行明细核算。

1. 接受货币资金投资

应将作为出资的货币足额存入设立的指定账户,公司按实际收到的货币资金借记"现金"或"银行存款"账户,贷记"实收资本"账户。实际收到的金额超过其在企业注册资本中所占份额的部分,注入资本公积。

【案例】甲公司收到 A 公司和 B 公司 500000 元与 600000 元资金已全部到位,并将款项存入银行。

借:银行存款　　　1100000
　　贷:实收资本——法人资本——A 公司　　　500000
　　　　实收资本——法人资本——B 公司　　　600000

记 账 凭 证

2020 年 1 月 18 日　　　　　字第 18 号

摘要	会计科目	借方金额 千 百 十 万 千 百 十 元 角 分	贷方金额 千 百 十 万 千 百 十 元 角 分	记账
收到投资	银行存款	1 1 0 0 0 0 0 0 0		
	实收资本/A 公司		5 0 0 0 0 0 0 0	
	实收资本/B 公司		6 0 0 0 0 0 0 0	
合计		¥ 1 1 0 0 0 0 0 0 0	¥ 1 1 0 0 0 0 0 0 0	

会计主管：赵某　　　记账：钱某　　　审核：孙某　　　制单：李某

2．接受实物投资

实物投资是指投资者以厂房、机器设备或原材料等实物所进行的投资。对于投入企业的实物资产，必须对其价值进行评估确认，这可根据资产的原值、净值、新旧程度、重置成本与获利能力等因素进行确认，也可由投资双方协商决定。对于投入的各种实物资产，应按投资方确认的价值作为实收资本入账。

（1）接受投入固定资产

企业接受投资者作价投入的房屋、建筑物、机器设备等固定资产，应按投资合同或协议约定价值确定固定资产价值(但投资合同或协议约定价值不公允的除外)和在注册资本中应享有的份额。

（2）接受投入材料物资

企业接受投资者作价投入的材料物资，应按投资合同或协议约定价值确定材料物资价值(投资合同或协议约定价值不公允的除外)和在注册资本中应享有的份额。

【案例】甲公司收到 A 公司投入的某种原材料，经评估该材料的评估价值为 40000000 元。

借：原材料　　　　40000000

　　贷：实收资本——A 公司　　40000000

记 账 凭 证

2020 年 5 月 18 日　　　　　字第 18 号

摘要	会计科目	借方金额 千百十万千百十元角分	贷方金额 千百十万千百十元角分	记账
收到A公司投资原材料	原材料	4 0 0 0 0 0 0 0 0 0		
	实收资本/A公司		4 0 0 0 0 0 0 0 0 0	
合计		4 0 0 0 0 0 0 0 0 0	4 0 0 0 0 0 0 0 0 0	

会计主管：赵某　　　记账：钱某　　　审核：孙某　　　制单：李某

3. 接受无形资产投资

对投资人投入的各种无形资产（无形资产包括专利权、非专利技术、著作权、商标权及土地使用权等）。企业收到以无形资产方式投入的资本，应按投资合同或协议约定价值确定无形资产价值(但投资合同或协议约定价值不公允的除外)和在注册资本中应享有的份额。

【案例】 甲公司取得A公司的一项专利技术投资，经评估机构确认其价值为40000000元。

借：无形资产——专利技术　　　40000000
　　贷：实收资本——法人资本——A公司　　　40000000

记 账 凭 证

2020 年 1 月 18 日　　　　　字第 18 号

摘要	会计科目	借方金额 千百十万千百十元角分	贷方金额 千百十万千百十元角分	记账
收到A公司专利投资	无形资产/专利技术	4 0 0 0 0 0 0 0 0 0		
	实收资本/A公司		4 0 0 0 0 0 0 0 0 0	
合计		4 0 0 0 0 0 0 0 0 0	4 0 0 0 0 0 0 0 0 0	

会计主管：赵某　　　记账：钱某　　　审核：孙某　　　制单：李某

◎短期借款的核算

短期借款是指企业为维持正常的生产经营所需的资金或为抵偿某项债务而向银行或其他金融机构等外单位借入的、还款期限在一年以下(含一年)的各种借款。

短期借款的内容及核算

短期借款主要有经营周转借款、临时借款、结算借款、票据贴现借款、卖方信贷、预购定金借款和专项储备借款等。

企业应设置"短期借款"科目,本科目核算企业短期借款的取得、偿还情况。企业向银行或其他金融机构等借入的期限在1年以上的各种借款,在"长期借款"科目核算。本科目应当按照借款种类、贷款人和币种进行明细核算。

短期借款的账务处理

1. **企业借入的各种短期借款**

借：银行存款
　　贷：短期借款

2. **资产负债表日，应按计算确定的短期借款利息费用**

借：财务费用
　　贷：银行存款（直接支付）
　　　　应付利息（月末计提）
借：应付利息
　　贷：银行存款

资产负债表日，应按实际利率计算确定的短期借款利息的金额,借记"财务费用""利息支出"等科目,贷记"银行存款"等科目。实际利率与合同约定的名义利率差异很小的,也可以采用合同约定的名义利率计算确定利息费用。

3. 归还借款

借：短期借款

　　贷：银行存款

【案例】 甲股份有限公司于2020年1月1日向银行借入一笔生产经营用短期借款，共计1200000元，期限为9个月，年利率为4%。根据与银行签署的借款协议，该项借款的本金到期后一次归还；利息分月预提，按季支付。甲股份有限公司的有关会计分录如下：

（1）1月1日借入短期借款：

借：银行存款　　　1200000

　　贷：短期借款　　　　1200000

记 账 凭 证

2020年1月1日　　　　　　　　　　　　字第1号

摘要	会计科目	借方金额									贷方金额									记账
		千	百	十	万	千	百	十	元	角	分	千	百	十	万	千	百	十	元	角	分	
借入短期借款	银行存款		1	2	0	0	0	0	0	0	0											
	短期借款												1	2	0	0	0	0	0	0	0	
合计		¥	1	2	0	0	0	0	0	0	0	¥	1	2	0	0	0	0	0	0	0	

会计主管：赵某　　　记账：钱某　　　审核：孙某　　　制单：李某

（2）1月末，计提1月份应计利息：

借：财务费用　　　4000

　　贷：应付利息　　　　4000

记　账　凭　证

2020 年 1 月 31 日　　　　字第 31 号

摘要	会计科目	借方金额										贷方金额										记账
		千	百	十	万	千	百	十	元	角	分	千	百	十	万	千	百	十	元	角	分	
计提1月份应计利息	财务费用					4	0	0	0	0	0											
	应付利息															4	0	0	0	0	0	
合计						¥	4	0	0	0	0					¥	4	0	0	0	0	

会计主管：赵某　　记账：钱某　　审核：孙某　　制单：李某

本月应计提的利息 =1200000×4%÷12=4000（元）

2 月末计提 2 月份利息费用的处理与 1 月份相同。

（3）3 月末支付第一季度银行借款利息：

借：财务费用　　4000

　　应付利息　　8000

　　贷：银行存款　　　12000

记　账　凭　证

2020 年 3 月 31 日　　　　字第 31 号

摘要	会计科目	借方金额										贷方金额										记账
		千	百	十	万	千	百	十	元	角	分	千	百	十	万	千	百	十	元	角	分	
支付第一季度银行借款利息	财务费用					4	0	0	0	0	0											
	应付利息					8	0	0	0	0	0											
	银行存款														1	2	0	0	0	0	0	
合计						¥	1	2	0	0	0	0				¥	1	2	0	0	0	0	

会计主管：赵某　　记账：钱某　　审核：孙某　　制单：李某

第二、三季度的会计处理同上。

(4) 10月1日偿还银行借款本金：

借：短期借款　　　1200000
　　贷：银行存款　　　　1200000

记 账 凭 证
2020年10月1日　　　　字第1号

摘要	会计科目	借方金额 千百十万千百十元角分	贷方金额 千百十万千百十元角分	记账
偿还银行借款本金	短期借款	1 2 0 0 0 0 0 0 0		
	银行存款		1 2 0 0 0 0 0 0 0	
合计		¥1 2 0 0 0 0 0 0 0	¥1 2 0 0 0 0 0 0 0	

会计主管：赵某　　　记账：钱某　　　审核：孙某　　　制单：李某

如上述借款期限是8个月。则到期日为9月1日，8月末之前的会计处理与上述相同。9月1日偿还银行借款本金，同时支付7月和8月已计提未付利息：

借：短期借款　　　1200000
　　应付利息　　　　 8000
　　贷：银行存款　　　　1208000

记 账 凭 证
2020年9月1日　　　　字第1号

摘要	会计科目	借方金额 千百十万千百十元角分	贷方金额 千百十万千百十元角分	记账
偿还银行借款本金	短期借款	1 2 0 0 0 0 0 0 0		
	应付利息	8 0 0 0 0 0		
	银行存款		1 2 0 8 0 0 0 0 0	
合计		¥1 2 0 8 0 0 0 0 0	¥1 2 0 8 0 0 0 0 0	

会计主管：赵某　　　记账：钱某　　　审核：孙某　　　制单：李某

◎长期借款的核算

长期借款是指企业为扩大生产经营增加固定资产而向金融机构等借入的偿还期在一年以上的款项。

长期借款的分类

长期借款的分类如表5-2所示。

表5-2　长期借款的分类

分类依据	类别	具体内容
按其偿还方式分	定期偿还	指按规定的借款到期日一次还清全部本息
	分期偿还	在借款期内，按规定分期偿还本息。
按计算利息的方法分	单息长期借款	指计算利息时，上期的利息并不计入本金之内，仅按本金计算的利息
	复息长期借款	复息长期借款计算利息方法是，上期利息计入本金，再行计息

长期借款的偿还方式、计息的利率、偿还期等都要在借款协议中明确规定。

长期借款的核算

企业应通过"长期借款"科目，核算长期借款的借入、归还等情况。该科目可按照贷款单位和贷款种类设置明细账，分"本金""利息调整"等进行明细核算。

1. **取得长期借款**

企业借入长期借款，应按实际收到的现金净额，借记"银行存款"科目，贷记本科目（本金），如存在差额，还应借记本科目（利息调整）。

2. **发生长期借款利息**

长期借款利息费用应当在资产负债表按照实际利率法计算确定，实际利率与合同利率差异较小的,也可以采用合同利率计算确定利息费用。长期借款计算确定的利息费用,应当按以下原则计入有关成本、费用,如图5-3所示。

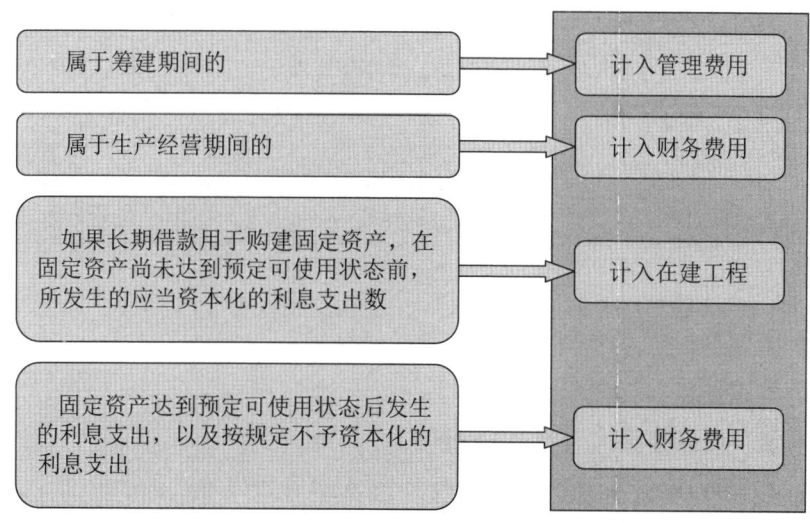

图 5-3 借款利息费用的核算

3. 归还长期借款本金时,借记本科目(本金),贷记"银行存款"科目

同时,按应转销的利息调整、应计利息金额,借记或贷记"在建工程""制造费用""财务费用""研发支出"等科目,贷记或借记本科目(利息调整、应计利息)。

4. 企业与贷款人进行债务重组,应当比照"应付账款"科目的相关规定进行处理

【案例】甲企业2017年1月1日向银行借入1200万元,期限3年的借款用于购建固定资产。借款年利率为7%,每年计息一次,按复利计算,到期一次归还本息。该项固定资产于第二年末达到预定可使用状态。做如下会计分录:

(1)取得借款时:
借:银行存款　　　12000000
　　贷:长期借款　　　　　12000000

记 账 凭 证

2017年1月1日　　　　　　　　　字第1号

摘要	会计科目	借方金额 千百十万千百十元角分	贷方金额 千百十万千百十元角分	记账
取得借款	银行存款	1 2 0 0 0 0 0 0 0 0		
	长期借款		1 2 0 0 0 0 0 0 0 0	
合计		1 2 0 0 0 0 0 0 0 0	1 2 0 0 0 0 0 0 0 0	

会计主管：赵某　　　记账：钱某　　　审核：孙某　　　制单：李某

（2）假定将长期借款全部用于在建工程时：

借：在建工程　　12000000

　　贷：银行存款　　　12000000

（注：如果长期借款用于开发项目，则借记"开发成本"科目）

记 账 凭 证

2017年1月1日　　　　　　　　　字第1号

摘要	会计科目	借方金额 千百十万千百十元角分	贷方金额 千百十万千百十元角分	记账
用于在建工程	在建工程	1 2 0 0 0 0 0 0 0 0		
	银行存款		1 2 0 0 0 0 0 0 0 0	
合计		1 2 0 0 0 0 0 0 0 0	1 2 0 0 0 0 0 0 0 0	

会计主管：赵某　　　记账：钱某　　　审核：孙某　　　制单：李某

（3）第一年计息时：

第一年应计利息：12000000×7%=840000（元）

第一年每月应计计息：840000÷12= 70000（元）

第一年每月会计分录如下：

借：在建工程　　70000

　　贷：长期借款　　　70000

（注：如果长期借款用于开发项目，则利息费用借记"开发成本"科目）

记 账 凭 证

2017年1月1日　　　　　　　　字第1号

摘要	会计科目	借方金额 千百十万千百十元角分	贷方金额 千百十万千百十元角分	记账
应计利息	在建工程	7 0 0 0 0 0 0		
	长期借款		7 0 0 0 0 0 0	
合计		¥ 7 0 0 0 0 0 0	¥ 7 0 0 0 0 0 0	

会计主管：赵某　　　记账：钱某　　　审核：孙某　　　制单：李某

（4）第二年应计利息：（12000000+840000）×7%=898800（元）

第二年每月应计计息：898800÷12=74900（元）

第二年每月会计分录如下：

借：财务费用　　74900

　　贷：长期借款　　　　74900

记 账 凭 证

2018年1月1日　　　　　　　　字第1号

摘要	会计科目	借方金额 千百十万千百十元角分	贷方金额 千百十万千百十元角分	记账
应计利息	财务费用	7 4 9 0 0 0 0		
	长期借款		7 4 9 0 0 0 0	
合计		¥ 7 4 9 0 0 0 0	¥ 7 4 9 0 0 0 0	

会计主管：赵某　　　记账：钱某　　　审核：孙某　　　制单：李某

（5）第三年应计利息：（12000000+840000+898800）×7%=961716（元）

第三年每月应计计息：961716÷12=80143（元）

第三年每月会计分录如下：

借：财务费用　　80143

　　贷：长期借款　　　　80143

（因第三年固定资产已经达到预定可使用状态以后，所以第三年发生的借款利息应计入财务费用）

记 账 凭 证

2018年1月1日　　　　　　　　　字第1号

摘要	会计科目	借方金额	贷方金额	记账
应计利息	财务费用	8 0 1 4 3 0 0		
	长期借款		8 0 1 4 3 0 0	
合计		¥ 8 0 1 4 3 0 0	¥ 8 0 1 4 3 0 0	

会计主管：赵某　　记账：钱某　　审核：孙某　　制单：李某

（6）借款到期归还本息：

本息额 =12000000+840000+898800+961716=14700516（元）

借：长期借款　　14700516

贷：银行存款　　14700516

记 账 凭 证

2020年1月1日　　　　　　　　　字第1号

摘要	会计科目	借方金额	贷方金额	记账
借款到期归还本息	长期借款	1 4 7 0 0 5 1 6 0 0		
	银行存款		1 4 7 0 0 5 1 6 0 0	
合计		1 4 7 0 0 5 1 6 0 0	1 4 7 0 0 5 1 6 0 0	

会计主管：赵某　　记账：钱某　　审核：孙某　　制单：李某

采购供应的业务核算

企业筹集到资金以后,进入生产所需物资的采购阶段,即供应过程。供应过程是生产的准备过程,也是制造企业生产经营过程(包括供应过程、生产过程和销售过程)的第一个阶段。该阶段主要是采购生产所需的材料并计算材料的采购成本以及购置生产经营所需的固定资产等,为下一步产品的生产做好物资准备工作。

◎取得固定资产的核算

固定资产是指企业为生产商品、提供劳务或经营管理而持有的,使用寿命超过一个会计年度的有形资产。

固定资产的特征

企业固定资产应具备以下特征,如图5-4所示。

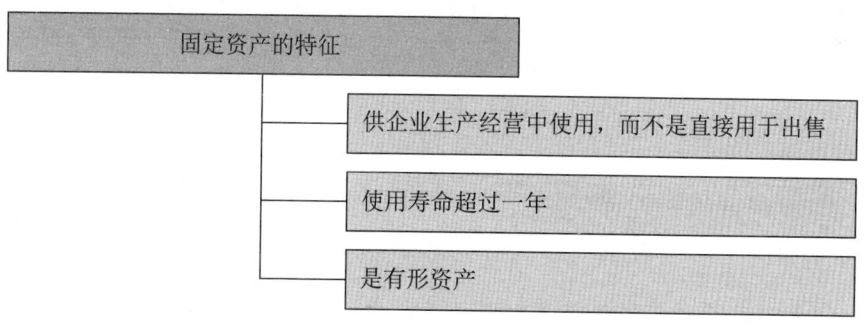

图5-4 固定资产的特征

固定资产的分类

企业固定资产种类很多,根据不同的分类标准,可以分成不同的类别。

企业应当选择适当的分类标准,将固定资产进行分类,以满足经营管理的需要。(如图 5-5 所示)

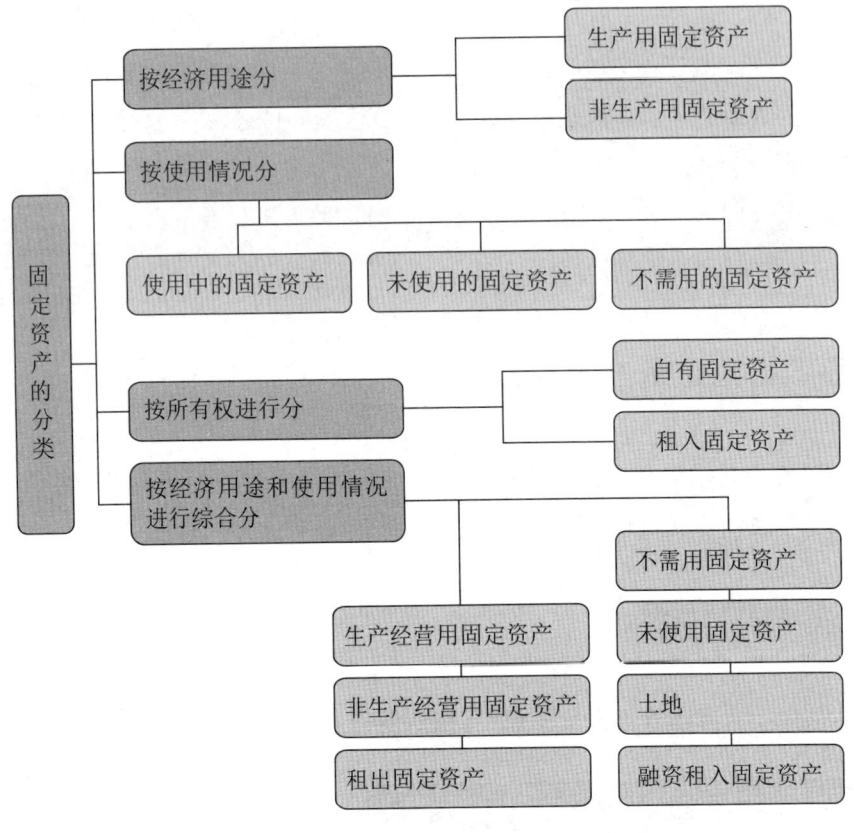

图 5-5　固定资产分类

固定资产入账价值的确定

由于固定资产的来源渠道不同,其价值构成的具体内容也有所差异,固定资产取得时的入账价值应当根据具体情况分别确定,如表 5-3 所示。

表 5-3 固定资产入账价值的确定

类别	具体分析
购置的不需要经过建造过程即可使用的固定资产	按实际支付的买价、包装费、运输费、安装成本、交纳的有关税金等，作为入账价值。外商投资企业因采购国产设备而收到税务机关退还的增值税款，冲减固定资产的入账价值
自行建造的固定资产	按建造该项资产达到预定可使用状态前所发生的全部支出，作为入账价值
投资者投入的固定资产	按投资各方确认的价值，作为入账价值
融资租入的固定资产	按租赁开始日租赁资产的账面价值与最低租赁付款额的现值两者中较低者，作为入账价值。如果融资租赁资产占企业资产总额比例等于或低于30%的，在租赁开始日，企业也可按最低租赁付款额，作为固定资产的入账价值
在原有固定资产的基础上进行改建、扩建的	按原固定资产的账面价值，加上由于改建、扩建而使该项资产达到预定可使用状态前发生的支出，减去改建、扩建过程中发生的变价收入，作为入账价值
企业接受的债务人以非现金资产抵偿债务方式取得的固定资产	按应收债权的账面价值加上应支付的相关税费，作为入账价值。如涉及补价的，按以下规定确定受让的固定资产的入账价值：收到补价的，按应收债权的账面价值减去补价，加上应支付的相关税费作为入账价值；支付补价的，按应收债权的账面价值加上支付的补价和应支付的相关税费，作为入账价值
以非货币性交易换入的固定资产	按换出资产的账面价值加上应支付的相关税费作为入账价值。如涉及补价的，按以下规定确定换入固定资产的入账价值：收到补价的，按换出资产的账面价值加上应确认的收益和应支付的相关税费减去补价后的余额，作为入账价值。支付补价的，按换出资产的账面价值加上应支付的相关税费和补价，作为入账价值
接受捐赠的固定资产	捐赠方提供了有关凭据的，按凭据上标明的金额加上应支付的相关税费，作为入账价值。捐赠方没有提供有关凭据的，同类或类似固定资产存在活跃市场的，按同类或类似固定资产的市场价格估计的金额，加上应支付的相关税费，作为入账价值；同类或类似固定资产不存在活跃市场的，按该接受捐赠的固定资产的预计未来现金流量现值，作为入账价值 如受赠的系旧的固定资产，按照上述方法确认的价值，减去按该项资产的新旧程度估计的价值损耗后的余额，作为入账价值
盘盈的固定资产	按同类或类似固定资产的市场价格，减去按该项资产的新旧程度估计的价值损耗后的余额，作为入账价值
经批准无偿调入的固定资产	按调出单位的账面价值加上发生的运输费、安装费等相关费用，作为入账价值。固定资产的入账价值中，还应当包括企业为取得固定资产而交纳的契税、耕地占用税、车辆购置税等相关税费

固定资产的账务处理

"固定资产"该账户借方登记增加固定资产的原始价值，如果固定资产是通过自行建造而形成的，或需要安装、调试后才能投入生产使用，应设置"在建工程"账户核算固定资产的建造成本。在达到预定可使用状态时，再将购进和安装该设备的全部支出，即原始价值，从"在建工程"账户的贷方转入"固定资产"账户的借方。

1. 购入不需安装的固定资产

企业购入不需安装的固定资产，原始价值和净值均应根据实际支付的买价和包装运杂费计算，借记"固定资产"科目，贷记"银行存款""其他应付款""应付票据"等科目。

【案例】甲公司购入一台不需要安装的叉车设备，发票价格400000元，增值税额52000元，发生的运杂费2000元（可抵扣税金180元），款项全部用银行存款付讫。编制会计分录如下：

借：固定资产——叉车　　　　　　　　　　　　402000
　　应交税费——应交增值税（进项税额）　　　　52180
　　贷：银行存款　　　　　　　　　　　　　　　　454180

记　账　凭　证

2020年1月16日　　　　　　　　字第16号

摘要	会计科目	借方金额									贷方金额									记账
		千	百	十	万	千	百	十	元	角	分	千	百	十	万	千	百	十	元	角	分	
购入不需安装的叉车	固定资产/叉车			4	0	2	0	0	0	0	0											
	应交税费-应交增值税进项税额				5	2	1	8	0	0	0											
	银行存款													4	5	4	1	8	0	0	0	
合计		¥		4	5	4	1	8	0	0	0	¥		4	5	4	1	8	0	0	0	

会计主管：赵某　　　记账：钱某　　　审核：孙某　　　制单：李某

2．购入需要安装的固定资产

购入需要安装的固定资产，是指购入的固定资产需要经过安装以后才能交付使用。企业购入固定资产时，按实际支付的价款（包括买价、税金、包装费、运输费等），借记"在建工程"科目，贷记"银行存款"等科目；发生的安装费用，借记"在建工程"科目，贷记"银行存款""原材料"等科目；安装完成交付验收使用时，按其实际成本（包括买价、税金、包装费、运输费和安装费等）作为固定资产的原价转账，借记"固定资产"科目，贷记"在建工程"科目。

【案例】甲公司购入一台需要安装的叉车设备，发票价格500000元，增值税额65000元，运费30000元（可抵扣税金2700元），发生安装费30000元，款项全部用银行存款支付。编制会计分录如下：

购入该项设备时：

借：在建工程——叉车设备　　　　　　　　　530000
　　应交税费——应交增值税（进项税额）　　 67700
　　贷：银行存款　　　　　　　　　　　　　　　　597700

记　账　凭　证

2020年1月16日　　　　　　　　　字第16号

摘要	会计科目	借方金额										贷方金额										记账
		千	百	十	万	千	百	十	元	角	分	千	百	十	万	千	百	十	元	角	分	
购入需安装的叉车设备	在建工程/叉车设备			5	3	0	0	0	0	0	0											
	应交税费—应交增值税进项税额				6	7	7	0	0	0	0											
	银行存款													5	9	7	7	0	0	0	0	
合计		¥		5	9	7	7	0	0	0	0	¥		5	9	7	7	0	0	0	0	

会计主管：赵某　　　记账：钱某　　　审核：孙某　　　制单：李某

发生安装费时：

借：在建工程——叉车设备　　　　30000

        贷：银行存款　　　　　　30000

记 账 凭 证

2020 年 1 月 16 日　　　　　　　字第 16 号

摘要	会计科目	借方金额 千 百 十 万 千 百 十 元 角 分	贷方金额 千 百 十 万 千 百 十 元 角 分	记账
发生安装费	在建工程/叉车设备	3 0 0 0 0 0 0		
	银行存款		3 0 0 0 0 0 0	
合计		¥ 3 0 0 0 0 0 0	¥ 3 0 0 0 0 0 0	

会计主管：赵某　　　记账：钱某　　　审核：孙某　　　制单：李某

该项叉车设备安装完毕交付使用时，按其全部成本作为固定资产的原值入账：

借：固定资产——叉车设备　　　645000
　　贷：在建工程——叉车设备　　　645000

记 账 凭 证

2020 年 3 月 10 日　　　　　　　字第 10 号

摘要	会计科目	借方金额 千 百 十 万 千 百 十 元 角 分	贷方金额 千 百 十 万 千 百 十 元 角 分	记账
交付使用	固定资产/叉车设备	6 4 5 0 0 0 0 0		
	在建工程/通信设备		6 4 5 0 0 0 0 0	
合计		¥ 6 4 5 0 0 0 0 0	¥ 6 4 5 0 0 0 0 0	

会计主管：赵某　　　记账：钱某　　　审核：孙某　　　制单：李某

3．自行建造固定资产

自行建造固定资产可采用自营和出包两种方式。

（1）自营工程

自营工程的固定资产，按建造时实际发生的支出借记"在建工程"科目，待交付使用后再转入"固定资产"科目。

（2）出包工程

出包工程项目一般情况下应向承包单位支付一定的预付工程款，然后定期根据工程进度或最后完工时进行结算。

4．投资转入固定资产

其他单位投资转入的固定资产，应按投出单位的固定资产账面价值或以评估确认价值入账。即当评估确认价小于投出单位账面价值时，应按投出单位账面原值，借记"固定资产"科目，其差额计入累计折旧，按评估确认的价值贷记"实收资本"科目；如果评估确认的固定资产净值大于投出单位账面原值，则以评估确认价作为原值入账，借记"固定资产"科目，贷记"实收资本"科目。

5．接受捐赠固定资产

接受捐赠的固定资产其入账价值应以固定资产的发票及相应的市场价格为依据。

接受捐赠的固定资产有发票时，应按发票所列金额加上由企业负担的运费、保险费、安装费等计价；没有发票的，应参照同类固定资产的市场价格作为计价入账的依据；如果接受捐赠的固定资产是旧的时，应按固定资产的原值与估计累计折旧的差额入账。

6．融资租入固定资产

企业在生产经营过程中，由于生产经营的临时性或季节性需要，对于生产经营所需的固定资产可以采用租赁的方式取得。租赁按其性质和形式的不同可分为经营租赁和融资租赁两种。融资租赁是指在实质上转移与一项资产所有权相关的主要风险和报酬的一种租赁。

◎取得无形资产的核算

无形资产是企业所持有的、没有实物形态的可辨认非货币性长期资产。包括专利权、商标权、著作权、土地使用权、非专利技术、特许权等。为了核算无形资产，企业应设置"无形资产"总账账户和明细账；还应设置"累计摊销"账户。"累计摊销"账户是"无形资产"的调整账户，该账户贷方登记每期按规定摊销的无形资产的价值，借方登记无形资产减少时转销的累计摊销额。

企业取得无形资产的方式不同，其会计核算方法也有所差别。

购入无形资产的核算

企业购入的无形资产，应按实际支付的价款，借记"无形资产"科目，贷记"银行存款"等科目。

如果购入的无形资产超过正常信用条件延期支付价款，实质上具有融资性质的，应按照所取得无形资产的现值计量其成本，现值与应付价款之间的差额作为未确认的融资费用，在付款期间内按照实际利率法确认为利息费用。

【案例】甲公司购入一项专利权。按照协议约定以现金支付，实际支付的价款为4000000元，并支付相关税费200000元和有关专业服务费用100000元，款项已通过银行转账支付。

无形资产初始计量的成本应为4300000(4000000+200000+100000)元，该公司应作会计分录如下：

借：无形资产——专利权　　4300000
　　贷：银行存款　　　　　　　4300000

记　账　凭　证

2020年1月16日　　　　　　　字第16号

摘要	会计科目	借方金额									贷方金额									记账
		千	百	十	万	千	百	十	元	角	分	千	百	十	万	千	百	十	元	角	分	
购入专利权	无形资产/专利权		4	3	0	0	0	0	0	0	0											
	银行存款												4	3	0	0	0	0	0	0	0	
合计		¥	4	3	0	0	0	0	0	0	0	¥	4	3	0	0	0	0	0	0	0	

会计主管：赵某　　　记账：钱某　　　审核：孙某　　　制单：李某

投资者投入无形资产的核算

接受投资者投入无形资产，按照投资各方确定的价值作为实际成本。但是，为首次发行股票而接受投资者投入无形资产应按该无形资产在投资方的账面价值作为实际成本。

接受捐赠的无形资产

对于接受捐赠无形资产时，其会计处理为：
借：无形资产
　　贷：递延税款
　　　　资本公积——接受捐赠非现金资产准备
　　　　银行存款

自行开发无形资产的核算

企业内部研究和开发无形资产，其在研究阶段的支出全部费用化，计入当期损益，开发阶段的支出符合条件的资本化，不符合资本化条件的，如果确实无法区分研究阶段的支出和开发阶段的支出，应将其所发生的研发支出全部费用化，计入当期损益。

开发阶段的支出，同时满足下列条件的，才能确认为无形资产，如表5-4所示。

表 5-4　无形资产的满足条件

无形资产的满足条件	完成该无形资产以使其能够使用或出售，在技术上具有可行性
	具有完成该无形资产并使用或出售的意图
	无形资产产生经济利益的方式能够证明，运用该无形资产生产的产品存在市场或无形资产自身存在市场，无形资产将在内部使用的，应当证明其有用性
	有足够的技术、财务资源和其他资源支持，以完成该无形资产的开发，并有能力使用或出售该无形资产
	归属于该无形资产开发阶段的支出能够可靠地计量

【案例】甲企业自行开发专利权，在各期间研究开发过程中所发生的材料费用、工资及福利费用、租金、借款费用共计 300 万元，之后按法律程序申请取得的专利权，共计支付注册费、律师费等费用 25 万元。会计处理为：

（1）在各期间研究开发过程中发生费用：

借：管理费用　　　3000000
　　贷：银行存款等　　　3000000

记　账　凭　证

2020 年 1 月 16 日　　　　　　　　　　字第 16 号

摘要	会计科目	借方金额										贷方金额										记账
		千	百	十	万	千	百	十	元	角	分	千	百	十	万	千	百	十	元	角	分	
发生的材料费用、工资及福利费用、租金、借款费用	管理费用			3	0	0	0	0	0	0	0											
	银行存款													3	0	0	0	0	0	0	0	0	
合计		¥		3	0	0	0	0	0	0	0	¥		3	0	0	0	0	0	0	0	

会计主管：赵某　　　记账：钱某　　　审核：孙某　　　制单：李某

（2）借：无形资产——专利权　　　250000
　　　贷：银行存款　　　　　　　　250000

记 账 凭 证

2020年1月16日　　　　　　　字第16号

摘要	会计科目	借方金额 千百十万千百十元角分	贷方金额 千百十万千百十元角分	记账
支付注册费、律师费等费用	无形资产/专利权	2 5 0 0 0 0 0 0		
	银行存款		2 5 0 0 0 0 0 0	
合计		¥ 2 5 0 0 0 0 0 0	¥ 2 5 0 0 0 0 0 0	

会计主管：赵某　　　记账：钱某　　　审核：孙某　　　制单：李某

◎购入存货的核算

存货是指企业在生产经营过程中为销售或者耗用而储备的物资，它是流动资产中所占比例最大的项目，包括各种原材料、燃料、包装物、低值易耗品、在产品、外购商品、协作件、自制半成品、产成品等。

存货的分类

企业存货按实物形态分类可以分为以下几类，如表5-5所示。

表5-5　存货按实物形态分类

类别	具体分析
材料	材料指企业购入的各种原材料。包括：原料及主要材料、辅助材料、外购半成品(外购件)、修理备件(备品、备件)、包装材料、燃料等
包装物	包装物是指为了包装本企业产品而储备的各种包装容器。包括：生产过程中用于包装产品，作为产品组成部分的包装物品，随同产品出售而单独计价的包装物品以及出租或借给购买单位使用的包装物品等
低值易耗品	低值易耗品是指单位价值在规定限额以下，或者使用年限在1年以内，不作为固定资产核算的各种物品，如工具、管理用具、玻璃器皿，以及在经营过程中周转使用的包装容器等
自制半成品	自制半成品是指已经过一定生产过程并已检验合格交付半成品仓库，但尚未制造完成为商品产品，仍可继续加工的半成品或中间产品

续表

类别	具体分析
产成品	产成品是指企业已经完成全部生产过程并验收入库，合乎标准规格和技术条件，可以按照合同规定的条件送交订货单位，或者可以作为商品，对外销售的产品

存货按价值形态分类可以分为生产领域的定额流动资金和流通领域的定额流动资金。具体地说，包括：储备资金、生产资金和产品资金。（如表5-6所示）

表5-6　存货按价值形态分类

类别	具体分析
储备资金	企业从用现金购买各项材料物资开始，到把它们投入到生产过程为止的整个过程所占用的资金。储备资金占用额的大小取决于各项材料的日耗用量、材料的价格及各项材料资金的周转天数。
生产资金	企业从原材料生产开始，直到产成品制成入库为止的整个过程所用的资金。生产资金的占用额取决于在产品每日生产量、产品的单位计划生产成本及产品的生产周期
产成品资金	产成品从制成入库开始，直至销售取得货款或结算货款为止整个过程所占用的资金。产成品资金占用额取决于产成品每日生产量、产成品单位计划生产成本及产成品资金周转天数

取得存货的核算

属于企业存货范围的内容很多，不同种类、不同内容的存货各有其不同的作用和管理要求。为了便于不同存货的管理与核算，对于企业的存货应按其不同作用、特点分别设置相应的会计科目，如"在途物资""原材料""包装物及低值易耗品""库存商品""委托加工物资""分期收款发出商品"等。

我国《企业会计制度》规定，存货日常核算可以按实际成本核算，也可以按计划成本核算。存货按实际成本核算的特点是：从存货收发凭证到明细分类账和总分类账全部按实际成本计价。实际成本法一般适用于规模较小、存货品种简单、采购业务不多的企业。

在实际成本法下，取得原材料通过"原材料"和"在途物资"科目核算。

购入原材料的核算，企业外购材料时，由于结算方式和采购地点的不同，材料入库和货款的支付在时间上不一定完全同步，相应地，其账务处理也有所不同。

1. 材料与结算凭证均已收到

【案例】甲企业8月18日购入A材料10吨,收到银行转来的各种结算凭证,采购成本共计50000元,已由银行存款支付。该种材料计划单位成本为4800元,计划成本总额为48000元,已验收入库,做会计分录如下所示。

	吨数	采购成本	计划单位成本	计划成本总额
A 材料	10 吨	50000 元	4800 元	48000 元

付款时:

借:材料采购　　　50000

　　贷:银行存款　　　　50000

记　账　凭　证

2020年8月18日　　　　　字第18号

摘要	会计科目	借方金额 千百十万千百十元角分	贷方金额 千百十万千百十元角分	记账
付款A材料	材料采购	5 0 0 0 0 0 0		
	银行存款		5 0 0 0 0 0 0	
合计		¥ 5 0 0 0 0 0 0	¥ 5 0 0 0 0 0 0	

会计主管:赵某　　　记账:钱某　　　审核:孙某　　　制单:李某

收料时:

借:原材料　　　　　　48000

　　材料成本差异　　　 2000

　　贷:材料采购　　　　　　50000

记 账 凭 证

2020 年 8 月 18 日　　　　　字第 18 号

摘要	会计科目	借方金额 千百十万千百十元角分	贷方金额 千百十万千百十元角分	记账
收到A材料	原材料	4 8 0 0 0 0 0		
	材料成本差异	2 0 0 0 0 0		
	材料采购		5 0 0 0 0 0 0	
合计		¥ 5 0 0 0 0 0 0	¥ 5 0 0 0 0 0 0	

会计主管：赵某　　　记账：钱某　　　审核：孙某　　　制单：李某

2. 企业已经预付货款的材料收到，并已验收入库

【案例】甲企业 2020 年 8 月 18 日收到银行转来的委托收款凭证及 6 吨 A 材料的发票运单，采购成本共计 50000 元，已由银行支付，但材料尚未到达。做会计分录如下：

　　借：材料采购　　　50000
　　　贷：银行存款　　　　50000

记 账 凭 证

2020 年 8 月 18 日　　　　　字第 18 号

摘要	会计科目	借方金额 千百十万千百十元角分	贷方金额 千百十万千百十元角分	记账
付款A材料	材料采购	5 0 0 0 0 0 0		
	银行存款		5 0 0 0 0 0 0	
合计		¥ 5 0 0 0 0 0 0	¥ 5 0 0 0 0 0 0	

会计主管：赵某　　　记账：钱某　　　审核：孙某　　　制单：李某

8 月 28 日，材料到达并验收入库，计划成本总额为 51000 元。做会计分录如下：

　　借：原材料　　　　51000

贷：材料采购　　　　　50000
　　　　材料成本差异　　　 1000

记　账　凭　证

2020年8月28日　　　　　　　字第28号

摘要	会计科目	借方金额									贷方金额									记账
		千	百	十	万	千	百	十	元	角	分	千	百	十	万	千	百	十	元	角	分	
验收入库A材料	原材料				5	1	0	0	0	0	0											
	材料采购														5	0	0	0	0	0	0	
	材料成本差异															1	0	0	0	0	0	
合计				¥	5	1	0	0	0	0	0			¥	5	1	0	0	0	0	0	

会计主管：赵某　　　记账：钱某　　　审核：孙某　　　制单：李某

3. 对于尚未收到发票账单的收料凭证，应按计划成本暂估入账，下月初再用红字记账凭证予以冲出

【案例】甲企业2020年8月18日收到A材料6吨，计划成本24000元，已验收入库。8月20日仍未收到结算凭证，做会计分录如下：

8月18日收料时：
　　借：材料采购　　　　　24000
　　　　贷：应付账款　　　　　24000

记　账　凭　证

2020年8月18日　　　　　　　字第18号

摘要	会计科目	借方金额									贷方金额									记账
		千	百	十	万	千	百	十	元	角	分	千	百	十	万	千	百	十	元	角	分	
收到A材料	材料采购					2	4	0	0	0	0											
	应付账款															2	4	0	0	0	0	
合计					¥	2	4	0	0	0	0				¥	2	4	0	0	0	0	

会计主管：赵某　　　记账：钱某　　　审核：孙某　　　制单：李某

同日验收入库时：

借：原材料　　　　　24000

　　贷：材料采购　　　　24000

记 账 凭 证

2020年8月18日　　　　　字第18号

摘要	会计科目	借方金额									贷方金额									记账
		千	百	十	万	千	百	十	元	角	分	千	百	十	万	千	百	十	元	角	分	
验收入库 A材料	原材料				2	4	0	0	0	0	0											
	材料采购														2	4	0	0	0	0	0	
合计				¥	2	4	0	0	0	0	0			¥	2	4	0	0	0	0	0	

会计主管：赵某　　　记账：钱某　　　审核：孙某　　　制单：李某

8月20日由于结算凭证尚未收到：

借：原材料　　　　　24000

　　贷：应付账款　　　　24000

记 账 凭 证

2020年8月20日　　　　　字第20号

摘要	会计科目	借方金额									贷方金额									记账
		千	百	十	万	千	百	十	元	角	分	千	百	十	万	千	百	十	元	角	分	
结算凭证 尚未收到	原材料				2	4	0	0	0	0	0											
	应付账款														2	4	0	0	0	0	0	
合计				¥	2	4	0	0	0	0	0			¥	2	4	0	0	0	0	0	

会计主管：赵某　　　记账：钱某　　　审核：孙某　　　制单：李某

9月1日：

借：原材料　　　　　24000

　　贷：应付账款　　　　24000

记账凭证

2020年9月1日　　　　　　　　字第1号

摘要	会计科目	借方金额	贷方金额	记账
		千百十万千百十元角分	千百十万千百十元角分	
结转上月	原材料	2 4 0 0 0 0 0		
	应付账款		2 4 0 0 0 0 0	
合计		¥ 2 4 0 0 0 0 0	¥ 2 4 0 0 0 0 0	

会计主管：赵某　　　记账：钱某　　　审核：孙某　　　制单：李某

生产过程的业务核算

产品的生产过程是企业生产经营活动的主要经济业务。在生产产品的同时，需要耗费各种材料、支付职工工资，还有固定资产磨损以及其他费用，这些费用简称料工费。这些生产费用最终都要分摊到各种生产的产品上，形成产品成本。

◎材料费用的核算

材料按其在生产中的用途，可分为：原料及主要材料、辅助材料、外购半成品、燃料、修理用备件、包装物、低值易耗品等。在核算材料费用时应设置："原材料""包装物""低值易耗品""燃料"等相应的账户。

材料的计价

1. 材料领用凭证

在实践中，领料凭证一般有以下几种。（如图5-6所示）

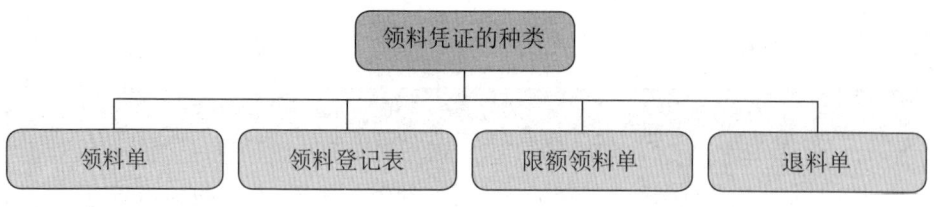

图 5-6 领料凭证的种类

2. 材料领用控制

材料领用控制需要注意以下几点，如图 5-7 所示。

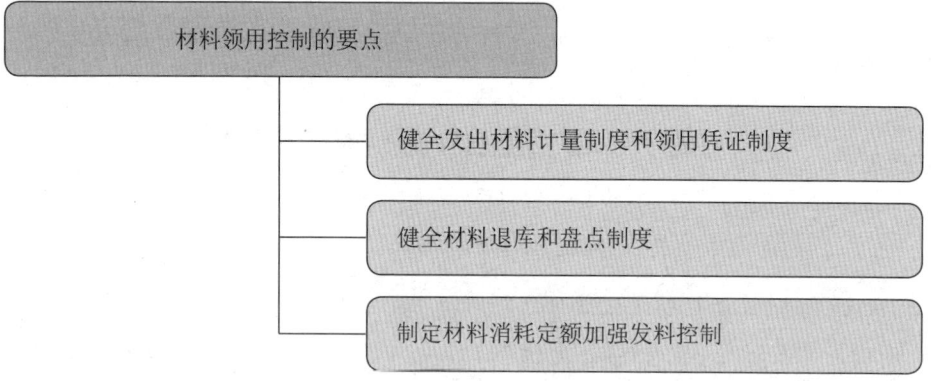

图 5-7 材料领用控制的要点

3. 材料的计价

所谓材料的计价，是指材料在核算时其入账价值的确定。企业的材料应按实际成本计价。材料根据其来源不同，其实际成本构成也不同。（如图 5-8 所示）

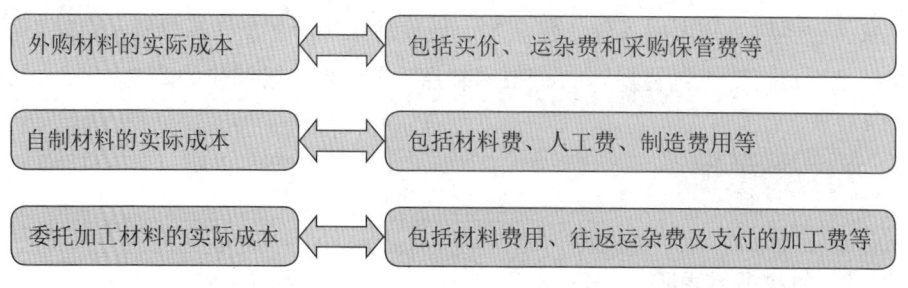

图 5-8 材料的计价

4．消耗材料的计价

（1）实际成本计价方式下发出材料成本确定

发出材料实际成本的确定可以采用以下几种方法：先进先出法，全月一次加权平均法和个别计价法。

（2）计划成本计价方式下发出材料成本确定

消耗材料的实际成本＝消耗材料的计划成本＋消耗材料应分摊的成本差异

消耗材料的计划成本＝材料实际消耗量 × 计划单价

消耗材料应分摊的成本差异＝消耗材料的计划成本 × 材料成本差异率

材料成本差异率＝（月初结存材料的成本差异＋本月收入材料的成本差异）× 100%

月初结存材料的计划成本＋本月收入材料的计划成本

材料费用的分配

1．分配原则

材料费用的分配对象应根据企业产品生产的特点和管理上的要求来确定。构成产品实体并能直接确定归属对象的材料费，应直接计入各产品成本明细账的"直接材料"成本项目；对于几种产品共同耗费的间接材料费，应选择适当的分配标准分配计入各产品成本明细账的"直接材料"成本项目。

2．材料费用的分配方法

一般材料费用的分配标准有定额耗用量分配法、定额费用分配法、重量比例分配法、实际产量分配法、标准产量分配法等。（如表5-7所示）

表5-7　材料费用的分配方法

类别	具体分析
定额耗用量分配法	定额耗用量分配法是指以一定数量的产品按材料消耗定额计算的可以消耗的材料数量限额为比例，来进行材料费用分配的方法。其计算公式如下： 材料费用分配率 = $\dfrac{\text{材料实际总耗用量}}{\text{各产品材料定额耗用总量}}$ 某产品分配的材料费用 = 该产品的材料定额耗用量 × 材料费用分配率

续表

类别	具体分析
定额费用分配法	定额费用分配法是以一定数量的产品按材料的费用定额计算的材料费用的限额为比例，来进行材料费用分配的方法。其计算公式如下： 某产品定额材料费用＝产品实际产量×单位产品材料消耗定额×该材料计划单价 材料费用分配率＝$\dfrac{材料实际总耗用量}{各产品材料定额费用总量}$ 某产品分配的材料费用＝该产品的材料定额耗用量×材料费用分配率
重量比例分配法	重量比例分配法是以各种产品的重量作为分配标准，分配共同发生的材料费用的方法。其计算公式如下： 材料费用分配率＝$\dfrac{材料实际总耗用量}{各产品的重量之和}$ 某产品分配的材料费用＝该产品的重量×材料费用分配率
实际产量分配法	实际产量分配法是以产品的实际产量作为分配标准分配材料费用的方法。其计算公式如下： 材料费用分配率＝$\dfrac{材料实际总耗用量}{各产品的产量之和}$

* 定额消耗量比例分配法

计算公式如下：

某种产品材料定额消耗量＝该种产品实际产量×单位产品材料消耗定额

材料消耗量分配率＝材料实际总消耗量÷各产品材料定额消耗量之和

某种产品应分配的材料数量＝该种产品的材料定额消耗量×材料消耗量分配率

某种产品应分配的材料费用＝该种产品应分配的材料数量×材料单价

以上方法可考核材料消耗定额的执行情况，有利于加强成本管理。为了简化核算工作，也可采用按定额消耗量的比例直接分配材料费用的方法。公式如下：

某种产品材料定额消耗量＝该种产品实际产量×单位产品材料消耗定额

材料费用分配率＝材料实际总消耗量×材料单价÷各产品材料定额消耗量之和

某种产品应分配的材料费用＝该种产品的材料定额消耗量×材料单价

【案例】甲公司生产 A、B 两种产品，共同耗用某种材料 4800 公斤，每公斤 8 元。A 产品的实际产量为 280 件，单件产品材料消耗定额为 8 公斤；B

产品的实际产量为160件，单件产品材料消耗定额为11公斤。试计算分配A、B产品各自应负担的材料费。

甲公司产品材料费用

	实际产量	消耗定额	定额消耗量	分配的材料数量	分配的材料费用
A产品	280件	8公斤	2240公斤	2688公斤	21504元
B产品	160件	11公斤	1760公斤	2112公斤	16896元

答案：

方法一：

A产品材料定额消耗量＝280×8=2240（公斤）

B产品材料定额消耗量＝160×11=1760（公斤）

材料消耗量分配率＝4800÷（2240＋1760）=1.2

A产品应分配的材料数量＝2240×1.2=2688（公斤）

B产品应分配的材料数量＝1760×1.2=2112（公斤）

$\qquad$ 合计4800（公斤）

A产品应分配的材料费用＝2688×8=21504（元）

B产品应分配的材料费用＝2112×8=16896（元）

$\qquad$ 合计38400（元）

方法二：

A产品材料定额消耗量＝280×8=2240（公斤）

B产品材料定额消耗量＝160×11=1760（公斤）

材料费用分配率＝（4800×8）÷（2240+1760）=9.6

A产品应分配的材料费用＝2240×9.6=21504（元）

B产品应分配的材料费用＝1760×9.6=16896（元）

$\qquad$ 合计38400（元）

材料费用的核算

1. 发出材料的核算

（1）按实际成本计价的材料发出核算

企业应设立"原材料""材料采购"等总账科目进行总账核算，并按材料的类别、品种设置材料明细账，账内按数量金额反映材料的收发结存情况。材料明细账中收入材料的金额，应根据按实际成本计价的收料凭证进行登记，账中发出材料的金额，应该按照先进先出法、个别计价法、加权平均法等方法计算，企业应根据收料凭证和发料凭证定期汇总编制收料凭证汇总表和发料凭证汇总表，并据以登记"原材料"总账科目。

【案例】 甲公司原材料按实际成本价核算，用先进先出法计算材料的实际成本，2020年1月发料凭证汇总表如下所示。

甲公司发料凭证汇总表

应借科目		应贷科目		
		主要材料/元	燃料/元	合计/元
基本生产成本/元	甲产品	11000	4000	15000
	乙产品	12500	3000	15500
	小计	23500	7000	30500
制造费用/元	基本生产车间	750	250	1000
辅助生产成本/元	修理车间	600	700	1300
	供水车间	650	1350	2000
	小计	1250	2050	3300
销售费用/元		900	100	1000
管理费用/元		1300	200	1500
合计/元		27700	9600	37300

会计分录为：

借：基本生产成本——甲产品　　15000

　　基本生产成本——乙产品　　15500

　　制造费用——基本生产车间　　1000

　　辅助生产成本——修理车间　　1300

辅助生产成本——供水车间　2000

销售费用　　　　　　　　1000

管理费用　　　　　　　　1500

　　贷：原材料——主要材料　　　　27700

　　　　　　——燃料　　　　　　　9600

记　账　凭　证

2020年1月18日　　　　　　　　　字第18号

摘要	会计科目	借方金额									贷方金额									记账
		千	百	十	万	千	百	十	元	角	分	千	百	十	万	千	百	十	元	角	分	
	基本生产成本/甲产品			1	5	0	0	0	0	0	0											
	基本生产成本/乙产品			1	5	5	0	0	0	0	0											
	制造费用/基本生产车间				1	0	0	0	0	0	0											
	辅助生产成本/修理车间				1	3	0	0	0	0	0											
	辅助生产成本/供水车间				2	0	0	0	0	0	0											
	销售费用				1	0	0	0	0	0	0											
	管理费用				1	5	0	0	0	0	0											
	原材料/主要材料													2	7	7	0	0	0	0	0	
	原材料/燃料														9	6	0	0	0	0	0	
合计		¥		3	7	3	0	0	0	0	0	¥		3	7	3	0	0	0	0	0	

会计主管：赵某　　　记账：钱某　　　审核：孙某　　　制单：李某

（2）按计划成本计价的材料发出核算

企业应设立"原材料""材料采购""材料成本差异明细账"，分别核算原材料的计划成本、实际成本和计划成本与实际成本的差异。

【案例】　假定甲公司原材料按计划成本计价，材料成本差异率为-2%，本月发料凭证汇总表编制如表所示。

甲公司发料凭证汇总表

应借科目		应贷科目		
		计划成本/元	成本差异/元	合计/元
基本生产成本/元	A产品	11200	-224	10976
	B产品	12800	-256	12544
	小计	24000	-480	23520
制造费用/元	基本生产车间	1400	-28	1372
辅助生产成本/元	修理车间	750	-15	735
	供水车间	950	-19	931
	小计	1700	-34	1666
销售费用/元		500	-10	490
管理费用/元		700	-14	686
合计/元		28300	-566	27734

借：基本生产成本——A产品　　11200

　　基本生产成本——B产品　　12800

　　制造费用——基本生产车间　1400

　　辅助生产成本——修理车间　750

　　辅助生产成本——供水车间　950

　　销售费用　　　　　　　　　500

　　管理费用　　　　　　　　　700

　贷：原材料　　　　　　　　　　　　28300

记 账 凭 证

2020年1月18日　　　　　字第18号

摘要	会计科目	借方金额									贷方金额									记账
		千	百	十	万	千	百	十	元	角	分	千	百	十	万	千	百	十	元	角	分	
	基本生产成本/A产品				1	1	2	0	0	0	0											
	基本生产成本/B产品				1	2	8	0	0	0	0											
	制造费用/基本生产车间					1	4	0	0	0	0											
	辅助生产成本/修理车间						7	5	0	0	0											
	辅助生产成本/供水车间						9	5	0	0	0											
	销售费用						5	0	0	0	0											
	管理费用						7	0	0	0	0											
	原材料														2	8	3	0	0	0	0	
合计		¥			2	8	3	0	0	0	0	¥			2	8	3	0	0	0	0	

会计主管：赵某　　　记账：钱某　　　审核：孙某　　　制单：李某

借：材料成本差异　　　　　　566
　　贷：基本生产成本——A产品　　　224
　　　　基本生产成本——B产品　　　256
　　　　制造费用——基本生产车间　　28
　　　　辅助生产成本——修理车间　　15
　　　　辅助生产成本——供水车间　　19
　　　　销售费用　　　　　　　　　　10
　　　　管理费用　　　　　　　　　　14

记 账 凭 证

2020 年 1 月 30 日　　　　　字第 30 号

摘要	会计科目	借方金额	贷方金额	记账
		千百十万千百十元角分	千百十万千百十元角分	
	材料成本差异	5 6 6 0 0		
	基本生产成本 /A 产品		2 2 4 0 0	
	基本生产成本 /B 产品		2 5 6 0 0	
	制造费用 / 基本生产车间		2 8 0 0	
	辅助生产成本 / 修理车间		1 5 0 0	
	辅助生产成本 / 供水车间		1 9 0 0	
	销售费用		1 0 0 0	
	管理费用		1 4 0 0 0	
合计		¥　　5 6 6 0 0	¥　5 6 6 0 0 0	

会计主管：赵某　　　　记账：钱某　　　　审核：孙某　　　　制单：李某

2．材料费用分配的核算

直接材料费用的分配，应根据审核后的领退料凭证，按照材料用途把费用计入各成本计算对象中去。其中用于产品生产的材料费用应直接记入"基本生产成本"账户的"直接材料"成本项目；用于产品销售以及组织和管理生产的材料费用，记入"销售费用"和"管理费用"账户有关的费用项目；用于建造固定资产的材料费用，记入"在建工程"等账户。凡是几种产品共同耗用的材料费用，在领用时无法确定每种产品耗用的金额，则需要按照一定的标准在各种产品之间进行分配，然后分别记入各有关产品成本明细账的"直接材料"成本项目中。

＊直接材料费用的分配

在材料消耗定额比较准确的情况下，材料费用可按材料定额消耗量比例法或材料定额费用法进行分配。

【案例】甲公司 2020 年 1 月生产 A、B 两种产品，本月两种产品共同领用甲材料 61600 千克，单价 20 元，共计 1232000 元，本月生产 A 产品 400 件，

B 产品 600 件，A 产品的单位材料消耗定额为 50 千克，B 产品的单位材料消耗定额为 60 千克。

甲公司材料费用

	实际产量	消耗定额	定额消耗量	分配的材料数量	分配的材料费用
A 产品	400 件	50 千克	20000 千克	22000 千克	440000 元
B 产品	600 件	60 千克	36000 千克	39600 千克	792000 元

要求：按材料定额消耗量比例法分配材料费用并作会计分录。

【解析】

A 产品材料定额消耗量 =50×400=20000（千克）

B 产品材料定额消耗量 =60×600=36000（千克）

材料消耗量分配率 = 61600÷（20000+36000）=1.1

A 产品分配材料实际消耗量 =1.1×20000= 22000（千克）

B 产品分配材料实际消耗量 =1.1×36000=39600（千克）

A 产品分配的材料费用 =22000×20= 440000（元）

B 产品分配的材料费用 =39600×20=792000（元）

会计分录：

借：基本生产成本——A 产品——直接材料　440000
　　　　　　　　　——B 产品——直接材料　792000
　　贷：原材料——甲材料　　　　　　　　　1232000

甲公司共同耗用材料费用的分配

品名称	实际产量(件)	单位消耗定额(千克)	按实际产量计算的定额耗用量（千克）	分配率	实际耗用量的分配（千克）	材料费用 单位(元)	材料费用 金额(元)
(1)	(2)	(3)	(4)=(2)×(3)	(5)=(6)/(4)	(6)=(4)×(5)	(7)	(8)=(6)×(7)
A	400	50	20000	1.1	22000	20	440000
B	600	60	36000	1.1	39600	20	792000
合计					61600		1232000

记 账 凭 证

2020 年 1 月 31 日　　　　　　　　字第 31 号

摘要	会计科目	借方金额 千 百 十 万 千 百 十 元 角 分	贷方金额 千 百 十 万 千 百 十 元 角 分	记账
材料消耗	基本生产成本 / A 产品	2 1 1 2 8 0 0 0		
	基本生产成本 / B 产品	1 2 9 2 0 0 0 0		
	原材料 / 甲材料		3 4 0 4 8 0 0 0	
合计		¥ 3 4 0 4 8 0 0 0	¥ 3 4 0 4 8 0 0 0	

会计主管：赵某　　　记账：钱某　　　审核：孙某　　　制单：李某

【案例】甲公司生产 A、B 两种产品，共同领用甲、乙两种材料，共计 340480 元，本月投产 A 产品 400 件，B 产品 200 件，A 产品的单位材料消耗定额为甲材料 10 千克，乙材料 16 千克，B 产品的单位材料消耗定额为甲材料 12 千克，乙材料 20 千克，两种材料的计划单价分别为 30 元、16 元。

甲公司材料费用

	实际产量	消耗定额	定额消耗量	定额费用	分配的材料费用
A 产品	400 件	10 千克	4000 千克	222400 元	211280 元
B 产品	200 件	16 千克	3200 千克	136000 元	129200 元

要求：按材料的定额费用比例分配材料费用。

【解析】

A 产品材料定额费用

=A 产品所耗甲材料定额费用 + A 产品所耗乙材料定额费用

=30×10×400+16×16×400=222400（元）

B 产品材料定额费用

=B 产品所耗甲材料定额费用 + B 产品所耗乙材料定额费用

=30×12×200+16×20×200=136000（元）

材料费用分配率 =340480÷（222400+136000）=0.95

A 产品应分配的实际材料费用 =0.95×222400=211280（元）

B 产品应分配的实际材料费用 =0.95×136000=129200（元）

会计分录如下：

借：基本生产成本——A 产品——直接材料　　211280
　　　　　　　　　——B 产品——直接材料　　129200
　　贷：原材料　　　　　　　　　　　　　　　　　　　340480

记 账 凭 证

2020 年 1 月 31 日　　　　　　　　　　　字第 31 号

摘要	会计科目	借方金额										贷方金额										记账
		千	百	十	万	千	百	十	元	角	分	千	百	十	万	千	百	十	元	角	分	
耗用材料	基本生产成本—A 产品			2	1	1	2	8	0	0	0											
	基本生产成本—B 产品			1	2	9	2	0	0	0	0											
	原材料													3	4	0	4	8	0	0	0	
合计		¥	3	4	0	4	8	0	0	0		¥	3	4	0	4	8	0	0	0		

会计主管：赵某　　　记账：钱某　　　审核：孙某　　　制单：李某

3. 材料费用分配表的编制

在实际工作中，材料费用的分配是通过编制材料费用分配表进行的。直接材料费用的分配，应编制材料费用分配表，它包括材料费用分配明细表和材料费用分配汇总表。材料费用分配明细表是按领料车间、部门，根据归类后的领退料凭证和其他有关资料分别编制的。

直接用于产品生产的各种原材料费用，应记入"基本生产成本"总账及其所属明细账的"直接材料"成本项目；用于辅助生产的原材料费用，应记入"辅助生产成本"总账及其所属明细账的费用（或成本）项目；基本生产车间管理耗用的原材料费用，应记入"制造费用"总账及其所属明细账；厂部管理耗用的原材料费用，记入"管理费用"账户；产品销售耗用的原材料费用，记入"销售费用"账户。

【案例】 根据上例的相关资料，编制下列甲公司的原材料费用分配表及会计分录。

甲公司原料费用分配表

应借账户		成本项目	直接计入金额（元）	分配计入			材料费用合计（元）
				定额消耗量（千克）	实际耗用量（分配率1.1）	分配金额（单价10元）	
基本生产成本	A产品	直接材料	60000	10000	11000	1100000	170000
	B产品	直接材料	62000	18000	19800	198000	260000
	小计		122000				430000
辅助生产成本	修理车间	原材料	5200				5200
	供水车间	原材料	8000				8000
	小计		13200				13200
制造费用	基本生产车间	机物料	4000				4000
销售费用		消耗材料	4000				4000
管理费用		消耗材料	6000				6000
合计			149200				457200

根据原材料费用分配表，编制会计分录如下，并据以登记有关成品成本明细账和有关费用明细账。

借：基本生产成本——A产品　　170000
　　基本生产成本——B产品　　260000
　　制造费用——基本生产车间　4000
　　辅助生产成本——修理车间　5200
　　辅助生产成本——供水车间　8000
　　销售费用　　　　　　　　　4000
　　管理费用　　　　　　　　　6000
　　贷：原材料　　　　　　　　　　　457200

记 账 凭 证

2020 年 1 月 30 日　　　　　　　字第 30 号

摘要	会计科目	借方金额										贷方金额										记账
		千	百	十	万	千	百	十	元	角	分	千	百	十	万	千	百	十	元	角	分	
	基本生产成本/A产品		1	7	0	0	0	0	0	0												
	基本生产成本/B产品		2	6	0	0	0	0	0	0												
	制造费用/基本生产车间				4	0	0	0	0	0												
	辅助生产成本/修理车间				5	2	0	0	0	0												
	辅助生产成本/供水车间				8	0	0	0	0	0												
	销售费用				4	0	0	0	0	0												
	管理费用				6	0	0	0	0	0												
	原材料												4	5	7	2	0	0	0	0		
合计		¥	4	5	7	2	0	0	0	0		¥	4	5	7	2	0	0	0	0		

会计主管：赵某　　　记账：钱某　　　审核：孙某　　　制单：李某

4．燃料费用分配的核算

其程序和方法与材料费用分配基本相同。

（1）在燃料费用占产品成本比重较大的情况下，产品成本明细账中应单独设置"燃料及动力"成本项目；存货核算应增设"燃料"一级账户；燃料费用分配表应单独编制。

（2）在燃料费用占产品成本比重较小的情况下，产品成本明细账中无须单独设"燃料及动力"成本项目，应将燃料费用直接记入"直接材料"成本项目；存货核算中"燃料"可作为"原材料"账户的二级账户进行核算；燃料费用分配可在材料费用分配表中加以反映。

【案例】假定甲公司所耗燃料和动力较多，在成本项目中，增设"燃料及动力"项目。该厂 2020 年 1 月用于 A、B 两种产品生产的燃料费用共为 39600 元，根据耗用燃料的产品数量和单位产品燃料费用定额算出的燃料定额费用为：A 产品 16000 元，B 产品 20000 元。

要求：按燃料的定额费用比例分配燃料费用。

甲公司记账凭证

	燃料定额费用	应分配的燃料费用
A产品	16000元	17600元
B产品	20000元	22000元

【解析】

燃料费用分配计算如下：

燃料费用分配率 = 39600÷（16000+20000）= 1.1

A产品应分配的燃料费用 = 16000×1.1 = 17600（元）

B产品应分配的燃料费用 = 20000×1.1 = 22000（元）

编制下列公司的燃料费用分配表及会计分录：

甲公司燃料费用分配表

应借账户		成本项目	直接计入（元）	分配计入		合 计（元）
				定额燃料费用（元）	分配金额（分配率1.1）	
基本生产成本	A产品	燃料和动力	400	16000	17600	18000
	B产品	燃料和动力	1000	20000	22000	23000
	小计		1400	36000	39600	41000
辅助生产成本	修理车间	燃料和动力	2000			2000
	供水车间	燃料和动力	4000			4000
	小计		6000			6000
合计			7400		39600	47000

5. 低值易耗品摊销的核算

低值易耗品是指不作为固定资产核算的各种用具物品，如工具、管理用具、玻璃器皿以及在经营过程中周转使用的包装容器等。

低值易耗品在购入时，核算方法和材料核算相同，可以按实际成本计价收发，也可以按计划成本计价收发。低值易耗在领用时，则要视其价值的大小和使用期限的长短，自主采用摊销方法，摊销方法一般用以下三种，如表5-8所示。

表5-8　低值易耗品的摊销方法

分类	具体分析
一次摊销法	凡价值较低的管理用具和小型工、卡具，在领用时，根据低值易耗品的价值一次摊销
分期摊销法	价值较高，耐用期限较短的低值易耗品，可按其价值和耐用期限计算各月的平均摊销额
五五摊销法	将低值易耗品价值分两次摊销，领用时摊销50%，报废时再摊销其余的50%

（1）低值易耗品入库的核算

企业外购、自制或委托加工完成的低值易耗品验收入库时，其核算方法与原材料入库的核算方法相同，借记"低值易耗品"账户，贷记有关账户。按计划成本核算时，还应计算其超支或节约的差异额，并转入"材料成本差异——低值易耗品"账户。

（2）低值易耗品领用和报废的核算

低值易耗品领用和报废的核算方法如表5-9所示。

表5-9　低值易耗品领用和报废的核算方法

类别	领用低值易耗品	报废低值易耗品
采用一次摊销法	将其全部价值一次摊入有关的成本、费用账户，借记"制造费用""管理费用"等账户；贷记"低值易耗品"账户	报废时，如有残值收入，则应作为当期低值易耗品摊销额的减少，冲减有关成本费用账户，借记"原材料"等账户；贷记"制造费用""管理费用"等账户
采用分期摊销法	领用时，将其全部价值先记入"待摊费用"或"递延资产"账户，然后根据低值易耗品的价值和耐用期限计算每期摊销额，分期摊入有关费用成本账户	报废时将摊余价值扣除残料价值的差额，作为报废低值易耗品的当期摊销额，借记"制造费用""管理费用"等账户；按残料价值借记"原材料"等账户；贷记"待摊费用"或"递延资产"账户
采用五五摊销法	领用时，借记"低值易耗品——在用低值易耗品"账户；贷记"低值易耗品——在库低值易耗品"账户。月末，按领用低值易耗品价值的50%进行摊销，借记"制造费用""管理费用"等账户；贷记"低值易耗品——低值易耗品摊销"账户	在报废时，先摊销其余的50%价值（若有残料收入的应扣除残料收入）；然后再注销在用低值易耗品的价值和已摊销的低值易耗品摊销额

【案例】甲企业基本生产车间本月领用生产工具一批,计划成本为1200元,本月材料成本差异率为-4%。另有一批生产工具在该月报废,残料入库作价60元。会计分录如下所示:

领用生产工具,
　　借:制造费用　　　1200
　　　贷:低值易耗品　　　　1200

记 账 凭 证

2020年1月8日　　　　　　　字第8号

摘要	会计科目	借方金额									贷方金额									记账
		千	百	十	万	千	百	十	元	角	分	千	百	十	万	千	百	十	元	角	分	
领用生产工具	制造费用					1	2	0	0	0	0											
	低值易耗品															1	2	0	0	0	0	
合计					¥	1	2	0	0	0	0				¥	1	2	0	0	0	0	

会计主管:赵某　　记账:钱某　　审核:孙某　　制单:李某

结转低值易耗品成本差异,
　　借:材料成本差异——低值易耗品成本差异　　48
　　　贷:制造费用　　　　　　　　　　　　　　48

记 账 凭 证

2020年1月8日　　　　　　　字第8号

摘要	会计科目	借方金额									贷方金额									记账
		千	百	十	万	千	百	十	元	角	分	千	百	十	万	千	百	十	元	角	分	
结转低值易耗品成本差异	材料成本差异/低值易耗品成本差异							4	8	0	0											
	制造费用																	4	8	0	0	
合计						¥		4	8	0	0					¥		4	8	0	0	

会计主管:赵某　　记账:钱某　　审核:孙某　　制单:李某

报废生产工具残料入库，

借：原材料　　　　60
　　贷：制造费用　　　　　60

记 账 凭 证

2020年1月8日　　　　　字第8号

摘要	会计科目	借方金额									贷方金额									记账
		千	百	十	万	千	百	十	元	角	分	千	百	十	万	千	百	十	元	角	分	
报废生产工具残料入库	原材料						6	0	0	0												
	制造费用																6	0	0	0		
合计						¥	6	0	0	0						¥	6	0	0	0		

会计主管：赵某　　记账：钱某　　审核：孙某　　制单：李某

【案例】甲企业生产车间领用专业工具一批，计划成本为18000元，低值易耗品成本差异率为+2％，该批低值易耗品在两年内分月平均摊销。

领用时，

借：长期待摊费用（或递延资产）18000
　　贷：低值易耗品　　　　　　　　18000

记 账 凭 证

2020年1月18日　　　　　字第18号

摘要	会计科目	借方金额									贷方金额									记账
		千	百	十	万	千	百	十	元	角	分	千	百	十	万	千	百	十	元	角	分	
领用专业工具	长期待摊费用				1	8	0	0	0	0	0											
	低值易耗品														1	8	0	0	0	0	0	
合计				¥	1	8	0	0	0	0	0			¥	1	8	0	0	0	0	0	

会计主管：赵某　　记账：钱某　　审核：孙某　　制单：李某

月末调整成本差异,

借:长期待摊费用(或递延资产)　　　　360 (18000×2%)

贷:材料成本差异——低值易耗品成本差异　　　360

记 账 凭 证

2020 年 1 月 18 日　　　　　　　字第 18 号

摘要	会计科目	借方金额										贷方金额										记账
		千	百	十	万	千	百	十	元	角	分	千	百	十	万	千	百	十	元	角	分	
月末调整成本差异	长期待摊费用						3	6	0	0	0											
	材料成本差异/低值易耗品成本差异																3	6	0	0	0	
合计						¥	3	6	0	0	0					¥	3	6	0	0	0	

会计主管:赵某　　　记账:钱某　　　审核:孙某　　　制单:李某

分月摊销时,

借:制造费用　　　　　　　　　　　765 [(18000+360)÷24]

贷:长期待摊费用(或递延资产)　　　　　　765

记 账 凭 证

2020 年 1 月 18 日　　　　　　　字第 18 号

摘要	会计科目	借方金额										贷方金额										记账
		千	百	十	万	千	百	十	元	角	分	千	百	十	万	千	百	十	元	角	分	
分月摊销时	制造费用						7	6	5	0	0											
	长期待摊费用																7	6	5	0	0	
合计						¥	7	6	5	0	0					¥	7	6	5	0	0	

会计主管:赵某　　　记账:钱某　　　审核:孙某　　　制单:李某

◎职工薪酬的核算

会计准则规定,职工薪酬,是指企业为获得职工提供的服务而给予各种形式的报酬以及其他相关支出。职工薪酬,包括企业为职工在职期间和离职后提供的全部货币性薪酬和非货币性福利。提供给职工配偶、子女或其他被赡养人的福利等,也属于职工薪酬。

职工薪酬的内容

职工薪酬包括的项目如图 5-9 所示。

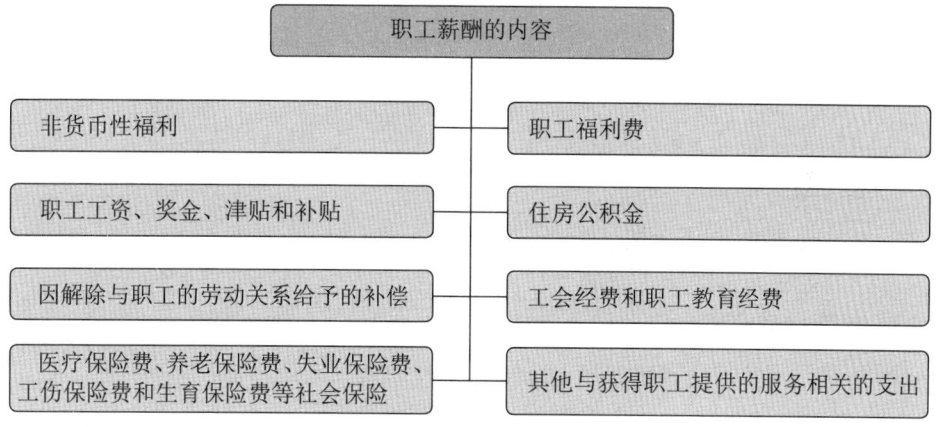

图 5-9 职工薪酬的内容

计量应付职工薪酬时,国家规定了计提基础和计提比例的,应按照国家规定的标准计提。国家没有规定计提基础和计提比例的,企业应当根据历史经验数据和实际情况,合理预计当期应付职工薪酬。当期实际发生金额大于预计金额的,应当补提应付职工薪酬,当期实际发生金额小于预计金额的,应当冲回多提的应付职工薪酬。

职工薪酬的核算

企业的工资核算主要是通过"应付职工薪酬"账户进行。按照规定,凡直接从事产品生产的生产工人工资费用,应直接记入"生产成本"的直接人工项目。实行计件工资的企业,计件工资应按照规定直接计入有关的成本计算对象中去。如果企业生产多种产品，生产工人工资则应采用适当方法在各产品之间分配。工资费用的分配标准一般有按实际工时比例分配和按定额工时比例分配等，其计算公式如下：

某产品应负担的工资费用＝该产品的实际（或定额）工时 × 工资费用分配率

工资费用分配率＝生产工人工资总额 / 各产品的实际工时（或定额）之和

1．企业发生应付职工薪酬的主要账务处理

（1）生产部门人员的职工薪酬

借："生产成本""制造费用""劳务成本"等科目，

　　贷：应付职工薪酬

（2）管理部门人员的职工薪酬

借："管理费用"科目

　　贷：应付职工薪酬

（3）销售人员的职工薪酬

借："销售费用"科目

　　贷：应付职工薪酬

（4）应由在建工程、研发支出负担的职工薪酬

借："在建工程""研发支出"等科目

　　贷：应付职工薪酬

2．发放职工薪酬的处理

（1）企业按照有关规定向职工支付工资、奖金、津贴等

借："应付职工薪酬——工资"科目

　　贷："银行存款""库存现金"等科目

（2）企业从应付职工薪酬中扣还的各种款项(代垫的家属药费、个人所得税等)

借："应付职工薪酬"科目

　　贷："银行存款""库存现金""其他应收款""应交税费——应交个人所得税"等科目。

（3）企业以其自产产品发放给职工作为职工薪酬的

借："管理费用""生产成本""制造费用"等科目

贷：应付职工薪酬

（4）无偿向职工提供住房等固定资产使用的，按应计提的折旧额

借："管理费用""生产成本""制造费用"等科目

  贷：应付职工薪酬

同时，

借：应付职工薪酬

  贷："累计折旧"科目

（5）租赁住房等资产供职工无偿使用的，按每期应支付的租金

借："管理费用""生产成本""制造费用"等科目

贷：应付职工薪酬

(6) 企业以现金与职工结算的股份支付，在等待期内每个资产负债表日，按当期应确认的成本费用金额

借："管理费用""生产成本""制造费用"等科目

  贷：应付职工薪酬

基本生产车间管理人员的工资，应记入"制造费用"账户；辅助生产车间人员的工资，应记入"生产成本——辅助生产成本"账户；企业行政管理部门人员的工资，则应记入"管理费用"账户。

在实际工作中，人工费用是通过编制"工资费用分配汇总表"进行分配，并据以进行账务处理。

【案例】

甲公司管理人员1月的工资为20000元，社会保险费3000元，企业负担2000元，个人负担1000元，扣除社会保险费后个人负担所得税假如2 200元，福利费2800元。

应做如下会计分录：

借：管理费用   24800

  贷：应付职工薪酬——工资 20000

      ——福利费 2800

      ——社会保险费 2000

记 账 凭 证

2020年1月16日　　　　　　　字第16号

摘要	会计科目	借方金额									贷方金额									记账
		千	百	十	万	千	百	十	元	角	分	千	百	十	万	千	百	十	元	角	分	
工资	管理费用				2	4	8	0	0	0	0											
	应付职工薪酬/工资														2	0	0	0	0	0	0	
	应付职工薪酬/福利费															2	8	0	0	0	0	
	应付职工薪酬/社会保险费															2	0	0	0	0	0	
合计				¥	2	4	8	0	0	0	0			¥	2	4	8	0	0	0	0	

会计主管：赵某　　　记账：钱某　　　审核：孙某　　　制单：李某

（1）支付福利费

借：应付职工薪酬——福利费　　2800

　　贷：银行存款　　　　　　　　　　2800

记 账 凭 证

2020年1月16日　　　　　　　字第16号

摘要	会计科目	借方金额									贷方金额									记账
		千	百	十	万	千	百	十	元	角	分	千	百	十	万	千	百	十	元	角	分	
支付福利费	应付职工薪酬——福利费						2	8	0	0	0											
	银行存款																2	8	0	0	0	
合计						¥	2	8	0	0	0					¥	2	8	0	0	0	

会计主管：赵某　　　记账：钱某　　　审核：孙某　　　制单：李某

（2）扣除个人所得税：

借：应付职工薪酬——工资　　2200

　　贷：应交税费——应交个人所得税　　2200

记 账 凭 证

2020年1月16日　　　　　　　字第16号

摘要	会计科目	借方金额 千百十万千百十元角分	贷方金额 千百十万千百十元角分	记账
扣除个人所得税	应付职工薪酬——工资	2 2 0 0 0 0		
	应交税费——应交个人所得税		2 2 0 0 0 0	
合计		¥2 2 0 0 0 0	¥2 2 0 0 0 0	

会计主管：赵某　　　记账：钱某　　　审核：孙某　　　制单：李某

（3）扣除个人负担的社会保险：

借：应付职工薪酬——工资　　　1000

　　贷：其他应付款　　　　　　　　　1000

【解析】实发工资 = 20000 -1000 -2200 = 16800（元）

记 账 凭 证

2020年1月16日　　　　　　　字第16号

摘要	会计科目	借方金额 千百十万千百十元角分	贷方金额 千百十万千百十元角分	记账
扣除个人负担的社会保险	应付职工薪酬——工资	1 0 0 0 0 0		
	其他应付款		1 0 0 0 0 0	
合计		¥1 0 0 0 0 0	¥1 0 0 0 0 0	

会计主管：赵某　　　记账：钱某　　　审核：孙某　　　制单：李某

（4）借：应付职工薪酬——工资　　　16800

　　　贷：银行存款　　　　　　　　　　16800

记 账 凭 证

2020 年 1 月 16 日　　　　　字第 16 号

摘要	会计科目	借方金额									贷方金额									记账
		千	百	十	万	千	百	十	元	角	分	千	百	十	万	千	百	十	元	角	分	
支付工资	应付职工薪酬——工资				1	6	8	0	0	0	0											
	银行存款														1	6	8	0	0	0	0	
合计		¥			1	6	8	0	0	0	0	¥			1	6	8	0	0	0	0	

会计主管：赵某　　记账：钱某　　审核：孙某　　制单：李某

（5）支付个人所得税：

借：应交税费——应交个人所得税　　2200

　　贷：银行存款　　　　　　　　　　　　2200

记 账 凭 证

2020 年 1 月 16 日　　　　　字第 16 号

摘要	会计科目	借方金额									贷方金额									记账
		千	百	十	万	千	百	十	元	角	分	千	百	十	万	千	百	十	元	角	分	
支付个人所得税	应交税费——应交个人所得税						2	2	0	0	0											
	银行存款																2	2	0	0	0	
合计		¥					2	2	0	0	0	¥					2	2	0	0	0	

会计主管：赵某　　记账：钱某　　审核：孙某　　制单：李某

（6）支付社会保险费：

借：应付职工薪酬——保险费　　2000

　　其他应付款　　　　　　　　1000

　　贷：银行存款　　　　　　　　　　3000

【解析】甲公司共付出银行存款 24800 元；给个人 16800 元，社会保险机构 3000 元，福利费 2800，交税 2200 元。

记 账 凭 证

2020年1月16日　　　　字第16号

摘要	会计科目	借方金额 千百十万千百十元角分	贷方金额 千百十万千百十元角分	记账
支付社会保险费	应付职工薪酬——保险费	2 0 0 0 0 0		
	其他应付款	1 0 0 0 0 0		
	银行存款		3 0 0 0 0 0	
合计		¥3 0 0 0 0 0	¥3 0 0 0 0 0	

会计主管：赵某　　　记账：钱某　　　审核：孙某　　　制单：李某

◎固定资产折旧的核算

固定资产折旧就是将固定资产在使用中消耗的价值陆续地计入有关的成本和费用中去。企业的固定资产折旧就是将固定资产消耗的价值分期计入有关开发成本和期间费用中去。

固定资产的计提折旧

只有正确地计算折旧，才能保证正确地计算营业成本，从而正确地确定企业的利润。企业应当根据固定资产的性质和使用情况，合理确定其折旧年限和净残值，作为计提折旧的依据。根据《小企业会计制度》的规定，除下列情况外，企业应对所有固定资产计提折旧，如图5-10所示。

 已提足折旧仍继续使用的固定资产

 按照规定单独估价作为固定资产入账的土地

图5-10　企业不用计提折旧的特殊情况

在确定计提折旧的范围时，还应注意以下几点，如表 5-10 所示。

表 5-10　确定计提折旧的范围时的注意事项

确定计提折旧的范围时的注意事项	固定资产应当按月计提折旧，当月增加的固定资产，当月不计提折旧，从下月起计提折旧；当月减少的固定资产，当月仍计提折旧，从下月起不计提折旧
	固定资产提足折旧后，不论能否继续使用，均不再计提折旧；提前报废的固定资产，也不再补提折旧。所谓提足折旧，是指已经提足该项固定资产的应计折旧额
	已达到预定可使用状态但尚未办理竣工决算的固定资产，应当按照估计价值确定其成本，并计提折旧；待办理竣工决算后，再按实际成本调整原来的暂估价值，但不需要调整原已计提的折旧额
	处于更新改造过程停止使用的固定资产，不计提折旧
	因大修理而停用的固定资产，照计提折旧

固定资产的计算方法

固定资产折旧有四种方法，即：平均年限法、工作量法、双倍余额递减法和年数总和法。（如图 5-11 所示）

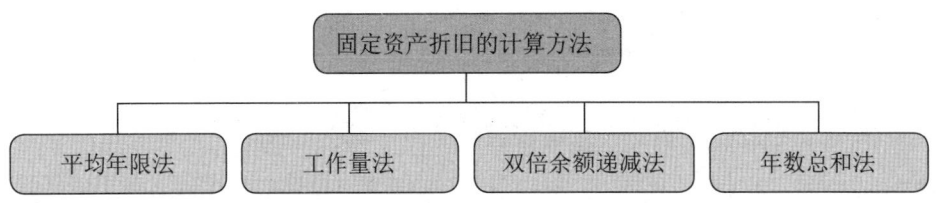

图 5-11　固定资产折旧的计算方法

1. 平均年限法

平均年限法是指按固定资产预计使用年限平均计算折旧的一种方法。采用这种方法，在固定资产不发生增减的情况下，每期（年、月）折旧额都是相等的。其计算方式如下：

年折旧率 =（1- 预计净残值率）/ 预计使用年限 ×100%

年折旧额 = 固定资产原价 × 年折旧率

年折旧额=(原价-预计净残值)/预计使用年限

【案例】甲企业叉车设备原价200000元，预计使用10年，预计净残值率为10%，该设备的折旧率和折旧额为：

年折旧率=（1-10%）/10×100%=9%

月折旧率=9%/12=0.75%

月折旧额=200000×0.75%=1500（元）

2．工作量法

工作量法是按固定资产每期完成的工作量计提折旧的方法。基本计算公式如下：

单位工作量折旧额=固定资产原值×（1-净残值率）/固定资产预计总工作量

某项固定资产的月折旧额=该项固定资产当月工作量×单位工作量折旧额

工作量法在实务中对运输设备一般以行驶里程为工作量单位；而对于机器设备一般以工作小时为工作量单位。

3．双倍余额递减法

年折旧率=2/预计使用年限×100%

年折旧额=每年初固定资产账面净值×年折旧率

注意：采用双倍余额递减法计提固定资产折旧，一般应在固定资产使用寿命到期前两年内，将固定资产账面净值扣除预计净残值后的净值平均摊销。

4．年数总和法

年折旧率=尚可使用年限/预计使用寿命的年数总和×100%

年折旧额=(固定资产原价-预计净残值)×年折旧率

注：双倍余额递减法及年数总和法，在房地产开发企业一般较少采用。

固定资产折旧的核算

为了反映企业固定资产折旧情况，企业应设置"累计折旧"账户。该账户是固定资产的调整账户（抵减账户），反映的是固定资产的累计折旧情况，也就是反映固定资产因磨损而造成的价值减少情况。该账户贷方登记每期计提的固定资产折旧额，借方登记固定资产因出售、报废等而转销的折旧额。期末贷方余额反映的是企业固定资产的累计折旧情况。该账户只需进行总分类核算，如果需要了解某项资产的已提折旧情况，可从固定资产卡片中的原值、净残值、预计使用年限和已使用年限等数据中计算求得。

企业每月计提的固定资产折旧额，要计入相关的成本费用账户。企业管理部门发生的固定资产折旧额要计入"管理费用"账户，专设销售部门发生的固定资产折旧额要计入"销售费用"账户。其基本分录如下：

借：开发间接费用
　　销售费用
　　管理费用
　贷：累计折旧

按"平均年限法"计提折旧，如果固定资产不发生增减变化，即如果固定资产的原值不变，每月的折旧额也是固定不变的。所以，一般情况下，并不需要每月计算固定资产的月折旧额，每月只要按上月的固定数提取折旧就可以了。只有在固定资产总额发生增减变化的时候，才需要按现行制度的规定对月折旧额进行调整。

【案例】甲公司进行折旧费用的计算和分配，见下表。下述折旧费用分配表，是将本月折旧费用的计算和分配一并进行的。

甲公司折旧费用分配表

2019 年 5 月 31 日

应借科目	部门	4月固定资产折旧额（元）	4月增加固定资产折旧额（元）	4月减少固定资产折旧额（元）	本月固定资产折旧额（元）
开发间接费用	开发现场	11880	2640	320	14200
管理费用	行政管理部门	4560			4560
合计		16440	2640	320	18760

根据以上折旧费分配表，编制以下会计分录：
借：开发间接费用　　　　14200
　　管理费用　　　　　　4560

贷：累计折旧   18760

如果按工作量法提取折旧，需要每月按固定资产完成工作量计算当月折旧额。其会计分录与平均年限法相同。

记 账 凭 证

2020年5月31日　　　　　　　　　字第31号

摘要	会计科目	借方金额 千百十万千百十元角分	贷方金额 千百十万千百十元角分	记账
折旧费分配	开发间接费用	1 4 2 0 0 0 0		
	管理费用	4 5 6 0 0 0		
	累计折旧		1 8 7 6 0 0 0	
合计		¥1 8 7 6 0 0 0	¥1 8 7 6 0 0 0	

会计主管：赵某　　　记账：钱某　　　审核：孙某　　　制单：李某

◎制造费用的核算

制造成本的核算对象，是指成本核算过程中为归集生产费用而确定承担费用的客体。确定成本核算对象，是成本核算的核心。

制造成本核算对象的确定

制造成本核算对象具有层次性，必须根据生产特点和管理要求确定，具体情况如表5-11所示。

表5-11　制造成本核算对象的确定

制造成本核算对象的确定	单步骤生产的产品应以最终产品为成本核算对象
	多步骤小批或单价生产的企业，应以每件、每批或订单产品为核算的对象
	连续或多步骤生产和装配或多步骤大批生产，应以其生产步骤、半成品和最终产品为成本核算对象
	多品种大量大批生产的企业，应以类别生产为成本核算对象

制造费用分配的方法

制造费用分配的方法有按产品的实用工时比例分配，按生产工人工资比例分配，按机器工时比例分配，按产品产量比例分配等。季节性生产的企业，为了使单位成本中制造费用不致因为生产的季节性而发生较大的波动，可采取按计划分配率的方法，即根据当月的产量和制造费用计划分配率分配本月应负担的制造费用。年终时再将实际发生的制造费用与按计划分配率分配的制造费用的差额进行调整。

制造费用的核算

企业设置制造费用科目核算企业生产车间（部门）为生产产品和提供劳务而发生的各项间接费用。企业行政管理部门为组织和管理生产经营活动而发生的管理费用，在"管理费用"科目核算。

企业发生的各项制造费用，根据有关付款凭证，各项要素费用分配表，辅助生产费用分配表等，将有关费用记入"制造费用"账户及各明细账户有关项目栏。月终时采用适当的分配方法，将这些费用在各种产品之间进行分配，计入各产品成本的制造费用项目栏。（如表5-12所示）

表5-12 制造费用的主要核算

类别	具体分析
生产车间发生的机物料消耗	借记本科目，贷记"原材料"等科目
发生的生产车间管理人员的工资等职工薪酬	借记本科目，贷记"应付职工薪酬"科目
生产车间计提的固定资产折旧	借记本科目，贷记"累计折旧"科目
生产车间支付的办公费、水电费等	借记本科目，贷记"银行存款"等科目
发生季节性的停工损失	借记本科目，贷记"原材料""应付职工薪酬""银行存款"等科目
将制造费用分配计入有关的成本核算对象	借记"生产成本（基本生产成本、辅助生产成本）""劳务成本"等科目，贷记本科目

季节性生产企业制造费用全年实际发生额与分配额的差额，除其中属于为下一年开工生产做准备的可留待下一年分配外，其余部分实际发生额大于分配额的差额，借记"生产成本——基本生产成本"科目，贷记本科目；实际发生额小于分配额的差额做相反的会计分录。除季节性的生产性企业外，本科目期末应无余额。

【案例】2019 年 11 月甲公司生产 A 产品和 B 产品，第一车间的制造费用 7200 元，第二车间的制造费用 8000 元，管理部门发生的制造费用 4800 元，A 产品生产工时 6000 个，B 产品生产工时 7200 个。

（1）假定 A、B 产品的价值由各自的生产工时确定，而各个车间、部门发生的制造费用均服务于生产 A、B 产品。则：

A 产品分配率 =A 产品生产工时 ÷(AB 产品生产工时合计)
=6000÷（6000+7200）=0.4545

B 产品分配率 =B 产品生产工时 ÷(AB 产品生产工时合计)
=7200÷（6000＋7200）=0.5455

（2）根据 A、B 产品分配率，确定第一车间发生的制造费用在 A、B 产品基本生产成本的分配。

A 产品承担制造费用 =A 产品分配率 × 第一车间制造费用
=0.44545×7200=3272.4（元）

B 产品承担制造费用 =B 产品分配率 × 第一车间制造费用
=0.5455×7200=3927.6（元）

同理，确定第二车间发生的制造费用在 A、B 产品基本生产成本的分配。

（3）制造费用分配的账务处理

借：生产成本——A 产品——制造费用　　3272.4
　　　　　——B 产品——制造费用　　3927.6
　贷：制造费用——车间　　　　　　　　　　7200

记 账 凭 证

2019 年 11 月 30 日　　　　　　　字第 30 号

摘要	会计科目	借方金额 千百十万千百十元角分	贷方金额 千百十万千百十元角分	记账
制造费用分配	生产成本—A 产品	3 2 7 2 4 0		
	生产成本—B 产品	3 9 2 7 6 0		
	制造费用/一车间		7 2 0 0 0 0	
合计		¥ 7 2 0 0 0 0	¥ 7 2 0 0 0 0	

会计主管：赵某　　　记账：钱某　　　审核：孙某　　　制单：李某

借：生产成本——A 产品——制造费用　　　3636

　　　　——B 产品——制造费用　　　4364

贷：制造费用——二车间　　　　　　　　　　8000

记 账 凭 证

2019 年 11 月 30 日　　　　　　　字第 30 号

摘要	会计科目	借方金额 千百十万千百十元角分	贷方金额 千百十万千百十元角分	记账
制造费用分配	生产成本—A 产品	3 6 3 6 0 0		
	生产成本—B 产品	4 3 6 4 0 0		
	制造费用/二车间		8 0 0 0 0 0	
合计		¥ 8 0 0 0 0 0	¥ 8 0 0 0 0 0	

会计主管：赵某　　　记账：钱某　　　审核：孙某　　　制单：李某

在实际工作中，分配制造费用的标准，要根据企业生产特点和管理要求慎重选定。

◎完工产品的核算

基本生产车间在生产过程中发生的各项费用,通常集中反映在"生产成本——基本生产成本"科目及其明细账的借方,这些费用都是本月发生的产品的费用,并不是本月完工产成品的成本。要计算出本月产成品成本,还要将本月发生的生产费用,加上月初在产品成本,然后再将其在本月完工产品和月末在产品之间进行分配,以求得本月产成品成本。

本月发生的生产费用和月初、月末在产品及本月完工产成品成本四项费用的关系可用下列公式表达:

月初在产品成本 + 本月发生生产费用 = 本月完工产品成本 + 月末在产品成本

或:

月初在产品成本 + 本月发生生产费用 - 月末在产品成本 = 本月完工产品成本

生产成本在完工产品和在产品之间的分配

生产费用在完工产品与在产品之间的分配,在成本计算工作中是一个重要而又比较复杂的问题。企业应当根据在产品数量的多少、各月在产品数量变化的大小、各项费用比重的大小,以及定额管理基础的好坏等具体条件,选择既合理又简便的分配方法。常用的方法有以下六种,如图5-12所示。

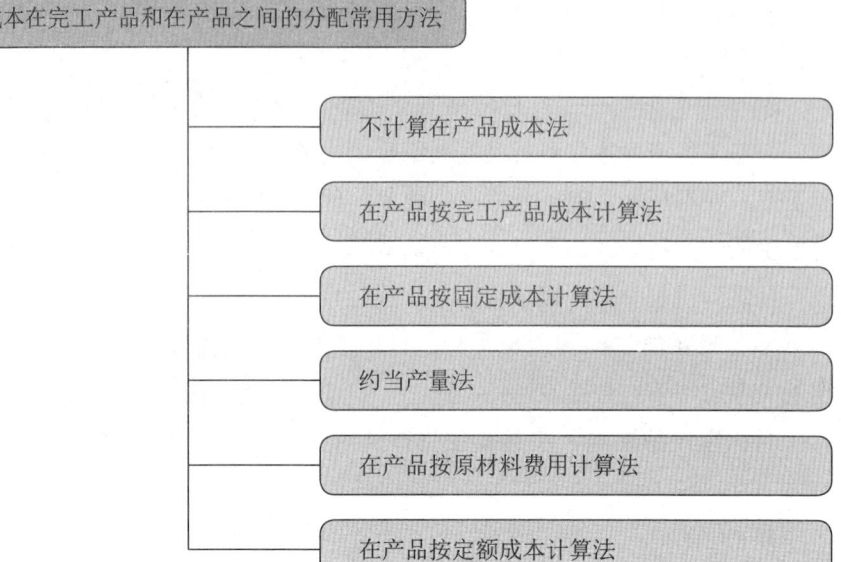

图 5-12　生产成本在完工产品和在产品之间的分配常用方法

1. 不计算在产品成本法

该方法的特点是，月末虽然有在产品，但每月发生的成本全部由完工产品负担，在产品不负担。这种方法适用于月末在产品数量很小的情况。算不算在产品成本对完工产品成本影响不大，为了简化核算工作，可以不计算在产品成本，即在产品成本是零。本月发生的产品生产费用就是完工产品的成本。

2. 在产品按固定成本计价法

该方法的特点是，年内各月在产品成本都按年初在产品成本计算，固定不变。它适用于各月末之间在产品数量变化不大的产品。这种方法适用于月末在产品数量很小，或者在产品数量虽大但各月之间在产品数量变动不大，月初、月末在产品成本的差额对完工产品成本影响不大的情况。为简化核算工作，各月在产品成本可以固定按年初数计算。采用这种方法，某种产品本月发生的生产费用就是本月完工产品的成本。年终时，根据实地盘点的在产品数量，重新调整计算在产品成本，以避免在产品成本与实际出入过大，影响成本计算的正确性。

3. 在产品按所耗用直接材料成本计价法

该方法的特点是,月末在产品成本只按所耗的直接材料成本计算确认,人工成本和制造费用则全部由完工产品成本承担。这种方法适合于原材料费用在产品成本中所占比重较大,而且原材料是在生产开始时一次就全部投入的情况下使用。为了简化核算工作,月末在产品可以只计算原材料费用,其他费用全部由完工产品负担。

4. 约当产量比例法

所谓约当产量,是指在产品按其完工程度折合成完工产品的产量。比如,在产品10件,平均完工40%,则相当于完工产品4件。按约当产量比例分配的方法,就是将月末结存的在产品,按其完工程度折合成约当产量,然后再将产品应负担的全部生产费用,按完工产品产量和在产品约当产量的比例进行分配的一种方法。

这种方法的计算公式如下:

在产品约当产量 = 在产品数量 × 完工程度

单位成本 = (月初在产品成本 + 本月发生生产费用) / (产成品产量 + 月末在产品约当产量)

产成品成本 = 单位成本 × 产成品产量

月末在产品成本 = 单位成本 × 月末在产品约当产量

它适用于月末在产品数量较大,各月末在产品数量变化也较大,产品成本中直接材料成本和人工成本及制造费用的比重相差不大的产品。

【案例】假如A产品本月完工产品产量1200件,在产品200件,完工程度按平均50%计算;原材料在开始时一次投入,其他费用按约当产量比例分配。A产品本月月初在产品和本月耗用直接材料费用共计1401400元,直接人工费用77116元,燃料动力费用170950元,制造费用58500元。

A产品各项费用的分配计算如下:

因为材料是在生产开始时一次投入,所以按完工产品和在产品的数量做比例分配,不必计算约当产量。

(1) 直接材料费的计算:

完工产品负担的直接材料费 =1401400/(1200+200)×1200=121200(元)

在产品负担的直接材料费 =1401400/（1200+200）×200=20200（元）

直接人工费用、燃料和动力费、制造费用均按约当产量作比例分配，在产品 200 件折合约当产量 100（200×50%）件。

（2）直接人工费用的计算：

完工产品负担的直接人工费用 =77116/（1200+100）×1200=71184（元）

在产品负担的直接人工费用 =77116/（1200+100）×100=5932（元）

（3）燃料和动力费的计算：

完工产品负担的燃料和动力费 =170950/（1200+100）×1200=157800（元）

在产品负担的燃料和动力费 =170950/（1200+100）×100=13150（元）

（4）制造费用的计算：

完工产品负担的制造费用 =58500/（1200+100）×1200=54000（元）

在产品负担的制造费用 =58500/（1200+100）×100=4500（元）

通过以上按约当产量法分配计算的结果，可以汇总 A 产品完工产品成本和在产品成本。

A 产品本月完工产品成本 =121200+71184+157800+54000=404184（元）

A 产品本月在产品成本 =20200+5932+13150+4500=437892（元）

根据 A 产品完工产品总成本编制完工产品入库的会计分录如下：

借：产成品　　　　　　　　　　　　　404184

　　贷：生产成本——基本生产成本　　　　404184

记　账　凭　证

2019 年 8 月 31 日　　　　　　　字第 31 号

摘要	会计科目	借方金额										贷方金额										记账
		千	百	十	万	千	百	十	元	角	分	千	百	十	万	千	百	十	元	角	分	
A 产品完工产品总成本	产成品			4	0	4	1	8	4	0	0											
	生产成本——基本生产成本													4	0	4	1	8	4	0	0	
合计		¥		4	0	4	1	8	4	0	0	¥		4	0	4	1	8	4	0	0	

会计主管：赵某　　　记账：钱某　　　审核：孙某　　　制单：李某

5. 在产品按定额成本计价法

这种方法是事先经过调查研究、技术测定或按定额资料，对各个加工阶段上的在产品，直接确定一个定额单位成本，月终根据在产品数量，分别乘以各项定额单位成本，即可计算出月末在产品的定额成本。将月初在产品成本加上本月发生费用，减去月末在产品的定额成本，就可算出产成品的总成本了。产成品总成本除以产成品产量，即为产成品单位成本。这种方法的计算公式如下：

月末在产品成本 = 月末在产品数量 × 在产品定额单位成本

产成品总成本 =（月初在产品成本 + 本月发生费用）- 月末在产品成本

产成品单位成本 = 产成品总成本 / 产成品产量

该方法的特点是：月末在产品成本根据月末在产品数量和单位定额成本计算，然后从本月该种产品的全部生产成本（如果有月初在产品，包括月初在产品成本）中扣除，以求得完工产品的成本。适用于各项消耗定额或费用定额比较准确、稳定，各月末在产品数量变化不大的产品。

6. 定额比例法

如果各月末在产品数量变动较大，但制定了比较准确的消耗定额，生产费用可以在完工产品和月末在产品之间用定额消耗量或定额费用作比例分配。通常材料费用按定额消耗量比例分配，而其他费用按定额工时比例分配。

计算公式如下（以按定额成本比例分配为例）：

材料费用分配率 =（月初在产品实际材料成本 + 本月投入的实际材料成本）/（完工产品定额材料成本 + 月末在产品定额材料成本）

完工产品应分配的材料成本 = 完工产品定额材料成本 × 材料费用分配率

月末在产品应分配的材料成本 = 月末在产品定额材料成本 × 材料费用分配率

工资（费用）分配率 =[月初在产品实际工资（费用）+ 本月投入的实际工资（费用）]/（完工产品定额工时 + 月末在产品定额工时）

完工产品应分配的工资（费用）= 完工产品定额工时 × 工资（费用）分配率

月末在产品应分配的工资（费用）= 月末在产品定额工时 × 工资（费用）分配率

该方法的特点是：完工产品和月末在产品的成本计算按照生产成本占完

工产品和月末在产品的定额消耗量或定额成本比例分配。其中，直接材料成本按直接材料的定额消耗量或定额成本比例分配，其他成本项目按定额工时比例分配。适用于各项消耗定额或成本定额比较准确、稳定，但各月末在产品数量变动较大的产品。

完工产品成本的核算

企业发生的各项费用，按照成本核算的要求，划清各种费用界限，即经过分类、归集和分配，其中应计入本月各种产品成本的各项费用，按照成本项目直接计入或分配计入了各种产品的成本；计入各种产品成本的生产费用，又经过在完工产品和月末在产品之间的分配，从而求得月末在产品的成本和完工产品的成本。

企业的完工产品包括产成品、自制材料及自制工具、模型等低值易耗品，以及为在建工程生产的专用设备和提供的修理劳务等。本月完工产品的成本应从"生产成本"科目的贷方转入有关科目：其中完工入库的产成品的成本，转入"产成品"科目的借方；完工自制材料、工具、模型等的成本，转入"原材料"等科目的借方；为企业在建工程提供的劳务费用，月末不论是否完工，都应将其实际成本转入"在建工程"科目的借方。"生产成本——基本生产成本"科目月末余额，就是基本生产车间在产品的成本。

销售过程的业务核算

产品销售过程是产品价值的实现过程,在这一过程中,一方面企业要将产成品及时地销售给购买单位;另一方面要根据销售价格和销售合同向购买单位收取货款。这时,企业的经营资金就从成品资金形态转化为货币资金形态,完成了资金的一次循环。

◎商品销售收入的核算

销售商品收入的确认与计量

销售商品收入同时满足下列条件的,才能予以确认,如图 5-13 所示。

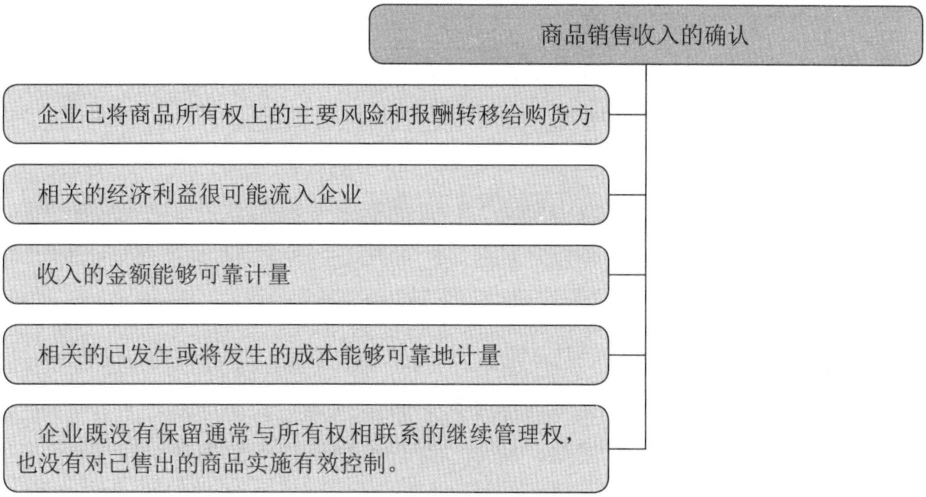

商品销售收入的确认
- 企业已将商品所有权上的主要风险和报酬转移给购货方
- 相关的经济利益很可能流入企业
- 收入的金额能够可靠计量
- 相关的已发生或将发生的成本能够可靠地计量
- 企业既没有保留通常与所有权相联系的继续管理权,也没有对已售出的商品实施有效控制。

图 5-13 商品销售收入的确认

销售商品收入金额的确定

企业销售商品满足收入确认条件时,应按照已收或应收合同或协议价款的公允价值确定销售商品收入的金额。在确认销售商品收入的金额时,应注意下列因素如表5-13所示。

表5-13 销售商品收入金额的确定方法

类别	具体分析
现金折扣	企业为尽快回收资金,对顾客提前付款的行为给予的一种优惠。现金折扣发生时计入财务费用。在确定销售商品收入时不考虑预计可能发生的现金折扣。
销售折让	企业因售出商品质量不合格等原因而在售价上给予的减让。销售折让应在实际发生时冲减当期收入。
商业折扣	商业折扣不构成商品最终成交价格的一部分,因此,销售商品收入的金额应是扣除商业折扣后的净额

销售商品收入的核算

1. 一般销售业务

企业应设置"主营业务收入""主营业务成本"等科目,核算企业销售商品、提供劳务等日常活动中的主要业务交易所取得的收入以及所发生的相关成本。

2. 已经发出但不符合销售商品收入确认条件的商品

为了单独反映已经发出但尚未确认销售收入的商品成本,企业应增设"发出商品"科目进行核算。"发出商品"科目的期末余额应并入资产负债表"存货"项目反映。

企业对于发出商品,在不能确认收入时,应按发出商品的实际成本,借记"发出商品"科目,贷记"库存商品"科目。发出商品满足收入确认条件时,应结转销售成本,借记"主营业务成本"科目,贷记"发出商品"科目。如果销售该商品的纳税义务已经发生,比如已经开出增值税专用发票,则应确认应交的增值税销项税额,借记"应收账款"等科目,贷记"应交税费——应交增值税(销项税额)"科目;如果纳税义务没有发生,则不需要进行上述处理。

【案例】甲公司2020年1月6日销售一批商品,增值税专用发票上注明商品售价200000元,增值税26000元,款项尚未收到,但已符合收入的确认条件,确认为收入。该批商品的成本为140000元。编制会计分录如下:

确认收入：

借：应收账款　　　　　　　　　　　　　　　　　226000
　　贷：主营业务收入　　　　　　　　　　　　　　200000
　　　　应交税费——应交增值税（销项税额）　　　 26000

记　账　凭　证

2020 年 1 月 6 日　　　　　　　　　字第 6 号

摘要	会计科目	借方金额										贷方金额										记账
		千	百	十	万	千	百	十	元	角	分	千	百	十	万	千	百	十	元	角	分	
销售商品	应收账款			2	2	6	0	0	0	0	0											
	主营业务收入													2	0	0	0	0	0	0	0	
	应交税费——应交增值税（销项税额）														2	6	0	0	0	0	0	
合计		¥		2	2	6	0	0	0	0	0	¥		2	2	6	0	0	0	0	0	

会计主管：赵某　　　记账：钱某　　　审核：孙某　　　制单：李某

结转销售成本：

借：主营业务成本　　140000
　　贷：库存商品　　　　　140000

记　账　凭　证

2020 年 1 月 6 日　　　　　　　　　字第 6 号

摘要	会计科目	借方金额										贷方金额										记账
		千	百	十	万	千	百	十	元	角	分	千	百	十	万	千	百	十	元	角	分	
结转销售成本	主营业务成本				1	4	0	0	0	0	0											
	库存商品														1	4	0	0	0	0	0	
合计		¥			1	4	0	0	0	0	0	¥			1	4	0	0	0	0	0	

会计主管：赵某　　　记账：钱某　　　审核：孙某　　　制单：李某

3. 商业折扣、现金折扣和销售折让的处理

商业折扣，扣除后的金额确认收入；现金折扣，不考虑预计可能发生的

现金折扣；销售折让，实际发生时冲减当期的收入。销售折让如发生在确认销售收入之前，则确认商品销售收入时应直接按扣除销售折让后的金额确认。

【案例】甲公司在 2020 年 2 月 1 日销售一批商品，增值税发票上注明商品售价 40000 元，增值税额 5200 元。企业在合同中规定的现金折扣条件为：2/10，1/20，N/30（假定计算折扣时不考虑增值税）。

2 月 1 日销售实现时，应按总售价确认收入：

借：应收账款　　　　　　　　　　　　　45200
　　贷：主营业务收入　　　　　　　　　　　　40000
　　　　应交税费——应交增值税（销项税额）　5200

记　账　凭　证

2020 年 2 月 1 日　　　　　　　　　字第 1 号

摘要	会计科目	借方金额									贷方金额									记账
		千	百	十	万	千	百	十	元	角	分	千	百	十	万	千	百	十	元	角	分	
销售商品时	应收账款				4	5	2	0	0	0	0											
	主营业务收入														4	0	0	0	0	0	0	
	应交税费——应交增值税（销项税额）															5	2	0	0	0	0	
合计				¥	4	5	2	0	0	0	0			¥	4	5	2	0	0	0	0	

会计主管：赵某　　　记账：钱某　　　审核：孙某　　　制单：李某

不同付款时间下，取得货款时的会计处理：

（1）买方 10 天以内付款。2 月 8 日买方付清货款，按售价 40000 元的 2% 享受 800 元的现金折扣，实际付款 46000 元（即 46800 元 -800 元）。

借：银行存款　　　46000
　　财务费用　　　　800
　　贷：应收账款　　　　46800

记 账 凭 证

2020年2月8日　　　　字第8号

摘要	会计科目	借方金额 千百十万千百十元角分	贷方金额 千百十万千百十元角分	记账
取得货款时	银行存款	4 6 0 0 0 0 0		
	财务费用	8 0 0 0 0		
	应收账款		4 6 8 0 0 0 0	
合计		¥ 4 6 8 0 0 0 0	¥ 4 6 8 0 0 0 0	

会计主管：赵某　　记账：钱某　　审核：孙某　　制单：李某

（2）买方10天以后，20天以内付款。2月18日买方付清货款，应享受的现金折扣为400元，实际付款46400元。

借：银行存款　　46400
　　财务费用　　　　400
　　贷：应收账款　　　　46800

记 账 凭 证

2020年2月18日　　　　字第18号

摘要	会计科目	借方金额 千百十万千百十元角分	贷方金额 千百十万千百十元角分	记账
取得货款时	银行存款	4 6 4 0 0 0 0		
	财务费用	4 0 0 0 0		
	应收账款		4 6 8 0 0 0 0	
合计		¥ 4 6 8 0 0 0 0	¥ 4 6 8 0 0 0 0	

会计主管：赵某　　记账：钱某　　审核：孙某　　制单：李某

（3）买方在20天以后，30天以内付款。买方在2月28日付款，则应按全额收款。

借：银行存款　　46800
　　贷：应收账款　　　　46800

记 账 凭 证

2020 年 2 月 28 日　　　　　　　　字第 28 号

摘要	会计科目	借方金额									贷方金额									记账
		千	百	十	万	千	百	十	元	角	分	千	百	十	万	千	百	十	元	角	分	
销售商品时	银行存款				4	6	8	0	0	0	0											
	应收账款														4	6	8	0	0	0	0	
合计			¥	4	6	8	0	0	0	0		¥	4	6	8	0	0	0	0			

会计主管：赵某　　　记账：钱某　　　审核：孙某　　　制单：李某

◎提供劳务收入的核算

提供劳务收入的确认

提供劳务的划分标准有多种，为便于会计核算，一般以提供的劳务是否跨年度作为划分标准。不跨年度的劳务，指提供劳务的交易的开始和完成均在同一个年度；跨年度劳务，指提供劳务的交易的开始和完成分属于不同的年度。（如图 5-14 所示）

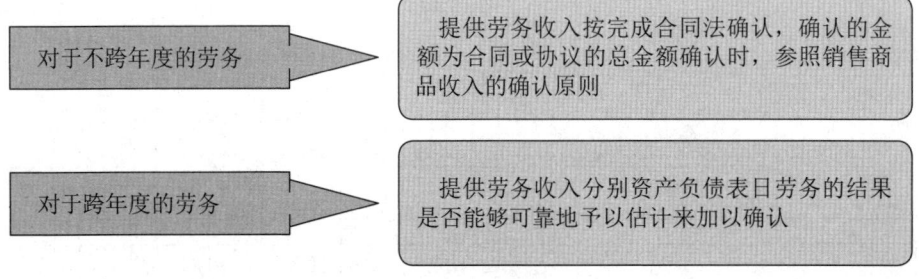

图 5-14　提供劳务收入的确认

1. 在资产负债表日，提供劳务交易的结果能够可靠估计的，采用完工百分比法确认提供劳务收入

完工百分比法，是指按照劳务的完成程序确认收入和费用的方法。完工百分比法确认收入，仅适用于提供劳务的交易，当劳务提供活动的开始和完成分属于不同的会计年度,为准确地反映每一个会计年度的收入、费用和利润情况,企业应在资产负债表日按劳务的完成程度确认收入和费用。

提供劳务的交易结果能否可靠估计,依据以下条件进行判断,如图 5-15 所示。

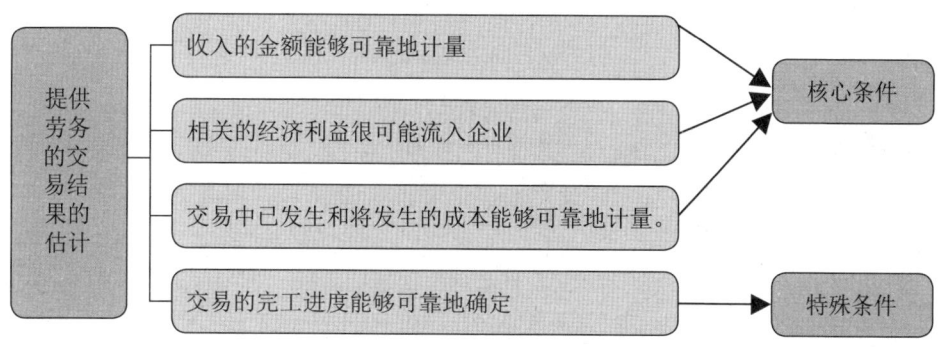

图 5-15 提供劳务的交易结果的估计条件

提供劳务交易完工进度的确定方法有以下几种,如图 5-16 所示。

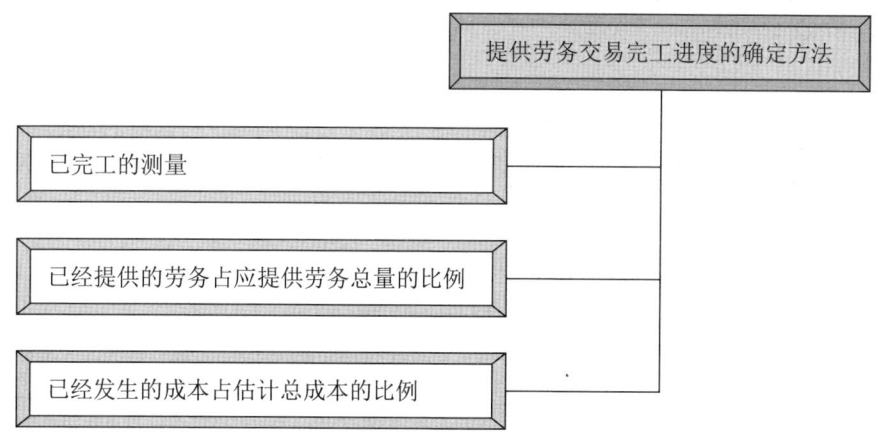

图 5-16 提供劳务交易完工进度的确定方法

在实务中,如果特定时期内提供劳务交易的数量不能确定,则该期间的收入应采用直线法确认,除非有证据表明采用其他方法能更好地反映完工进度。当某项作业相比其他作业都重要得多时,应在该重要作业完成后确认收入。

2. 企业在资产负债表日，提供劳务交易的结果不能够可靠估计

对于该情况，劳务收入和劳务成本应按照以下原则处理，如图 5-17 所示。

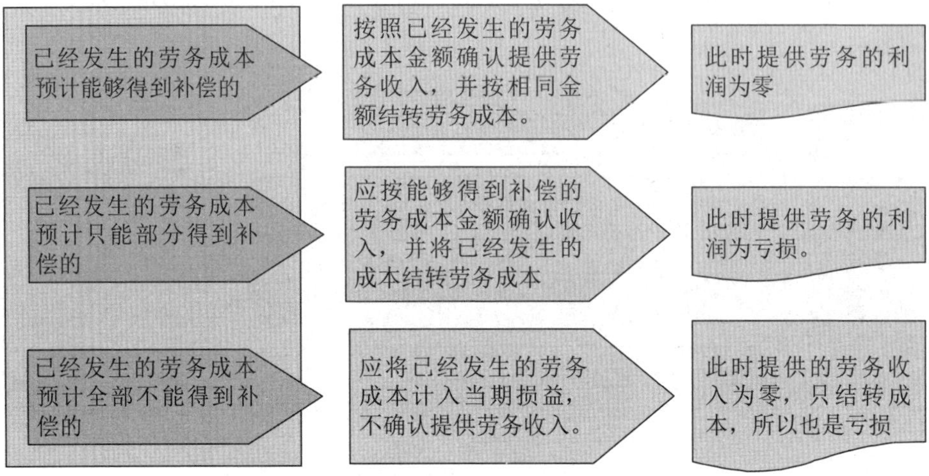

已经发生的劳务成本预计能够得到补偿的	按照已经发生的劳务成本金额确认提供劳务收入，并按相同金额结转劳务成本。	此时提供劳务的利润为零
已经发生的劳务成本预计只能部分得到补偿的	应按能够得到补偿的劳务成本金额确认收入，并将已经发生的成本结转劳务成本	此时提供劳务的利润为亏损。
已经发生的劳务成本预计全部不能得到补偿的	应将已经发生的劳务成本计入当期损益，不确认提供劳务收入。	此时提供的劳务收入为零，只结转成本，所以也是亏损

图 5-17　劳务收入和劳务成本处理原则

提供劳务收入的核算

1. 劳务完成时确认收入的会计处理

对于一次就能完成的劳务，企业应在提供劳务完成时按所确定的收入金额，

借："应收账款""银行存款"等科目

　　贷："主营业务收入"等科目

对于发生的有关支出，

借："主营业务成本"等科目

　　贷："银行存款"等科目

对于持续一段时间在同一会计期间内开始并完成的劳务，企业应在提供劳务完成时确认收入。有关支出确认为费用之前，企业可增设"劳务成本"科目予以归集，待确认为费用时，再借记"主营业务成本"科目，贷记"劳务成本"科目。

2. 按完工百分比法确认收入的会计处理

完工百分比法下,劳务收入和相关的费用应按下列公式计算:

本期确认的收入 = 劳务总收入 × 本期末止劳务的完成程度 - 以前各期已确认的收入

本期确认的费用 = 劳务总成本 × 本期末止劳务的完成程度 - 以前各期已确认的费用

在采用完工百分比确认劳务收入的情况下,提供劳务收入确认时,应按确定的收入金额,借记"应收账款""银行存款"等科目,贷记"主营业务收入"科目。结转成本时,借记"主营业务成本"科目,贷记"劳务成本"科目。

【案例】甲公司2019年11月1日接受一项产品安装任务,安装期3个月,合同总收入600000元,至年底已预收款项420000元,实际发生成本280000元(均为安装人员工资),估计还会发生120000元。按实际发生的成本占估计总成本的比例确定劳务的完成程度。

实际发生的成本占估计总成本的比例 =280000÷(280000+120000)=70%

2019年确认收入 =600000×70%-0=420000(元)

2019年结转成本 =400000×70%-0=280000(元)

应作分录:

(1)实际发生成本时:

借:劳务成本　　　　　　280000
　　贷:银行存款、职工薪酬等　280000

记 账 凭 证

2019 年 11 月 1 日　　　　　　　　字第 1 号

摘要	会计科目	借方金额									贷方金额									记账
		千	百	十	万	千	百	十	元	角	分	千	百	十	万	千	百	十	元	角	分	
安装产品时	劳务成本				2	8	0	0	0	0	0											
	银行存款														2	8	0	0	0	0	0	
合计				¥	2	8	0	0	0	0	0			¥	2	8	0	0	0	0	0	

会计主管:赵某　　　记账:钱某　　　审核:孙某　　　制单:李某

(2) 预收账款时：

借：银行存款　　　420000
　　贷：预收账款　　　　　420000

记 账 凭 证

2019年11月1日　　　　　字第1号

摘要	会计科目	借方金额									贷方金额									记账
		千	百	十	万	千	百	十	元	角	分	千	百	十	万	千	百	十	元	角	分	
预收账款	银行存款				4	2	0	0	0	0	0											
	预收账款														4	2	0	0	0	0	0	
合计		¥			4	2	0	0	0	0	0	¥			4	2	0	0	0	0	0	

会计主管：赵某　　记账：钱某　　审核：孙某　　制单：李某

(3) 12月31日确认收入：

借：预收账款　　　420000
　　贷：主营业务收入　　　420000

记 账 凭 证

2019年12月31日　　　　字第31号

摘要	会计科目	借方金额									贷方金额									记账
		千	百	十	万	千	百	十	元	角	分	千	百	十	万	千	百	十	元	角	分	
确认收入	预收账款				4	2	0	0	0	0	0											
	主营业务收入														4	2	0	0	0	0	0	
合计		¥			4	2	0	0	0	0	0	¥			4	2	0	0	0	0	0	

会计主管：赵某　　记账：钱某　　审核：孙某　　制单：李某

(4) 结转成本：

借：主营业务成本　280000
　　贷：劳务成本　　　　280000

第五章 >>> 精打细算样样通——企业经济业务核算

记 账 凭 证

2019 年 12 月 31 日　　　　　　　字第 31 号

摘要	会计科目	借方金额 千百十万千百十元角分	贷方金额 千百十万千百十元角分	记账
结转成本	主营业务成本	2 8 0 0 0 0 0 0		
	劳务成本		2 8 0 0 0 0 0 0	
合计		¥ 2 8 0 0 0 0 0 0	¥ 2 8 0 0 0 0 0 0	

会计主管：赵某　　　记账：钱某　　　审核：孙某　　　制单：李某

◎其他业务收入的核算

其他业务收入是指企业除主营业务收入以外的其他销售或其他业务的收入。

其他业务收入的内容

其他业务收入的内容包括下面几方面，如图 5-18 所示。

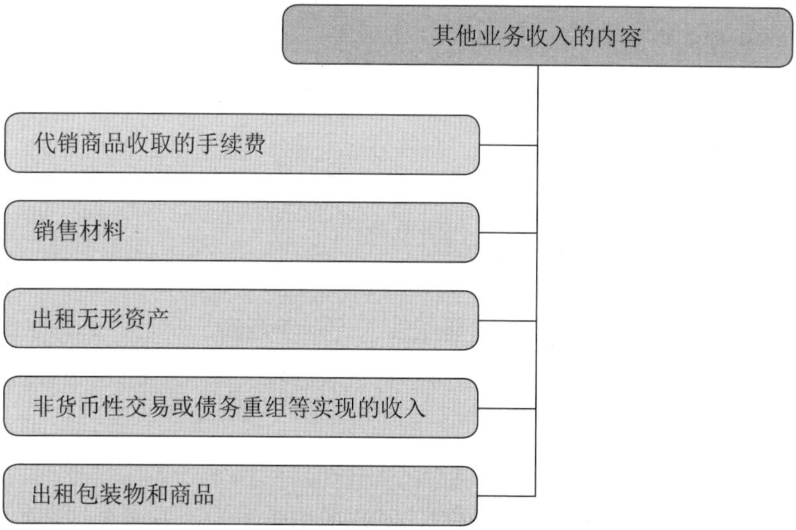

```
其他业务收入的内容
├─ 代销商品收取的手续费
├─ 销售材料
├─ 出租无形资产
├─ 非货币性交易或债务重组等实现的收入
└─ 出租包装物和商品
```

图 5-18　其他业务收入的内容

其他业务收入的核算

企业应设置"其他业务收入"科目,本科目核算企业确认的除主营业务活动以外的其他经营活动实现的收入,包括出租固定资产、出租无形资产、出租包装物和商品、销售材料、用材料进行非货币性交换(非货币性资产交换具有商业实质且公允价值能够可靠计量)或债务重组等实现的收入。

1. **销售原材料**

   借:银行存款等(按售价和应收的增值税)
     贷:其他业务收入
        应交税费——应交增值税(销项税额)

2. **收到出租包装物的租金**

   借:银行存款、库存现金
     贷:其他业务收入
   应交税费——应交增值税(销项税额)

3. **收到逾期未退包装物的押金**

   借:其他应付款
     贷:其他业务收入
        应交税费——应交增值税(销项税额)

4. **出租无形资产**

   借:银行存款
     贷:其他业务收入

5. **代销商品收取的手续费**

   借:应收账款——××委托代销单位
     贷:其他业务收入

其他业务收入,在月末时需要结转入"本年利润"科目,借记本科目,贷记"本年利润"科目。期末,应将本科目余额转入"本年利润"科目,结转后本科目应无余额。

【案例】甲公司销售一批原材料,开出的增值税专用发票上注明的售价为20000元,增值税税额为3400元,款项已由银行收妥。该批原材料的实际成本为16000元。甲公司会计处理如下：

（1）取得原材料销售收入：

借：银行存款　　　　　　　　　　　　　23400

　　贷：其他业务收入　　　　　　　　　　20000

　　　　应交税费——应交增值税（销项税额）　3400

记 账 凭 证

2019年10月15日　　　　　　　字第15号

摘要	会计科目	借方金额									贷方金额									记账
		千	百	十	万	千	百	十	元	角	分	千	百	十	万	千	百	十	元	角	分	
销售原材料	银行存款			2	3	4	0	0	0	0												
	其他业务收入													2	0	0	0	0	0	0		
	应交税费——应交增值税（销项税额）															3	4	0	0	0	0	
合计				¥	2	3	4	0	0	0	0			¥	2	3	4	0	0	0	0	

会计主管：赵某　　记账：钱某　　审核：孙某　　制单：李某

（2）结转已销原材料的实际成本：

借：其他业务成本　　16000

　　贷：原材料　　　　　　　16000

记 账 凭 证

2019年10月15日　　　　　　　字第15号

摘要	会计科目	借方金额									贷方金额									记账
		千	百	十	万	千	百	十	元	角	分	千	百	十	万	千	百	十	元	角	分	
结转已销原材料的实际成本	其他业务成本				1	6	0	0	0	0	0											
	原材料														1	6	0	0	0	0	0	
合计					¥	1	6	0	0	0	0	0			¥	1	6	0	0	0	0	0	

会计主管：赵某　　记账：钱某　　审核：孙某　　制单：李某

◎营业成本和应交税金的核算

营业成本的核算

营业成本的核算如表5-14所示。

表5-14 营业成本的核算

类别	概念	科目设置	会计处理
主营业务成本	企业销售商品、提供劳务等经常性活动所发生的成本。企业一般在确认销售商品、提供劳务等主营业务收入时,或在月末,将已销售商品、已提供劳务的成本结转入主营业务成本。	企业应通过"主营业务成本"科目,核算主营业务成本的确认和结转情况	企业结转主营业务成本时,借记"主营业务成本"科目,贷记"库存商品""劳务成本"等科目。期末,应将"主营业务成本"科目余额结转入"本年利润"科目,借记"本年利润"科目,贷记"主营业务成本"科目,结转后本科目无余额
其他业务成本	其他业务成本是指企业确认的除主营业务活动以外的其他经营活动所发生的支出,包括销售材料的成本、出租固定资产的折旧额、出租无形资产的摊销额、出租包装物的成本或摊销额等。	企业应通过"其他业务成本"科目,核算其他业务成本的确认和结转情况	企业发生的其他业务成本,借记"其他业务成本"科目,贷记"原材料""周转材料""累计折旧""累计摊销""应付职工薪酬""银行存款"等科目。期末,应将"其他业务成本"科目余额结转入"本年利润"科目,借记"本年利润"科目,贷记"其他业务成本"科目,结转后本科目无余额

应交税金的核算

应交税费是指企业根据在一定时期内取得的营业收入、实现的利润等,按照现行税法规定,采用一定的计税方法计提的应交纳的各种税费。

应交税费包括企业依法交纳的增值税、消费税、所得税、资源税、土地增值税、城市维护建设税、房产税、土地使用税、车船税、教育费附加、矿产资源补偿费等税费,以及在上缴国家之前,由企业代收代缴的个人所得税等。

为了总括地反映各种税费的交纳情况,会计核算中应设置"应交税费"

科目。该科目属于负债类,贷方登记企业应交纳的各种税费;借方登记已交纳的税费;期末余额在贷方时反映企业应交未缴的税费;若余额在借方则反映企业多交的税费。该科目应按税种开设明细科目进行明细核算。

由于各种税金的计税基础和计税方法不同,会计处理方法也不尽相同。

1. 企业采购物资等,按应计入采购成本的金额,借记"材料采购""在途物资""原材料""库存商品"等科目,按可抵扣的增值税额,借记本科目(应交增值税——进项税额),按应付或实际支付的金额,贷记"应付账款""应付票据""银行存款"等科目。购入物资发生退货做相反的会计分录。

2. 企业按规定计算应交的消费税、资源税、城市维护建设税、教育费附加等,借记"税金及附加"科目,贷记本科目。实际交纳时,借记本科目,贷记"银行存款"等科目。

3. 按规定计算确定的应交矿产资源补偿费、房产税、车船使用税、土地使用税、印花税,借记管理费用,贷记"应交税费"科目。

4. 出售不动产计算应交的增值税,借记"固定资产清理"等科目,贷记本科目(应交增值税)。

5. 企业按照税法规定计算应交的所得税,借记"所得税费用"等科目,贷记本科目(应交所得税)。交纳的所得税,借记本科目,贷记"银行存款"等科目。

利润分配的核算

利润的构成及利润形成和分配业务的内容、特点是会计核算的基础,应根据利润形成及分配业务的特点,分析利润形成及分配业务核算的主要内容;根据利润形成及分配业务的核算内容分析应设置哪些会计科目;最后应用会计科目说明利润形成及分配过程中会计核算的方法。

◎企业利润构成

利润是指在一定时期内的经营成果,它集中反映企业在生产经营活动各方面的效益,是企业最终的财务成果,是衡量企业生产经营管理的重要综合指标。

企业利润的内容

企业利润根据包括的内容的不同,分为主营业务利润、营业利润、利润总额和净利润等不同形式。(如表5-15所示)

表5-15 企业利润的内容

类别	具体分析
主营业务利润	主营业务利润是指企业经营主要业务所取得的利润,它是由主营业务收入、主营业务成本和主营业务税金及附加构成
营业利润	营业利润是指企业一定期间从事生产经营所获得的利润。它由主要业务利润、其他业务利润、营业费用、管理费用、财务费用等构成
利润总额	利润总额是指企业一定期间所实现的全部利润,也称税前利润。它由营业利润、投资收益、补贴收入、营业外收支等构成
净利润	净利润又称为税后利润,是指利润总额减去所得税后的金额。它是企业所有者权益的组成部分,也是企业进行利润分配的依据

企业利润的计算

企业在一定时期的利润(或亏损)是由以下几部分构成的,其关系如下:

产品销售利润 = 产品销售收入 - 产品销售成本 - 产品销售税金 - 产品销售费用

其他业务利润 = 其他业务收入 - 其他业务支出

营业利润 = 产品销售利润 + 其他业务利润 - 管理费用 - 财务费用

利润总额 = 营业利润 + 营业外收入 - 营业外支出 + 投资净收益

净利润 = 利润总额 - 所得税

企业实现的净利润(即所得税后利润),要按照有关规定进行分配。因此,计算确定企业实现的利润和对利润进行分配,就构成了企业财务成果业务核算的主要内容。

◎期间费用的核算

期间费用是指不能直接归属于某个特定产品成本的费用。它是随着时间推移而发生的与当期产品的管理和产品销售直接相关,而与产品的产量、产品的制造过程无直接关系,期间费用包括直接从企业的当期产品销售收入中扣除的销售费用、管理费用和财务费用。

期间费用与产品成本的区别

由于当期的期间费用是全额从当期损益中扣除的,因而,其发生额不会影响下一个会计期间。期间费用与产品成本不同,如表5-16所示。

表5-16 期间费用与产品成本的区别

类别	期间费用	产品成本
与生产产品的关系不同	期间费用的发生是为生产产品提供正常的条件,加强对生产经营和销售的管理,而与产品的生产本身并不直接相关	产品成本是指能够明确与生产产品有关的直接生产费用和间接生产费用,它们直接计入或分配计入产品中去
与会计期间的关系不同	期间费用只与费用发生的当期有关,不影响或不分摊到以后会计期间	产品成本中当期完工部分当期转为产成品,未完工部分则结转到下一期继续加工,与前后会计期间都有联系
与会计报表的关系不同	期间费用直接列入当期利润表,抵扣当期损益	产品成本完工部分转为产成品,已销售产成品的销售成本再转为主营业务成本,主营业务成本也直接列入当期利润表,但是未销售的产成品和未完工的在产品都列入资产负债表

期间费用的核算

1. 销售费用的核算

销售费用是企业销售商品和材料、提供劳务的过程中发生的各种费用，包括保险费、包装费、展览费和广告费、商品维修费、预计产品质量保证损失、运输费、装卸费等以及为销售本企业商品而专设的销售机构（含销售网点、售后服务网点等）的职工薪酬、业务费、折旧费等经营费用。企业发生的与专设销售机构相关的固定资产修理费用等后续支出也属于销售费用。

销售费用是与企业销售商品活动有关的费用，但不包括销售商品本身的成本和劳务成本。销售的产品的成本属于"主营业务成本"，提供劳务所发生的成本属于"劳务成本"。企业应通过"销售费用"科目，核算销售费用的发生和结转情况。

企业应通过"销售费用"科目，核算销售费用的发生和结转情况。

企业发生销售费用时，

借："销售费用"科目
  贷："现金"或"银行存款"等科目，

企业发生的为销售商品而专设的销售机构的职工薪酬、业务费等经营费用，

借："销售费用"科目
  贷："应付职工薪酬""银行存款""累计折旧"等科目

期末，应将"销售费用"科目余额转入"本年利润"科目，借记"本年利润"科目，贷记"销售费用"科目。

【案例】甲公司1月份销售费用发生的有关经济业务及编制的会计分录如下。

（1）以银行存款支付产品广告费10000元，展览费10000元。

借：销售费用 20000
  贷：银行存款   20000

记 账 凭 证

2020年1月9日　　　　　　　　　　字第9号

摘要	会计科目	借方金额									贷方金额									记账
		千	百	十	万	千	百	十	元	角	分	千	百	十	万	千	百	十	元	角	分	
以银行存款支付产品广告费	销售费用				2	0	0	0	0	0	0											
	银行存款														2	0	0	0	0	0	0	
合计		¥			2	0	0	0	0	0	0	¥			2	0	0	0	0	0	0	

会计主管：赵某　　　记账：钱某　　　审核：孙某　　　制单：李某

（2）本月公司为销售产品以银行存款支付运输费2400元，运输途中保险费700元，装卸费1300元。

借：销售费用　　　4400
　　贷：银行存款　　　　4400

记 账 凭 证

2020年1月9日　　　　　　　　　　字第9号

摘要	会计科目	借方金额									贷方金额									记账
		千	百	十	万	千	百	十	元	角	分	千	百	十	万	千	百	十	元	角	分	
支付运输费	销售费用					4	4	0	0	0	0											
	银行存款															4	4	0	0	0	0	
合计		¥				4	4	0	0	0	0	¥				4	4	0	0	0	0	

会计主管：赵某　　　记账：钱某　　　审核：孙某　　　制单：李某

（3）公司本月专设销售机构发生下列费用：销售机构人员的工资为2000元，职工福利费280元，固定资产的折旧1120元，办公费200元。

借：销售费用　　　　　　200
　　应付职工薪酬　　　　2280
　　累计折旧　　　　　　1120
　　贷：银行存款　　　　　　3600

记 账 凭 证

2020 年 1 月 9 日　　　　　　　字第 9 号

摘要	会计科目	借方金额									贷方金额									记账
		千	百	十	万	千	百	十	元	角	分	千	百	十	万	千	百	十	元	角	分	
销售机构费用	销售费用					2	0	0	0	0												
	应付职工薪酬					2	2	8	0	0	0											
	累计折旧					1	1	2	0	0	0						2	0	0	0	0	
	银行存款															3	6	0	0	0	0	
合计			¥	3	6	0	0	0	0				¥	3	6	0	0	0	0			

会计主管：赵某　　　记账：钱某　　　审核：孙某　　　制单：李某

（4）公司按规定将本月发生的销售费用 28000 元予以结转。

借：本年利润　　　28000

　　贷：销售费用　　　　28000

记 账 凭 证

2020 年 2 月 9 日　　　　　　　字第 9 号

摘要	会计科目	借方金额									贷方金额									记账
		千	百	十	万	千	百	十	元	角	分	千	百	十	万	千	百	十	元	角	分	
结转销售费用	本年利润				2	8	0	0	0	0	0											
	销售费用														2	8	0	0	0	0	0	
合计			¥	2	8	0	0	0	0	0		¥	2	8	0	0	0	0	0			

会计主管：赵某　　　记账：钱某　　　审核：孙某　　　制单：李某

2. 管理费用

管理费用是企业为组织和管理企业生产经营发生的各种费用，包括企业在筹建期间内发生的开办费、董事会和行政管理部门在企业的经营管理中发生的，或者应由企业统一负担的公司经费(包括行政管理部门职工工资及福利费、物料消耗、低值易耗品摊销、办公费和差旅费等)、工会经费、董事会费(包括董事会成员津贴、会议费和差旅费等)、聘请中介机构费、咨询费(含顾问费)、诉讼费、业务招待费、房产税、车船税、城镇土地使用税、印花税、技术转让费、矿产资源补偿费、研究费用、排污费等。企业生产车间（部门）和行政管理部门发生的固定资产修理费用等后续支出，也在本科目核算。

为了核算企业为组织和管理企业生产经营所发生的管理费用，企业应当设置"管理费用"科目。该科目的借方反映企业发生的各项管理费用，贷方反映企业转入"本年利润"科目的管理费用；"管理费用"科目结转"本年利润"科目后，期末应无余额。商品流通企业管理费用不多的，可不设本科目，本科目的核算内容可并入"销售费用"科目核算。

【案例】甲公司8月份发生的费用如下所示：

（1）发生办公费、差旅费等开办费40000元，均用银行存款支付。

（2）就一项产品的设计方案向有关专家进行咨询，以现金支付咨询费100000元。

（3）企业行政部8月份共发生费用440000元，其中：行政人员薪酬300000元，行政部专用办公设备折旧费86000元，报销行政人员差旅费42000元（假定报销人均未预借差旅费），其他办公、水电费12000元（均用银行存款支付）。

（4）当月按规定计算确定的应交房产税为4000元、应交车船税为5200元、应交土地使用税为8000元。

企业应做如下会计处理：

（1）借：管理费用　　　　40000
　　　　贷：银行存款　　　　　40000

记 账 凭 证

2019 年 8 月 31 日　　　　　字第 31 号

摘要	会计科目	借方金额 千百十万千百十元角分	贷方金额 千百十万千百十元角分	记账
	管理费用	4 0 0 0 0 0 0		
	银行存款		4 0 0 0 0 0 0	
合计		¥ 4 0 0 0 0 0 0	¥ 4 0 0 0 0 0 0	

会计主管：赵某　　记账：钱某　　审核：孙某　　制单：李某

（2）借：管理费用　　　　100000
　　　贷：库存现金　　　　　　100000

记 账 凭 证

2019 年 8 月 31 日　　　　　字第 31 号

摘要	会计科目	借方金额 千百十万千百十元角分	贷方金额 千百十万千百十元角分	记账
	管理费用	1 0 0 0 0 0 0 0		
	库存现金		1 0 0 0 0 0 0 0	
合计		¥ 1 0 0 0 0 0 0 0	¥ 1 0 0 0 0 0 0 0	

会计主管：赵某　　记账：钱某　　审核：孙某　　制单：李某

（3）借：管理费用　　　　440000
　　　贷：应付职工薪酬　　　300000
　　　　　累计折旧　　　　　 86000
　　　　　库存现金　　　　　 42000
　　　　　银行存款　　　　　 12000

记 账 凭 证

2019 年 8 月 31 日　　　　　　　字第 31 号

摘要	会计科目	借方金额 千百十万千百十元角分	贷方金额 千百十万千百十元角分	记账
	管理费用	4 4 0 0 0 0 0 0		
	库存现金		3 0 0 0 0 0 0 0	
	累计折旧		8 6 0 0 0 0	
	库存现金		4 2 0 0 0 0	
	银行存款		1 2 0 0 0 0	
合计		¥ 4 4 0 0 0 0 0 0	¥ 4 4 0 0 0 0 0 0	

会计主管：赵某　　　记账：钱某　　　审核：孙某　　　制单：李某

（4）借：管理费用　　　　　　　　　　　　17200

　　　　贷：应交税费——应交房产税　　　　4000

　　　　　　　　——应交车船税　　　　　　5200

　　　　　　　　——应交土地使用税　　　　8000

记 账 凭 证

2019 年 8 月 31 日　　　　　　　字第 31 号

摘要	会计科目	借方金额 千百十万千百十元角分	贷方金额 千百十万千百十元角分	记账
	管理费用	1 7 2 0 0 0 0		
	应交税费/应交房产税		4 0 0 0 0 0	
	应交税费/应交车船税		5 2 0 0 0 0	
	应交税费/应交土地使用税		8 0 0 0 0 0	
合计		¥ 1 7 2 0 0 0 0	¥ 1 7 2 0 0 0 0	

会计主管：赵某　　　记账：钱某　　　审核：孙某　　　制单：李某

3．财务费用的核算

财务费用是指企业为筹集生产经营所需资金等而发生的费用，包括利息支出（减利息收入）、汇兑损失（减汇兑收益）以及相关的手续费等。其具体内容如表 5-17 所示。

表 5-17 财务费用的内容

类别	具体分析
利息支出	企业短期借款利息、长期借款利息、应付票据利息、票据贴现利息、应付债券利息、长期应付引进国外设备款利息等利息支出(除资本化的利息外)减去银行存款等的利息收入后的净额。
汇兑损失	企业因向银行结售或购入外汇而产生的银行买入、卖出价与记账所采用的汇率之间的差额，以及月度(季度、年度)终了，各种外币账户的外币期末余额，按照期末规定汇率折合的记账人民币金额与原账面人民币金额之间的差额等
相关的手续费	发生债券所需支付的手续费(需资本化的手续费除外)、开出汇票的银行手续费、调剂外汇手续费等，但不包括发行股票所支付的手续费等
其他财务费用	如融资租入固定资产发生的融资租赁费用等

为了核算企业发生的各项为筹集生产经营资金等发生的费用，企业应当设置"财务费用"科目。该科目的借方反映本期实际发生的财务费用，贷方反映期末转入"本年利润"科目的财务费用；"财务费用"科目结转"本年利润"后，期末应无余额。

企业为购建固定资产而筹集资金所发生的费用，在固定资产达到预定可使用状态前发生的，应当计入有关固定资产的购置或建造成本，不包括在"财务费用"科目的核算范围内。

【案例】甲企业于 2020 年 1 月 1 日向银行借入生产经营用短期借款 600000 元，期限 6 个月，年利率 5%，该借款本金到期后一次归还，利息分月预提，按季支付。假定 1 月份其中 200000 元暂时作为闲置资金存入银行，并获得利息收入 700 元。假定所有利息均不符合利息资本化条件。会计处理如下：

1 月末，预提当月份应计利息：

600000×5%÷12=2500（元）

借：财务费用　　　2500

　　贷：应付利息　　　　2500

记 账 凭 证

2020年1月31日　　　　　　　　　字第1号

摘要	会计科目	借方金额	贷方金额	记账
		千百十万千百十元角分	千百十万千百十元角分	
借入短期借款应计利息	财务费用	2 5 0 0 0 0		
	应付利息		2 5 0 0 0 0	
合计		¥ 2 5 0 0 0 0	¥ 2 5 0 0 0 0	

会计主管：赵某　　　记账：钱某　　　审核：孙某　　　制单：李某

同时，当月取得的利息收入700元应作为冲减财务费用处理。

借：银行存款　　　700

　贷：财务费用　　　700

记 账 凭 证

2020年1月31日　　　　　　　　　字第1号

摘要	会计科目	借方金额	贷方金额	记账
		千百十万千百十元角分	千百十万千百十元角分	
冲减财务费用	银行存款	7 0 0 0 0		
	财务费用		7 0 0 0 0	
合计		¥ 7 0 0 0 0	¥ 7 0 0 0 0	

会计主管：赵某　　　记账：钱某　　　审核：孙某　　　制单：李某

期间费用的结转

销售费用、管理费用和财务费用的结转是在期末进行的，期末结转期间费用的方法有两种，如表5-18所示。

表 5-18　期间费用的结转方法

类别	具体分析
表结法	表结法即用"利润表"结转期末损益类项目，计算体现期末财务成果的方法。每月月末只结出损益类科目(包括期间费用)的月末余额，但不结转到"本年利润"科目，只有在年末结转时才使用"本年利润"科目。"本年利润"科目集中反映当年利润财务费用的本月发生额合计并填入利润表的本月栏，将本月余额填入利润表的本年累计栏，科目不结转
账结法	账结法下，每月月末均需编制转账凭证，将在账上结计出的各损益类科目的余额结转入"本年利润"科目。结转后"本年利润"科目的本月合计数反映当月实现的利润或发生的亏损，"本年利润"科目的本年累计数反映本年累计实现的利润或发生的亏损。账结法在各月均可通过"本年利润"科目提供当月及本年累计的利润(或亏损)额，但增加了转账环节和工作量

◎资产减值的核算

资产减值是指资产可收回金额低于其账面价值。资产可回收金额，是根据资产的公允价值减去处置费用后的净额与资产预计未来现金流量的现值，两者之间较高者确定。资产可回收金额低于其账面价值的差额为资产减值损失，计入当期损益，资产减值损失一经确认，在以后会计期间不得转回。

资产减值的确认

资产减值确认的实质是资产价值的再确认。与初始确认以交易成本作为入账依据不同，资产减值对资产价值的确认是在资产持有过程中进行的，它不局限于过去，而更多地立足于现在、将来。因此，其确认基础不是交易而是事项。

1. 资产减值的判断

资产减值的判断如图 5-19 所示。

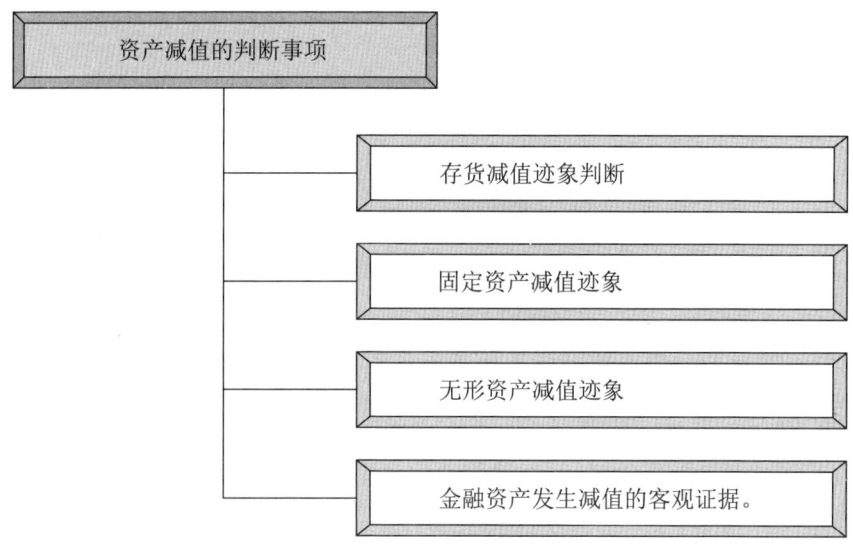

图 5-19　资产减值的判断事项

2．资产减值确认时间

新准则明确规定，企业应当在资产负债表日判断资产是否存在可能发生减值的迹象。因企业合并所形成的商誉和使用寿命不确定的无形资产，无论是否存在减值迹象，每年都应当进行减值测试。

资产减值的核算

资产可收回金额低于账面价值，应当计提减值准备、确认减值损失。资产减值损失一经确认，在以后会计期间不得转回。在企业会计制度所列举的各类资产减值准备中，各资产的计提方法与会计处理不尽相同。

"资产减值损失"科目核算企业根据资产减值等准则计提各项资产减值准备所形成的损失；本科目按照资产减值损失的项目进行明细核算；期末，应将本科目余额转入"本年利润"科目，结转后本科目无余额。企业在发生资产减值时做如下账务处理：

借：资产减值损失
　　贷：××资产减值准备

根据资产减值准则的要求，企业存在减值迹象的，应当进行减值测试，估计其可收回金额，并将可收回金额与账面价值进行比较，以确定资产减值是否存在。可收回金额，是指资产的公允价值减处置费用后的净额与资产预计未来现金流量的现值两者之间的较高者。

资产的可收回金额低于其账面价值的，企业应当将资产的账面价值减记至可收回金额，减记的金额确认为资产减值损失，计入当期损益，同时计提相应的资产减值准备。

资产的账面价值是资产成本扣减累计折旧、累计减值准备后的金额。资产减值损失确认后，减值资产的折旧或摊销费用应当在未来期间作相应调整，以使资产的剩余使用寿命内，系统地分摊调整后的资产账面价值（扣除预计净残值）。

对于已提减值准备的固定资产应当按照该项资产的账面价值以及尚可使用寿命重新计算确定折旧率和折旧额。对于已提减值准备需要摊销的无形资产，应当按照该项资产的账面价值以及尚可使用寿命重新计算确定摊销额。为了核算企业的资产减值损失和准备，应设置"资产减值损失"和"资产减值准备"科目进行核算，资产减值准备应根据资产的具体项目进行分类核算，具体包括：坏账准备、存货跌价准备、长期股权投资减值准备、持有至到期投资减值准备、固定资产减值准备、无形资产减值准备、工程物资减值准备、可供出售金融资产减值准备等。

【案例】甲企业2018年年末，清查固定资产时发现，一台设备原账面净值为240000元，但由于技术进步等原因造成设备贬值，预计可收回金额为180000元，2019年该固定资产市价下跌，预计可收回金额160000元。计提减值准备，编制会计分录。

2018年末该企业应提资产减值准备60000元（240000元-180000元）

会计分录为：

借：营业外支出——计提固定资产减值准备　　60000

　　贷：固定资产减值准备　　　　　　　　　　　　600000

记 账 凭 证

2018 年 12 月 31 日　　　　　　　　字第 31 号

摘要	会计科目	借方金额	贷方金额	记账
提资产减值准备	营业外支出——计提固定资产减值准备	6 0 0 0 0 0 0		
	固定资产减值准备		6 0 0 0 0 0 0	
合计		￥6 0 0 0 0 0 0	￥6 0 0 0 0 0 0	

会计主管：赵某　　　记账：钱某　　　审核：孙某　　　制单：李某

2019 年末由于可收回金额低于 2018 年，应补提资产减值准备 20000 元（180000 元 -160000 元）。

会计分录为：

借：营业外支出——计提固定值产减值准备　　20000

　　贷：固定资产减值准备　　　　　　　　　　　　20000

记 账 凭 证

2019 年 12 月 31 日　　　　　　　　字第 31 号

摘要	会计科目	借方金额	贷方金额	记账
提资产减值准备	营业外支出——计提固定资产减值准备	2 0 0 0 0 0 0		
	固定资产减值准备		2 0 0 0 0 0 0	
合计		￥2 0 0 0 0 0 0	￥2 0 0 0 0 0 0	

会计主管：赵某　　　记账：钱某　　　审核：孙某　　　制单：李某

◎投资收益的核算

投资收益的概念

投资收益是对外投资所取得的利润、股利和债券利息等收入减去投资损失后的净收益。严格地讲所谓投资收益是指以项目为边界的货币收入等。它既包括项目的销售收入又包括资产回收（即项目寿命期末回收的固定资产和流动资金）的价值。

投资收益的核算

本科目核算企业确认的投资收益或投资损失。企业（金融）债券投资持有期间取得的利息收入，也可在"利息收入"科目核算。本科目可按投资项目进行明细核算。

1. 对于短期股票投资、短期基金投资和长期股权投资，企业应当按照被投资单位宣告分派的现金股利或利润中属于本企业的部分，借记"应收股利"科目，贷记本科目。

2. 在长期债券投资或短期债券投资持有期间，在债务人应付利息日，按照分期付息、一次还本的长期债券投资或短期债券投资的票面利率计算的利息收入，借记"应收利息"科目，贷记本科目；按照一次还本付息的长期债券投资票面利率计算的利息收入，借记"长期债券投资——应计利息"科目，贷记本科目。

在债务人应付利息日，按照应分摊的债券溢折价金额，借记或贷记本科目，贷记或借记"长期债券投资——溢折价"科目。

3. 出售短期投资、处置长期股权投资和长期债券投资，应当按照实际收到的价款或收回的金额，借记"银行存款"或"库存现金"科目，按照其账面余额，贷记"短期投资""长期股权投资""长期债券投资"科目，按照尚未领取的现金股利或利润、债券利息收入，贷记"应收股利""应收利息"科目，按照其差额，贷记或借记本科目

4. 期末，应将本科目余额转入"本年利润"科目，本科目结转后应无余额。

【案例】 2018年1月18日,甲公司购入A公司发行的公司债券,该笔债券于2017年1月1日发行,面值为6000万元,票面利率为5%,债券利息按年支付。甲公司将其划分为交易性金融资产,支付价款为5 600万元(其中包含已宣告发放的债券利息300万元),另支付交易费用40万元。2018年2月16日,甲公司收到该笔债券利息300万元。2019年2月18日,甲公司收到债券利息300万元。

甲公司应做如下会计处理:

(1) 2018年1月18日,购入A公司的公司债券时:

借:交易性金融资产——成本　　53000000
　　应收利息　　　　　　　　　 3000000
　　投资收益　　　　　　　　　 400000
　　贷:银行存款　　　　　　　　　　　　56400000

记 账 凭 证

2018年1月18日　　　　　　　　　　字第18号

摘要	会计科目	借方金额										贷方金额										记账
		千	百	十	万	千	百	十	元	角	分	千	百	十	万	千	百	十	元	角	分	
购入丙公司的公司债券	交易性金融资产——成本		5	3	0	0	0	0	0	0	0											
	应收利息			3	0	0	0	0	0	0	0											
	投资收益				4	0	0	0	0	0	0											
	银行存款												5	6	4	0	0	0	0	0	0	
合计			5	6	4	0	0	0	0	0	0		5	6	4	0	0	0	0	0	0	

会计主管:赵某　　　记账:钱某　　　审核:孙某　　　制单:李某

(2) 2018年2月16日,收到购买价款中包含的已宣告发放的债券利息时:

借:银行存款　　　3000000
　　贷:应收利息　　　3000000

记 账 凭 证

2018年2月16日　　　　　　　字第16号

摘要	会计科目	借方金额 千百十万千百十元角分	贷方金额 千百十万千百十元角分	记账
发放的债券利息	银行存款	3 0 0 0 0 0 0 0 0		
	应收利息		3 0 0 0 0 0 0 0 0	
合计		¥　　3 0 0 0 0 0 0 0 0	¥　　3 0 0 0 0 0 0 0 0	

会计主管：赵某　　　记账：钱某　　　审核：孙某　　　制单：李某

（3）2018年12月31日，确认A公司的公司债券利息收入时：

借：应收利息　　　3000000

　　贷：投资收益　　　　3000000

记 账 凭 证

2018年12月31日　　　　　　　字第31号

摘要	会计科目	借方金额 千百十万千百十元角分	贷方金额 千百十万千百十元角分	记账
确认A公司的公司债券利息收入	应收利息	3 0 0 0 0 0 0 0 0		
	投资收益		3 0 0 0 0 0 0 0 0	
合计		¥　　3 0 0 0 0 0 0 0 0	¥　　3 0 0 0 0 0 0 0 0	

会计主管：赵某　　　记账：钱某　　　审核：孙某　　　制单：李某

（4）2019年2月18日，收到持有A公司的公司债券利息时：

借：银行存款　　　3000000

　　贷：应收利息　　　　3000000

记 账 凭 证

2019年2月18日　　　　　　　　字第18号

摘要	会计科目	借方金额									贷方金额									记账
		千	百	十	万	千	百	十	元	角	分	千	百	十	万	千	百	十	元	角	分	
收到持有A公司的公司债券利息	银行存款			3	0	0	0	0	0	0	0											
	应收利息													3	0	0	0	0	0	0	0	
合计		¥		3	0	0	0	0	0	0	0	¥		3	0	0	0	0	0	0	0	

会计主管：赵某　　　记账：钱某　　　审核：孙某　　　制单：李某

◎营业外收支的核算

营业外收入的核算

营业外收入是指企业发生的与其日常活动无直接关系的各项利得，主要包括非流动资产处置利得、政府补助、盘盈利得、捐赠利得等。（如表5-19所示）

表5-19　营业外收入的内容

分类	具体解释
非流动资产处置利得	包括固定资产处置利得和无形资产出售利得
政府补助	指企业从政府无偿取得货币性资产或非货币性资产形成的利得
盘盈利得	指企业对现金等资产清查盘点时发生盘盈，报经批准后计入营业外收入的金额
捐赠利得	指企业接受捐赠产生的利得

以上五个方面都是营业外收入的核算内容。为了总括反映和监督企业营业外收入情况，企业应设置"营业外收入"账户。该账户贷方登记企业发生的营业外收入额，借方登记期末转入"本年利润"账户的数额，经结转后该账户期末无余额。

企业确认营业外收入时，

借:"固定资产清理""银行存款""待处理财产损溢""应付账款"等科目
  贷:"营业外收入"科目

期末,应将"营业外收入"科目余额转入"本年利润"科目,

借:"营业外收入"科目
  贷:"本年利润"科目

【案例】甲企业现有一台设备由于性能等原因决定提前报废,原价为250000元,已计提折旧225000元,未计提减值准备。报废时的残值变价收入为36750元,报废清理过程中发生的清理费用1750元。有关收入、支出均通过银行存款办理结算,不考虑相关的税费。该公司应编制的分录如下:

(1)将报废固定资产转入清理

借:固定资产清理　　25000
　　累计折旧　　　　225000
　　贷:固定资产　　　　　　250000

记　账　凭　证

2019年5月16日　　　　　　　　　字第16号

摘要	会计科目	借方金额									贷方金额									记账
		千	百	十	万	千	百	十	元	角	分	千	百	十	万	千	百	十	元	角	分	
报废固定资产转入清理	固定资产清理			2	5	0	0	0	0	0											
	累计折旧		2	2	5	0	0	0	0	0											
	固定资产												2	5	0	0	0	0	0	0	
合计		¥	2	5	0	0	0	0	0	0	¥	2	5	0	0	0	0	0	0	

会计主管:赵某　　记账:钱某　　审核:孙某　　制单:李某

(2)收回残值收入

借:银行存款　　　　36750
　　贷:固定资产清理　　　　36750

记 账 凭 证

2019 年 5 月 16 日　　　　　　　字第 16 号

摘要	会计科目	借方金额 千 百 十 万 千 百 十 元 角 分	贷方金额 千 百 十 万 千 百 十 元 角 分	记账
收回残值收入	银行存款	3 6 7 5 0 0 0		
	固定资产清理		3 6 7 5 0 0 0	
合计		¥ 3 6 7 5 0 0 0	¥ 3 6 7 5 0 0 0	

会计主管：赵某　　　记账：钱某　　　审核：孙某　　　制单：李某

(3) 支付清理费用

借：固定资产清理　　　　1750
　　贷：银行存款　　　　　　　1750

记 账 凭 证

2019 年 5 月 16 日　　　　　　　字第 16 号

摘要	会计科目	借方金额 千 百 十 万 千 百 十 元 角 分	贷方金额 千 百 十 万 千 百 十 元 角 分	记账
支付清理费用	固定资产清理	1 7 5 0 0 0		
	银行存款		3 5 0 0 0 0	
合计		¥ 1 7 5 0 0	¥ 1 7 5 0 0 0	

会计主管：赵某　　　记账：钱某　　　审核：孙某　　　制单：李某

借：固定资产清理　　　　10000
　　贷：营业外收入　　　　　　10000

记 账 凭 证

2019 年 5 月 16 日　　　　　字第 16 号

摘要	会计科目	借方金额 千 百 十 万 千 百 十 元 角 分	贷方金额 千 百 十 万 千 百 十 元 角 分	记账
支付清理费用	固定资产清理	1 0 0 0 0 0 0		
	营业外收入		1 0 0 0 0 0 0	
	合计	¥ 1 0 0 0 0 0	¥ 1 0 0 0 0 0 0	

会计主管：赵某　　　记账：钱某　　　审核：孙某　　　制单：李某

营业外支出的核算

营业外支出是指企业发生的与其日常活动无直接关系的各项损失，主要包括非流动资产处置损失、公益性捐赠支出、盘亏损失、罚款支出、非货币性资产交换损失、债务重组损失等。（如表 5-20 所示）

表 5-20　营业外支出的核算

分类	具体解释
非流动资产处置损失	包括固定资产处置损失和无形资产出售损失
公益性捐赠支出	指企业对外进行公益性捐赠发生的支出
盘亏损失	指对于财产清查盘点中盘亏的资产，查明原因并报经批准计入营业外支出的损失
非常损失	企业对于因客观因素（如自然灾害等）造成的损失，扣除保险公司赔偿后应计入营业外支出的净损失
罚款支出	指企业由于违反税收法规、经济合同等而支付的各种滞纳金和罚款等

企业应设置"营业外支出"账户，该账户借方登记企业发生的各项营业外支出，贷方登记期末结转入本年利润的营业外支出。结转后该账户应无余额。该账户应按照营业外支出的项目进行明细核算。

企业发生营业外支出时，借记"营业外支出"账户，贷记"固定资产清理""待处理财产损溢""库存现金""银行存款"等账户。

确认盘亏、罚款支出计入营业外支出时,借记"营业外支出"科目,贷记"待处理财产损溢""库存现金"等科目。期末,应将"营业外支出"账户余额结转入"本年利润"账户,借记"本年利润"账户,贷记"营业外支出"账户。

【案例】 甲企业2019年5月18日将已经发生的原材料意外灾害损失54000元转做营业外支出。5月20日用银行存款支付税款滞纳金6000元。6月16日将拥有的一项非专利技术出售,取得不含税价款180000元,应交的增值税为9000元。该非专利技术的账面余额为200000元,累计摊销额为20000元,未计提减值准备。

借:营业外支出　　　　　　54000
　　贷:待处理财产损溢　　　　　　54000

记 账 凭 证

2019年5月18日　　　　　　　　字第18号

摘要	会计科目	借方金额									贷方金额									记账
		千	百	十	万	千	百	十	元	角	分	千	百	十	万	千	百	十	元	角	分	
发放的债券利息	营业外支出				5	4	0	0	0	0	0											
	待处理财产损溢														5	4	0	0	0	0	0	
合计		¥			5	4	0	0	0	0	0	¥			5	4	0	0	0	0	0	

会计主管:赵某　　　记账:钱某　　　审核:孙某　　　制单:李某

借:营业外支出　　　　　　6000
　　贷:银行存款　　　　　　　　6000

记 账 凭 证

2019 年 5 月 20 日　　　　　字第 20 号

摘要	会计科目	借方金额 千百十万千百十元角分	贷方金额 千百十万千百十元角分	记账
	营业外支出	6 0 0 0 0 0		
	银行存款		6 0 0 0 0 0	
合计		￥ 6 0 0 0 0 0	￥ 6 0 0 0 0 0	

会计主管：赵某　　　记账：钱某　　　审核：孙某　　　制单：李某

借：银行存款　　　　　　　　180000
　　累计摊销　　　　　　　　 20000
　　资产处置损益　　　　　　 9000
　　贷：无形资产　　　　　　　　　200000
　　　　应交税费——应交增值税　　9000

记 账 凭 证

2019 年 6 月 16 日　　　　　字第 16 号

摘要	会计科目	借方金额 千百十万千百十元角分	贷方金额 千百十万千百十元角分	记账
	银行存款	1 8 0 0 0 0 0 0		
	累计摊销	2 0 0 0 0 0 0		
	资产处置损益	9 0 0 0 0 0		
	无形资产		2 0 0 0 0 0 0 0	
	应交税费——应交增值税		9 0 0 0 0 0	
合计		￥ 2 0 9 0 0 0 0 0	￥ 2 0 9 0 0 0 0 0	

会计主管：赵某　　　记账：钱某　　　审核：孙某　　　制单：李某

◎所得税费用的核算

所得税费用是指企业为取得会计税前利润应交纳的所得税。所得税费用核算是从资产负债表出发，通过比较资产负债表上列示的资产、负债按照企业会计准则规定确定的账面价值与按照税法规定确定的计税基础，对于两者之间的差额分别应纳税暂时性差异与可抵扣暂时性差异，确认相关的递延所得税负债与递延所得税资产。

资产、负债的计税基础

1．资产的计税基础

资产的计税基础，是指企业收回资产账面价值的过程中，计算应纳税所得额时按照税法规定可以自应税经济利益中抵扣的金额。资产的计税基础为某一项资产在未来期间计税时可以税前扣除的金额。从税收的角度考虑，资产的计税基础是假定企业按照税法规定进行核算所提供的资产负债表中资产的应有金额。

2．负债的计税基础

负债的计税基础，是指负债的账面价值减去未来期间计算应纳税所得额时按照税法规定可予抵扣的金额。

负债的确认与偿还一般不会影响企业的损益，也不会影响其应纳税所得额，未来期间计算应纳税所得额时按照税法规定可予抵扣的金额为0，计税基础即为账面价值。负债的计税基础，指其账面价值减去该负债在未来期间可予税前列支的金额。

负债的计税基础 = 账面价值 − 未来可税前列支的金额

所得税的计算

在资产负债表债务项下，所得税费用的计算公式表述为：所得税费用 = 当期所得税 + 递延所得税费用。

1. 当期所得税

当期所得税是指企业按照税法规定计算确定的针对当期发生的交易和事项，应交纳给税务部门的所得税金额，即应交所得税，应以适用的税收法规为基础计算确定。

应交所得税 = 应纳税所得额 × 所得税税率

应纳税所得额 = 税前会计利润 + 纳税调整增加额 − 纳税调整减少额

2. 递延所得税费用

递延所得税费用，是指企业在某一会计期间确认的递延所得税资产及递延所得税负债的综合结果。

递延所得税费用 =（递延所得税负债的期末余额 − 递延所得税负债的期初余额）−（递延所得税资产的期末余额 − 递延所得税资产的期初余额）

3. 所得税费用

根据当期所得税和递延所得税即可计算出所得税费用，其计算公式为：

所得税费用 = 应交所得税 + 递延所得税费用。

所得税的核算

本科目核算企业确认的应从当期利润总额中扣除的所得税费用。可按"当期所得税费用""递延所得税费用"进行明细核算。

1. 资产负债表日，企业按照税法规定计算确定的当期应交所得税，借记本科目(当期所得税费用)，贷记"应交税费——应交所得税"科目。

2. 资产负债表日，根据递延所得税资产的应有余额大于"递延所得税资产"科目余额的差额，借记"递延所得税资产"科目，贷记本科目(递延所得税费用)、"资本公积——其他资本公积"等科目；递延所得税资产的应有余额小于"递延所得税资产"科目余额的差额做相反的会计分录。

企业应予确认的递延所得税负债，应当比照上述原则调整本科目、"递延所得税负债"科目及有关科目。

3. 期末，应将本科目的余额转入"本年利润"科目，结转后本科目无余额。

【案例】甲公司 2018 年 12 月 31 日和 2019 年 12 月 31 日资产负债表中

有关项目金额及其计税基础分别如表所示。

甲公司计税基础表

2018年12月31日

序号	项目	账面价值(元)	计税基础(元)	暂时性差异	
				应纳税暂时性差异(元)	可抵扣暂时性差异(元)
1	存货	20000000	21000000		1000000
2	无形资产	300000	0	300000	
3	预计负债	500000	0		500000
	合计			300000	1500000

甲公司计税基础表

2019年12月31日

序号	项目	账面价值(元)	计税基础(元)	暂时性差异	
				应纳税暂时性差异(元)	可抵扣暂时性差异(元)
1	存货	16000000	16000000		0
2	无形资产	7000000	8000000		1000000
3	预计负债	600000	0		600000
4	交易性金融资产	4000000	3000000	1000000	
	合计			1000000	1600000

除上述项目外,该公司其他资产、负债的账面价值与其计税基础不存在差异,且递延所得税资产和递延所得税负债2018年不存在期初余额,适用的所得税税率为25%。假定按照税法规定计算确定的2018年应交所得税为300万元,2019年应交所得税为330万元。该公司预计在未来期间能够产生足够的应纳税所得额用来抵扣可抵扣暂时性差异。

2018年12月31日,甲公司计算确认的递延所得税负债、递延所得税资产、递延所得税费用以及所得税费用如下:

递延所得税负债 =300000×25% =75000(元)

递延所得税资产 =1500000×25% =375000(元)

递延所得税费用 =375000-75000=-300000(元)

所得税费用 =3000000-300000=2700000(元)

所作会计分录如下：

借：所得税费用——当期所得税费用　　3000000

　　贷：应交税费——应交所得税　　　　　3000000

记 账 凭 证

2018 年 12 月 31 日　　　　　字第 31 号

摘要	会计科目	借方金额									贷方金额									记账
		千	百	十	万	千	百	十	元	角	分	千	百	十	万	千	百	十	元	角	分	
	所得税费用——当期所得税费用			3	0	0	0	0	0	0	0											
	应交税费——应交所得税													3	0	0	0	0	0	0	0	
合计		¥		3	0	0	0	0	0	0	0	¥		3	0	0	0	0	0	0	0	

会计主管：赵某　　记账：钱某　　审核：孙某　　制单：李某

借：所得税费用——递延所得税费用　　75000

　　贷：递延所得税负债　　　　　　　　　75000

记 账 凭 证

2018 年 12 月 31 日　　　　　字第 31 号

摘要	会计科目	借方金额									贷方金额									记账
		千	百	十	万	千	百	十	元	角	分	千	百	十	万	千	百	十	元	角	分	
所得税费用	所得税费用——递延所得税费用					7	5	0	0	0	0	0										
	递延所得税负债															7	5	0	0	0	0	0
合计						¥	7	5	0	0	0	0	0				¥	7	5	0	0	0	0	0

会计主管：赵某　　记账：钱某　　审核：孙某　　制单：李某

借：递延所得税资产　　　　　　　　　　　375000
　　贷：所得税费用——递延所得税费用　　　　　375000

记　账　凭　证

2018年12月31日　　　　　　　字第31号

摘要	会计科目	借方金额 千百十万千百十元角分	贷方金额 千百十万千百十元角分	记账
所得税	递延所得税资产	3 7 5 0 0 0 0 0		
	所得税费用—— 递延所得税费用		3 7 5 0 0 0 0 0	
合计		¥ 3 7 5 0 0 0 0 0	¥ 3 7 5 0 0 0 0 0	

会计主管：赵某　　　记账：钱某　　　审核：孙某　　　制单：李某

2019年12月31日，甲公司计算确认的递延所得税负债、递延所得税资产、递延所得税费用以及所得税费用如下：

期末递延所得税负债=1000000×25%=250000（元）

减：期初递延所得税负债　750000元

本年递延所得税负债增加　175000元

期末所得税资产=1600000×25%=400000（元）

减：期初递延所得税资产　375000元

本年递延所得税资产减少　25000元

递延所得税费用=175000+25000=200000（元）

所得税费用=3300000+200000=3500000（元）

所作会计分录如下：

借：所得税费用　　　　　　　　　　　　　3300000
　　贷：应交税费——应交所得税　　　　　　　　3300000

记 账 凭 证

2019 年 12 月 31 日　　　　　字第 31 号

摘要	会计科目	借方金额											贷方金额											记账
		千	百	十	万	千	百	十	元	角	分	千	百	十	万	千	百	十	元	角	分	
所得税费用	所得税费用		3	3	0	0	0	0	0	0	0											
	应交税费——应交所得税												3	3	0	0	0	0	0	0	0	
合计		¥	3	3	0	0	0	0	0	0	0	¥	3	3	0	0	0	0	0	0	0	

会计主管：赵某　　　记账：钱某　　　审核：孙某　　　制单：李某

借：所得税费用——递延所得税费用　　175000
　　贷：递延所得税负债　　　　　　　　　　175000

记 账 凭 证

2019 年 12 月 31 日　　　　　字第 31 号

摘要	会计科目	借方金额											贷方金额											记账
		千	百	十	万	千	百	十	元	角	分	千	百	十	万	千	百	十	元	角	分	
所得税费用	所得税费用——递延所得税费用				1	7	5	0	0	0	0											
	递延所得税负债														1	7	5	0	0	0	0	
合计		¥			1	7	5	0	0	0	0	¥			1	7	5	0	0	0	0	

会计主管：赵某　　　记账：钱某　　　审核：孙某　　　制单：李某

◎利润分配的核算

小故事：晋商利润分配的启示

明清时期山西以经商著称于世，尤以票号最为出名。票号又称汇兑庄或票庄，是一种金融信用机构。开始主要承揽汇兑业务，后来也进行存放款等业务。

票号资本，一般被称为"正本"。正本之外，有的有"副本""护本"。正本是票号名义资本。护本，按资本数附加40%，名义是为弥补亏损的那部分资本，实质上是财东在票号的固定资本，只取利息，不参与分红，亦不能随便提取。

山西票号在它的发展和兴盛时期，每个账期的盈利甚多。但是在以身股为本的体制下，采取了基本分光的分配办法，积累很少。一家票号的资本，最初只有几万两，或十数万两，后遇账期分红，实行倍本，资本陆续增加，但至19世纪末也不过二三十万两。

日升昌票号，1823年开业时，有正本银30万两，顶银股30股，身股亦为30股。每股分红通常都是四五千两到七八千两，最高达一万七千两。经历了一个世纪以后，到1923年歇业时，正本银也只有38.28万两，100年间只增加了8.28万两，护本银也仅有20万两。

蔚泰厚票号，1879年开业时，有正本银9.5万两，到1921年歇业时，正本银也只有35万两，95年间，仅仅增加了25.5万两；而每股的分红额，通常都是五六千两，最高达一万两千两。大德通票号1889年账期，共获利24723.03两，而账期分红，却把利润全部分掉，就连小数点后的0.03两，也没有剩下。在这种经营理念的运营下，票号日薄西山无疑已成必然。

票商赚了钱，考虑的不是继续开拓新的领域，寻求更新的项目，而是盖起了一个又一个的深宅大院，五年、十年、几十年、一百年不停地修建着，使自己和子孙世世代代扎根，厮守于这片黄土地。如著名的乔家大院，在山西太原附近占地8700平方米，由6个大院，19处小院构成，共有房屋313间，这是乔家六代人历近300年之久而建成。如果不是抗日战争爆发，它的规模或许还会更大。

除了修筑大院，票商的利润还不断被其子孙后代挥霍吞噬。在太谷票商武佑卿家中多年担任私塾教师的刘大鹏，在《退想斋日记》中这样描述："及观(当地)富家，无论男妇长幼，率皆黎明方寝，日落才起，即早起亦在午后"，"惟是饱食终日，处高楼大厦之中，求沃壤膏腴之土，以备终夜呼吸"。据票号经理人员的回忆，当时著名的大富豪如平遥五联号财东介休贾村侯家，首家票号日财东平遥西达蒲村李家和太谷北村曹家的后代大多耽于吸食大烟的恶习，不理号事。

从上面的故事中，我们可以知道，山西票号之所以最后都湮没在历史的长河中，根本的原因就是票号所有者的利润除了提取"护本"（即盈余公积）

外，都用于了分红。与同一时期的宁波商帮相比，不能够开拓新的活动区域和经营项目，尤其是在培养后代人才的失误，使得山西票号的财东们终究没能走出自己的一亩三分地。

利润分配的重要性

市场竞争日新月异，企业能否抓住机遇，不断地更新经营项目，开拓新的活动区域往往成为制胜的关键。而更新经营项目、开拓新的活动区域都需要企业的继续投入，这就涉及企业利润分配问题。利润分配与企业前途哪一个更为重要，晋商票号的反面事例无疑给了我们确切的答案。

利润是企业收入的重要来源。利润分配，是将企业实现的净利润，按照国家财务制度规定的分配形式和分配顺序，在国家、企业和投资者之间进行的分配。利润分配的过程与结果，是关系到所有者的合法权益能否得到保护，企业能否长期、稳定发展的重要问题。为此，企业必须加强利润分配的管理和核算。

利润分配的内容

企业实现的净利润，应该按照国家的有关规定，在投资者、企业和职工个人之间进行分配，企业利润分配主要包括以下内容，如图 5-20 所示。

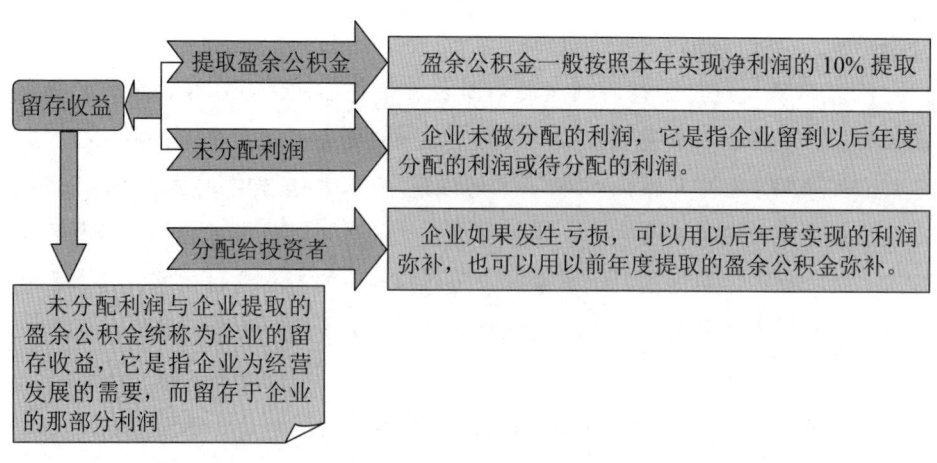

图 5-20　企业的利润分配

利润分配的账户设置

企业应当设置"利润分配"科目,核算企业利润的分配(或亏损的弥补)和历年分配(或弥补亏损)后的积存余额。为了完整反映企业的利润分配情况,"利润分配"科目应当设置以下明细科目,如图 5-21 所示。

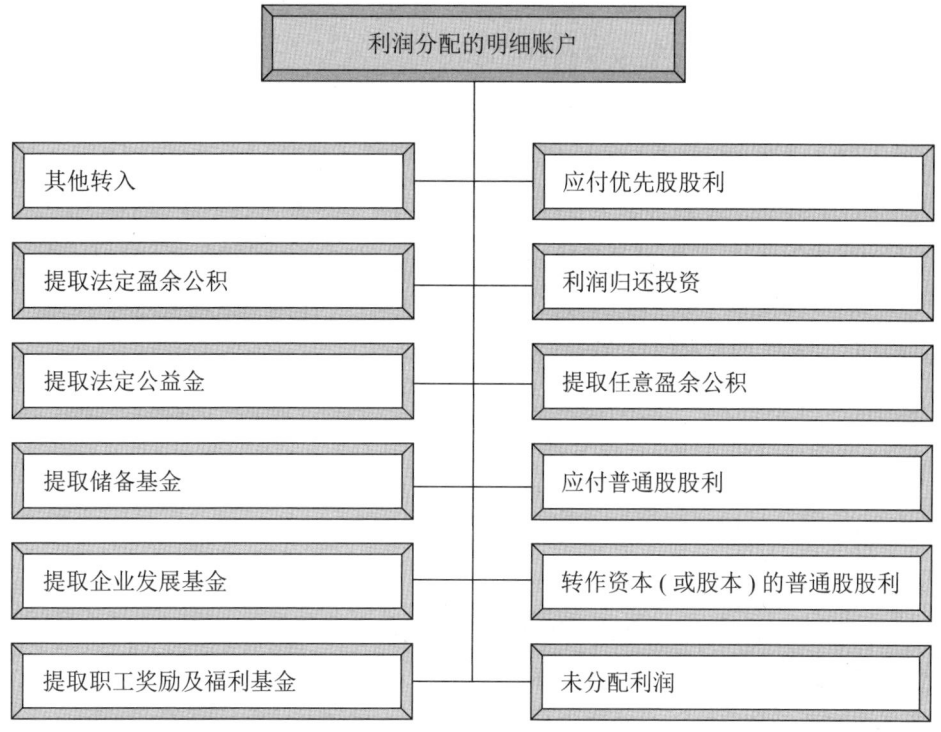

图 5-21 利润分配的明细账户

企业需要设置"利润分配"账户,"利润分配"账户属于所有者权益类账户,其借方登记已分配的利润数额,贷方登记年末从"本年利润"账户转来的本年度实现的利润总额和发生的亏损额。如果年末余额在借方,表示企业当年亏损或超额分配利润;如果年末余额在贷方,表示尚有未分配的利润。

本科目应当分别设置"提取法定盈余公积""提取任意盈余公积""应付现金股利或利润""转作股本的股利""盈余公积补亏"和"未分配利润"等科目进行明细核算。本科目年末余额,反映企业的未分配利润(或未弥补亏损）。

利润分配的核算

1. 提取盈余公积的账务处理

（1）从税后净利润中按 10% 的份额，提取法定盈余公积

借：利润分配——提取盈余公积

　　贷：盈余公积——一般盈余公积

（2）从税后净利润中按一定比例提取公益金

借：利润分配——提取盈余公积

　　贷：盈余公积——公益金

2. 弥补以前年度亏损

（1）以后年度实现的利润弥补亏损

借：利润分配——弥补以前年度亏损

　　贷：利润分配——未分配利润

（2）用盈余公积弥补亏损

借：盈余公积——一般盈余公积

　　贷：利润分配——未分配利润

年度终了，企业应将本年实现的净利润，自"本年利润"科目转入"利润分配"科目，借记"本年利润"科目，贷记"利润分配"科目（未分配利润），为净亏损的做相反的会计分录；同时，将"利润分配"科目所属其他明细科目的余额转入"利润分配"科目的"未分配利润"明细科目。结转后，"利润分配"科目除"未分配利润"明细科目外，其他明细科目应无余额。

【案例】甲公司 2017 年年初未分配利润 250 万元，2017 年实现税后净利润 1000 万元。任意盈余公积提取比例 6%。

公司提取法定盈余公积金和任意盈余公积金会计分录为：

借：利润分配——盈余公积　　　　　　　1600000

　　贷：盈余公积——法定盈余公积　　　　1000000

　　　　　　　　——任意盈余公积　　　　600000

记 账 凭 证

2017 年 12 月 31 日　　　　　　　字第 29 号

摘要	会计科目	借方金额 千百十万千百十元角分	贷方金额 千百十万千百十元角分	记账
提取法定盈余公积金和任意盈余公积金	利润分配/盈余公积	1 6 0 0 0 0 0 0 0		
	盈余公积/法定盈余公积		1 0 0 0 0 0 0 0 0	
	盈余公积/任意盈余公积		6 0 0 0 0 0 0 0	
合计		¥ 1 6 0 0 0 0 0 0 0	¥ 1 6 0 0 0 0 0 0 0	

会计主管：赵某　　　记账：钱某　　　审核：孙某　　　制单：李某

公司向投资者可分配的利润为1090万元（2500000+8400000）。可供分配的利润由董事会提出分配方案，经股东会批准。利润分配方案经股东会批准后，未分配利润由所有者权益转为负债。

承上，假定公司股东会批准向股东分配现金股利300万元。

借：利润分配——应付普通股股利　　　3000000
　　贷：应付股利——现金股利　　　　　　3000000

记 账 凭 证

2017 年 12 月 31 日　　　　　　　字第 31 号

摘要	会计科目	借方金额 千百十万千百十元角分	贷方金额 千百十万千百十元角分	记账
向股东分配现金股利	利润分配——应付普通股股利	3 0 0 0 0 0 0 0 0		
	应付股利——现金股利		3 0 0 0 0 0 0 0 0	
合计		¥ 3 0 0 0 0 0 0 0 0	¥ 3 0 0 0 0 0 0 0 0	

会计主管：赵某　　　记账：钱某　　　审核：孙某　　　制单：李某

◎年末净利润结转的核算

为了反映企业利润的形成过程和组成内容,企业应当设置"本年利润"科目,对企业每期实现的净利润(或发生的净亏损)进行核算。

在会计期末,企业应当将"主营业务收入""其他业务收入""营业外收入"等收入类科目的期末余额,分别转入"本年利润"科目,借记"主营业务收入""其他业务收入""营业外收入"等科目,贷记"本年利润"科目;与此同时,企业还应当将"主营业务成本""税金及附加""其他业务支出""营业费用""管理费用""财务费用""营业外支出""所得税费用"等费用(包括有关支出)类科目的期末余额,分别转入"本年利润"科目,借记"本年利润"科目,贷记"主营业务成本""税金及附加""其他业务支出""营业费用""管理费用""财务费用""营业外支出""所得税费用"等科目。

在会计年度终了,企业应当将本年所有收入和费用项目相抵后结出的本年实现的净利润(即"本年利润"科目的贷方余额),转入"利润分配"科目,借记"本年利润"科目,贷记"利润分配——未分配利润"科目;如果企业本年实现的收益为净亏损,即"本年利润"科目的年末余额在借方,则应根据该借方余额,借记"利润分配——未分配利润"科目,贷记"本年利润"科目。"本年利润"科目在年末结转之后应当无余额。

【案例】甲公司为增值税一般纳税人工业企业,2019年月12月份发生下列业务:

1. 因对外投资收到投资单位分来的投资利润440000元,存入银行;

借:银行存款　　　440000
　　贷:投资收益　　　　　440000

记 账 凭 证

2019 年 12 月 16 日　　　　　　　字第 16 号

摘要	会计科目	借方金额 千百十万千百十元角分	贷方金额 千百十万千百十元角分	记账
收到投资单位分来的投资利润	银行存款	4 4 0 0 0 0 0 0		
	投资收益		4 4 0 0 0 0 0 0	
合计		¥ 4 4 0 0 0 0 0 0	¥ 4 4 0 0 0 0 0 0	

会计主管：赵某　　　记账：钱某　　　审核：孙某　　　制单：李某

2. 取得罚款收入 60000 元，存入银行；

借：银行存款　　　　　60000
　　贷：营业外收入　　　　　60000

记 账 凭 证

2019 年 12 月 16 日　　　　　　　字第 16 号

摘要	会计科目	借方金额 千百十万千百十元角分	贷方金额 千百十万千百十元角分	记账
取得罚款收入	银行存款	6 0 0 0 0 0 0		
	营业外收入		6 0 0 0 0 0 0	
合计		¥ 6 0 0 0 0 0 0	¥ 6 0 0 0 0 0 0	

会计主管：赵某　　　记账：钱某　　　审核：孙某　　　制单：李某

3. 向希望工程捐赠人民币 300000 元，款项已通过银行支付；

借：营业外支出　　　　　300000
　　贷：银行存款　　　　　300000

记 账 凭 证

2019 年 12 月 16 日　　　　字第 16 号

摘要	会计科目	借方金额 千百十万千百十元角分	贷方金额 千百十万千百十元角分	记账
向希望工程捐赠人民币	营业外支出	3 0 0 0 0 0 0 0		
	银行存款		3 0 0 0 0 0 0 0	
合计		¥ 3 0 0 0 0 0 0 0	¥ 3 0 0 0 0 0 0 0	

会计主管：赵某　　　记账：钱某　　　审核：孙某　　　制单：李某

4. 月末将收入类账户结转本年利润，其中：主营业务收入 2100000 元，其他业务收入 100000 元，投资收益 440000 元，营业外收入 60000 元。

　　借：主营业务收入　　　　2100000
　　　　其他业务收入　　　　100000
　　　　投资收益　　　　　　440000
　　　　营业外收入　　　　　60000
　　　　贷：本年利润　　　　　　2700000

记 账 凭 证

2019 年 12 月 16 日　　　　字第 16 号

摘要	会计科目	借方金额 千百十万千百十元角分	贷方金额 千百十万千百十元角分	记账
收入类账户结转本年利润	主营业务收入	2 1 0 0 0 0 0 0		
	其他业务收入	1 0 0 0 0 0 0 0		
	投资收益	4 4 0 0 0 0 0 0		
	营业外收入	6 0 0 0 0 0 0		
	本年利润		2 7 0 0 0 0 0 0 0	
合计		¥ 2 7 0 0 0 0 0 0 0	¥ 2 7 0 0 0 0 0 0 0	

会计主管：赵某　　　记账：钱某　　　审核：孙某　　　制单：李某

5. 月末将费用类账户结转本年利润,其中:主营业务成本1020000元,主营业务税金及附加3094元,其他业务支出60476元,管理费用37520元,账务费用8000元,销售费用30000元,营业外支出300000元。

借:本年利润　　　　　　　　　　1459090
　　贷:主营业务成本　　　　　　　　1020000
　　　　主营业务税金及附加　　　　　　3094
　　　　其他业务支出　　　　　　　　 60476
　　　　管理费用　　　　　　　　　　 37520
　　　　财务费用　　　　　　　　　　　8000
　　　　销售费用　　　　　　　　　　 30000
　　　　营业外支出　　　　　　　　　300000

记 账 凭 证

2019年12月31日　　　　　　　　字第31号

摘要	会计科目	借方金额										贷方金额										记账
		千	百	十	万	千	百	十	元	角	分	千	百	十	万	千	百	十	元	角	分	
费用类账户结转本年利润	本年利润		1	4	5	9	0	9	0	0	0											
	主营业务成本												1	0	2	0	0	0	0	0	0	
	主营业务税金及附加															3	0	9	4	0	0	
	其他业务支出														6	0	4	7	6	0	0	
	管理费用														3	7	5	2	0	0	0	
	财务费用															8	0	0	0	0	0	
	营业费用														3	0	0	0	0	0	0	
	营业外支出													3	0	0	0	0	0	0	0	
合计		¥	1	4	5	9	0	9	0	0	0	¥	1	4	5	9	0	9	0	0	0	

会计主管:赵某　　记账:钱某　　审核:孙某　　制单:李某

6. 计算全年应交的所得税,税额为310227.5(1240910×25%)元

借:所得税费用　　　　　　　　　　310227.5
　　贷:应交税金——应交所得税　　　　310227.5

记 账 凭 证

2019 年 12 月 31 日　　　　　字第 31 号

摘要	会计科目	借方金额 千百十万千百十元角分	贷方金额 千百十万千百十元角分	记账
全年应交的所得税	所得税费用	3 1 0 2 2 7 5 0		
	应交税金/ 应交所得税		3 1 0 2 2 7 5 0	
合计		¥ 3 1 0 2 2 7 5 0	¥ 3 1 0 2 2 7 5 0	

会计主管：赵某　　　记账：钱某　　　审核：孙某　　　制单：李某

7. 将上述所得税费用结转本年利润

借：本年利润　　　　　　310227.50

　　贷：所得税费用　　　　　　310227.50

记 账 凭 证

2019 年 12 月 31 日　　　　　字第 31 号

摘要	会计科目	借方金额 千百十万千百十元角分	贷方金额 千百十万千百十元角分	记账
所得税费用结转本年利润	本年利润	3 1 0 2 2 7 5 0		
	所得税费用		3 1 0 2 2 7 5 0	
合计		¥ 3 1 0 2 2 7 5 0	¥ 3 1 0 2 2 7 5 0	

会计主管：赵某　　　记账：钱某　　　审核：孙某　　　制单：李某

8. 结转企业全年实现的净利润 930682.5 元

借：本年利润　　　　　　930682.5

　　贷：利润分配　　　　　　930682.5

记 账 凭 证

2019 年 12 月 31 日 　　　　字第 31 号

摘要	会计科目	借方金额 千百十万千百十元角分	贷方金额 千百十万千百十元角分	记账
结转企业全年实现的净利润	本年利润	9 3 0 6 8 2 5 0		
	利润分配		9 3 0 6 8 2 5 0	
合计		¥9 3 0 6 8 2 5 0	¥9 3 0 6 8 2 5 0	

会计主管：赵某　　　记账：钱某　　　审核：孙某　　　制单：李某

9. 按净利润的 10% 提取法定盈余公积 93068.25 元

借：利润分配　　　　　93068.25

　贷：盈余公积　　　　　　93068.25

记 账 凭 证

2019 年 12 月 31 日 　　　　字第 31 号

摘要	会计科目	借方金额 千百十万千百十元角分	贷方金额 千百十万千百十元角分	记账
提取法定盈余公积	利润分配	9 3 0 6 8 2 5		
	盈余公积		9 3 0 6 8 2 5	
合计		¥　9 3 0 6 8 2 5	¥　9 3 0 6 8 2 5	

会计主管：赵某　　　记账：钱某　　　审核：孙某　　　制单：李某

10. 经董事会决定向投资者分配股利 600000 元

借：利润分配　　　　　600000

　贷：应付股利　　　　　　600000

记 账 凭 证

2019 年 12 月 31 日　　　　　字第 31 号

摘要	会计科目	借方金额									贷方金额									记账
		千	百	十	万	千	百	十	元	角	分	千	百	十	万	千	百	十	元	角	分	
向投资者分配股利	利润分配				6	0	0	0	0	0	0											
	应付股利														6	0	0	0	0	0	0	
合计		¥			6	0	0	0	0	0	0	¥			6	0	0	0	0	0	0	

会计主管：赵某　　　记账：钱某　　　审核：孙某　　　制单：李某

第六章
精益求精做报表——编制会计报表

会计报表是根据日常会计核算资料定期编制的，综合反映企业某一特定日期财务状况和某一会计期间经营成果、现金流量的总结性书面文件。编制会计报表是会计核算的一种专门方法。通过本章的阅读，我们可以掌握资产负债表、利润表、现金流量表、所有者权益变动表的结构及编制方法；并了解财务报表附注编制的必要性。

学习导读：

◆会计报表的编制要求

◆掌握资产负债表的结构及编制

◆掌握利润表的结构及编制

◆掌握现金流量表的结构及编制

◆掌握所有者权益变动表的结构及编制

◆掌握财务报表附注的编制

会计报表的概述

> 会计报表是企业的会计人员根据一定时期（例如月、季、年）的会计记录，按照既定的格式和种类编制的系统的报告文件。随着企业经营活动的扩展，会计报表的使用者对会计信息的需求在不断增加，仅仅依靠几张会计报表提供的信息已经不能满足或不能直接满足他们的需求，因此需要通过报表以外的附注和说明提供更多的信息。

◎会计报表的结构

小故事：中国古代的会计报表

宋朝的《会计录》是继唐朝《国计簿》之后，有关国家财政收支方面的著作，是以年报资料（包括户籍、计账报告在内）为基础，按照国家规定的财计体制和财政收支项目归类整理，并加以会计分析的经济文献。

据《玉海》第一百八十五卷记载，有《景德会计录》《祥符会计录》《皇佑会计录》《绍兴会计录》等十几种。这些财计著作，在宋代层出不穷，是我国财计史上财计著作空前繁盛的时代。

宋朝《会计录》的基本内容，可分为两大部分：一是会计、统计经济资料部分，包括户籍计账方面的资料和当年财政收支的实际数额；二是会计、统计经济资料的分析比较部分，也可称为会计分析部分。宋代官厅会计核算中的会计分析，首先是对财政收支的对比分析，其次是对户籍、计账的分析，分析时主要运用比较法，有时也用因素法。

会计报表的结构

一般情况下，会计报表都由以下四部分构成，如表6-1所示。

表 6-1　会计报表的结构

表头	会计报表的表头主要包括会计报表的名称、会计报表反应的时间（某一特定日期或某一会计期间）、编表单位名称和盖章、报表编号和金额单位等内容
主表	会计报表的主要内容，用以反映会计报表所要提供的主要会计信息。不同的会计报表所要提供的信息不同，会计报表主表的结构也各异
会计报表附注	为帮助信息使用者了解会计报表的内容而对报表的有关项目等所作的解释或说明
附表	附表也是一张完整的会计报表，因其编制是建立在某一张会计报表编制的基础之上而得名

会计报表的作用

会计报表的作用主要如图 6-1 所示。

1	为国家有关部门进行宏观经济调控提供必要的信息资料
2	为企业内部经营管理者进行日常经营管理提供必要的信息资料
3	为投资人作投资决策，为债权人了解企业资金运转情况、短期偿债能力和支付能力提供必要的信息资料

图 6-1　会计报表的作用

◎会计报表的编制要求

为了充分发挥会计报表的作用，保证会计报表的质量，编制会计报表应做到数字真实、计算准确、内容完整、编报及时。

数字真实

会计报表必须根据登记完整、核对无误的账簿记录和其他核算资料，按一定的指标体系加工、整理、编制而成，各项指标和数据必须计算准确、真实可靠，做到表从账出，账表相符，切忌匡算估计，弄虚作假。

内容完整

会计报表应当反映企业经济活动的全貌，全面反映企业的财务状况和经营成果，才能满足各方面对会计信息的需要。凡是国家要求提供的财务报表，各企业必须全部编制并报送，不得漏编和漏报。凡是国家统一要求披露的信息，都必须披露。

编报及时

会计报表时效性强，应在保证质量的前提下，在规定期限内编制完毕并如期报送，以满足报表使用者对会计报表资料的需要，及时了解单位报告期内财务状况和经营成果，采取措施，作出决策。

计算准确

日常的会计核算以及编制财务报表，涉及大量的数字计算，只有准确地计算，才能保证数字的真实可靠。这就要求编制财务报表必须以核对无误后的账簿记录和其他有关资料为依据，不能使用估计或推算的数据，更不能以任何方式弄虚作假，玩数字游戏或隐瞒谎报。

资产负债表的编制

> 财务管理作为一种价值管理,包括筹资管理、投资管理、利润分配管理、营运资金管理等,是一项综合性很强的经济管理活动,在企业管理中占据相当重要的位置。
>
> 资产负债表是反映企业在某一特定日期(如月末、季末、年末)全部资产、负债和所有者权益情况的会计报表,它表明权益在某一特定日期所拥有或控制的经济资源、所承担的现时义务和所有者对净资产的要求权。它是一张揭示企业在一定时点财务状况的静态报表。

◎资产负债表的结构

资产负债表是根据资产、负债和所有者权益之间的相互关系,按照一定的分类标准和一定的顺序,将企业在某一特定日期的资产、负债和所有者权益各项目予以适当排列,并根据会计账簿日常记录的大量数据浓缩整理后编制而成的。

小故事:古代分家产的故事

吴均《续齐谐记》中的"紫荆树"故事如下:"京兆田真兄弟三人,共议分财。生赀皆平均,惟堂前一株紫荆树,共议欲破三片,明日就截之。其树即枯死,状如火然。真往见之,大惊,谓诸弟曰:'树本同株,闻将分析,所以憔悴,是人不如木也。'因悲不自胜,不复解树。树应声荣茂。兄弟相感,合财宝,遂为孝门。真仕至太中大夫。"

田真兄弟三人决定分家,商量着分财产。其他财产都均分了,院子里一株枝繁叶茂的紫荆树亦在均分之列,商议好第二天即截之为三。奇异之事突然发生,树随即枯死,犹如大火烧过一般。田真见后忽有所感:同株紫荆不忍分离,同胞兄弟就忍心分家?遂说服兄弟们和睦同居。结果是树荣茂如初,一家被誉为"孝门",田真仕途发达。

在中国古代,父母离世后家庭成员一般都要对家产进行析分。由于古代的婚姻状况比现代复杂,在嫡庶之分、长幼有别的制度下,家庭成员析分家产实际上并不都是像上文的故事那样平均分配。不过本文主旨并不是要讲怎么平均分配家财,而是要通过分家财的故事来说说资产负债表。

一般而言,要分家,先得知道家里到底有多少钱,也就是要知道家里有哪些房产、良田、山林、店铺、现银和珠宝,有哪些债务。实际上企业经营也是如此,企业股东会成员也必须对自己拥有的企业资产、负债了然于胸,而这就需要编制分析企业资产负债表。

资产负债表的定义

资产负债表的定义包括两个方面的内容,如 6-2 所示。

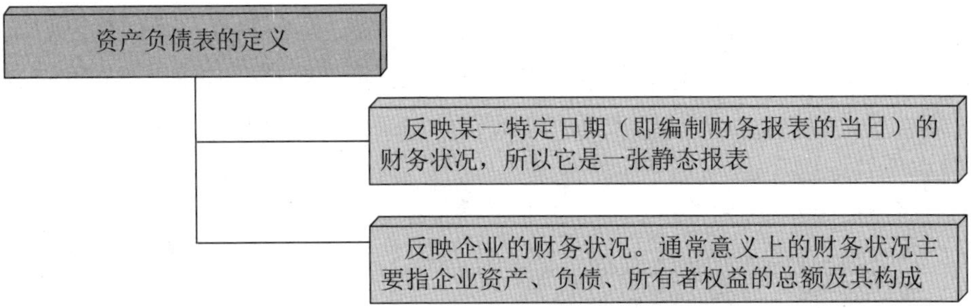

```
资产负债表的定义
├── 反映某一特定日期(即编制财务报表的当日)的
│   财务状况,所以它是一张静态报表
└── 反映企业的财务状况。通常意义上的财务状况主
    要指企业资产、负债、所有者权益的总额及其构成
```

图 6-2　资产负债表的定义

资产负债表的结构

资产负债表一般有表首、正表两部分。其中,表首概括地说明报表名称、编制单位、编制日期、报表编号、货币名称、计量单位等。正表是资产负债表的主体,列示了用以说明企业财务状况的各个项目。

一般情况下,资产负债表由表首和正表两部分组成。(如表 6-2 所示)

表 6-2 资产负债表的结构

表首		概括地说明报表名称、编制单位、编制日期、报表编号、货币名称、计量单位等。正表是资产负债表的主体，列示了用以说明企业财务状况的各个项目
正表	报告式资产负债表	上下结构，上半部列示资产，下半部列示负债和所有者权益。具体排列形式又有两种：一是按"资产=负债+所有者权益"的原理排列；二是按"资产-负债=所有者权益"的原理排列
	账户式资产负债表	又称为水平式，其资产项目按一定顺序列示于报表的左方，负债和股东权益项目列示于报表的右方，一般按求偿权先后顺序排列，报表左右两方总额相等。其优点是资产、负债和权益的恒等关系一目了然

资产负债表的格式

国际上资产负债表通常有两种格式，即报告式和账户式。我国资产负债表的格式采用账户式。（如图6-3所示）

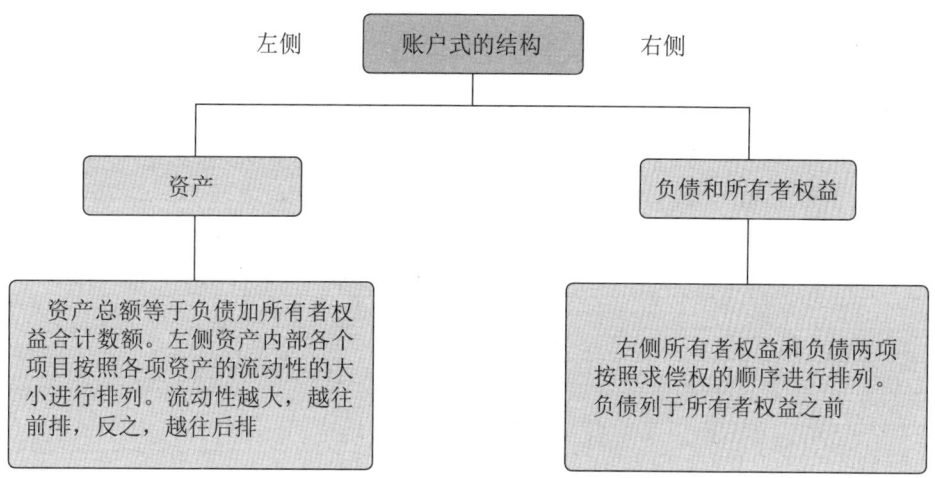

图 6-3 账户式的结构

不管采取什么格式，资产各项目的合计等于负债和所有者权益各项目的合计这一等式不变。在我国，资产负债表采用账户式。每个项目又分为"年初数"和"期末数"两栏分别填列。

资产负债表的格式如表 6-3 所示。

表 6-3 资产负债表格式

资 产 负 债 表

编制制单位： 会企 01 表

资产	期末余额	年初余额	负债和所有者权益（或股东权益）	期末余额	年初余额
流动资产：			流动负债：		
货币资金			短期借款		
交易性金融资产			交易性金融负债		
应收票据			应付票据		
应收账款			应付账款		
预付款项			预收账款		
应收利息			应付职工薪酬		
应收股利			应交税费		
其他应收款			应付利息		
存货			应付股利		
一年内到期的非流动资产			其他应付款		
其他流动资产			一年内到期的非流动负债		
流动资产合计			其他流动负债		
非流动资产：			流动负债合计		
可供出售金额资产			非流动负债：		
持有至到期股资			长期借款		
长期应收款			应付债券		
长期股权投资			长期应付款		
投资性房地产			专项应付款		
固定资产			预计负债		
在建工程			递延所得税负债		
工程物资			其他非流动负债		
固定资产清理			非流动负债合计		
生产性生物资产			负债合计		
油气资产			所有者权益（或股东权益）：		
无形资产			实收资本（或股本）		
开发支出			资本公积		
商誉			减：库存股		
长期待摊费用			盈余公积		
递延所得税资产			未分配利润		
其他非流动资产			所有者权益（或股东权益）合计		
非流动资产合计					
资产总计			负债和所有者权益（或股东权益）总计		

◎资产负债表的编制

资产负债表的编制原理是"资产＝负债＋所有者权益"会计恒等式。它既是一张平衡报表，反映资产总计（左方）与负债及所有者权益总计（右方）相等；又是一张静态报表，反映企业在某一时点的财务状况，如月末或年末。通过在资产负债表上设立"年初数"和"期末数"栏，也能反映出企业财务状况的变动情况。

资产负债表年初余额的填列

资产负债表的各项目均需填列"年初余额"和"期末余额"两栏数字。

资产负债表"年初数"栏内各项数字，应根据上年末资产负债表的"期末数"栏内所列数字填列。如果本年度资产负债表规定的各项目的名称和内容与上年不一致，则应对上年年末资产负债表各项目的名称和数字按照本年度的规定进行调整，填入本表"年初数"栏内。

资产负债表期末余额的填列

资产负债表的"期末数"栏则可为月末、季末或年末的数字，其资料来源和填列方法如图6-4所示。

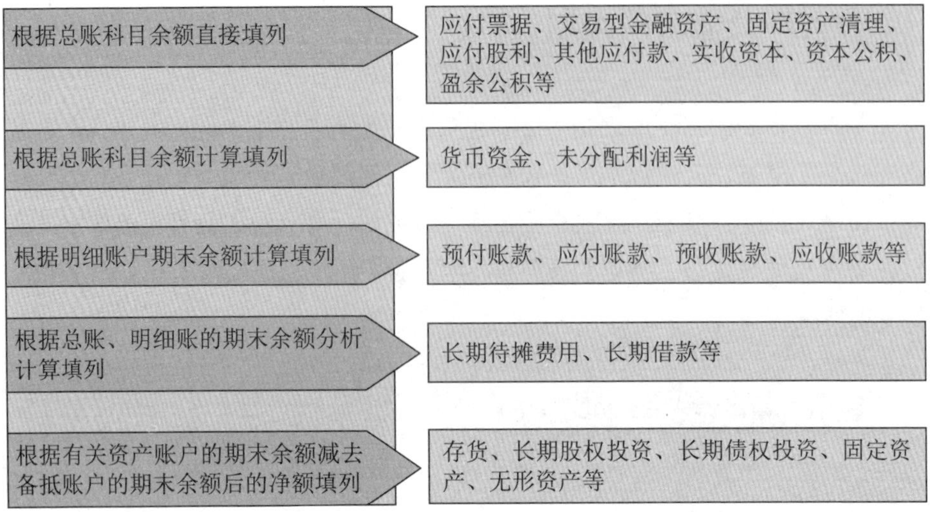

根据总账科目余额直接填列	应付票据、交易型金融资产、固定资产清理、应付股利、其他应付款、实收资本、资本公积、盈余公积等
根据总账科目余额计算填列	货币资金、未分配利润等
根据明细账户期末余额计算填列	预付账款、应付账款、预收账款、应收账款等
根据总账、明细账的期末余额分析计算填列	长期待摊费用、长期借款等
根据有关资产账户的期末余额减去备抵账户的期末余额后的净额填列	存货、长期股权投资、长期债权投资、固定资产、无形资产等

图 6-4 资产负债表的"期末数"栏的填列

"期末余额"栏各项目的填列方法如下：

1. 根据明细账户期末余额分析计算填列

需要根据有关明细账户的期末余额分析计算填列的有以下内容，如表6-4所示。

表 6-4 明细账户期末余额填列

"应收账款"	根据"应收账款"账户和"预收账款"账户所属明细账户的期末借方余额合计数，减去"坏账准备"账户中有关应收账款计提的坏账准备期末余额后的金额填列
"预付款项"	根据"预付账款"账户和"应付账款"账户所属明细账户的期末借方余额合计数，减去"坏账准备"账户中有关预付款项计提的坏账准备期末余额后的金额填列
"应付账款"	根据"应付账款"账户和"预付账款"账户所属明细账户的期末贷方余额合计数填列
"预收款项"	根据"预收账款"账户和"应收账款"账户所属明细账户的期末贷方余额合计数填列
"应收票据""应收股利""应收利息""其他应收款"	根据各相应账户的期末余额，减去"坏账准备"账户中相应各项目计提的坏账准备期末余额后的金额填列

2. 根据总账账户期末余额计算填列

根据有关总账账户的期末余额计算填列如表 6-5 所示。

表 6-5　根据总账账户期末余额计算填列

"货币资金"	根据"库存现金""银行存款"和"其他货币资金"等账户的期末余额合计填列
"未分配利润"	根据"本年利润"账户和"利润分配"账户的期末余额计算填列，如为未弥补亏损，则在本项目内以"一"号填列，年末结账后，"本年利润"账户已无余额，"未分配利润"项目应根据"利润分配"账户的年末余额直接填列，贷方余额以正数填列，如为借方余额，应以"一"号填列
"存货"	根据"材料采购（或在途物资）""原材料""周转材料""库存商品""委托加工物资""生产成本"等账户的期末余额之和，减去"存货跌价准备"账户期末余额后的金额填列
"固定资产"	根据"固定资产"账户的期末余额减去"累计折旧""固定资产减值准备"账户期末余额后的净额填列
"无形资产"	根据"无形资产"账户的期末余额减去"累计摊销""无形资产减值准备"账户期末余额后的净额填列
"在建工程""长期股权投资"和"持有至到期投资"	根据其相应总账账户的期末余额减去其相应减值准备后的净额填列
"长期待摊费用"	根据"长期待摊费用"账户期末余额扣除其中将于一年内摊销的数额后的金额填列，将于一年内摊销的数额填列在"一年内到期的非流动资产"项目内
"长期借款"和"应付债券"	根据"长期借款"和"应付债券"账户的期末余额，扣除其中在资产负债表日起一年内到期、且企业不能自主地将清偿义务展期的部分后的金额填列，在资产负债表日起一年内到期、且企业不能自主地将清偿义务展期的部分在流动负债类下的"一年内到期的非流动负债"项目内反映

3. 根据总账账户期末余额直接填列

资产负债表中大部分项目的"期末余额"可以根据有关总账账户的期末余额直接填列，如"交易性金融资产""应收票据""固定资产清理""工程物资""递延所得税资产""短期借款""交易性金融负债""应付票据""应付职工薪酬""应交税费""递延所得税负债""预计负债""实收资本""资本公积""盈余公积"等项目。这些项目中，"应交税费"等负债项目，如果其相应账户出现借方余额，应以"一"号填列；"固定资产清理"等资产项目，如果其相应的账户出现贷方余额，也应以"一"号填列。

特别提示

资产负债表被誉为企业的"第一会计报表",它就如同一份企业体检证明,一目了然地勾勒出公司的财务状况。它可以解释、评价和预测企业短期偿债能力、长期偿债能力和资本结构,同时企业的财务弹性、企业的绩效都可以在表中找到答案。

利润表的编制和分析

> 利润表是反映企业一定会计期间(如月度、季度、半年度或年度)生产经营成果的会计报表。企业一定会计期间的经营成果既可能表现为盈利,也可能表现为亏损,因此,利润表也被称为损益表。它全面揭示了企业在某一特定时期实现的各种收入、发生的各种费用、成本或支出,以及企业实现的利润或发生的亏损情况。

◎利润表的概述

小故事:晋商乔家的发家史

山西商帮在明清时期称雄商界五个多世纪,发展了许多有名的晋商家族,乔家就是其中之一。

乔氏家族的始祖是乔贵发,从小木讷口拙,家境贫寒,备受乡邻的冷遇。他通过在一家商号里拉骆驼赚取了自己人生中的第一桶金。后与邻县一位姓秦的伙计结为异性兄弟,合伙经营创立复盛公,后秦氏衰败,商号成乔家所有。复盛公初以经营油粮米面为主,后经营范围逐渐涉及酒、估衣、钱庄等,并在包头开办了十几个复字号商铺,且逐渐向国内各商埠发展业务。

乔贵发有三子，长子全德，经营商业比较逊色；次子全义，其二子皆走向仕途；三子全美，生有二子，长子早逝，次子致庸。乔贵发打破了父传子的旧习，看中了孙子乔致庸的能力，晚年就把管理家业的大权交给了乔致庸。乔致庸是一位出类拔萃的人物，他经商有方，在他的精心经营下，乔家逐渐发展至鼎盛。他的票号生意可谓是享誉中外。

乔致庸有六子，有两子早逝，在他的眼中没有一个儿子可以继承家业，遂将家业传给孙子乔映霞。乔映霞力图振兴家业，并做出了一定成绩。乔家在清政府设立户部银行后开始衰败，转票号为钱庄。清王朝覆灭后，依附于清朝的乔家大受损失。

利润表的内容

乔家始祖乔贵发可谓经营有术，短短的几十年间就将自己几年拉骆驼积蓄的本钱翻了几十倍，利润可观。企业经营同样追求的是利润。那么如何知道企业这一年是否有盈利，赚不赚钱？赚了多少钱？这就需要编制利润表。下面首先了解一下利润表的相关概念。

如果说资产负债表是企业的底子，那么利润表就是企业的面子。从理论上讲，利润表是以"收入－费用＝利润"的会计公式为基础而设计的一张财务报表。企业在一定会计期间的营业收入与营业费用，按权责发生制的原则进行相互配比，就计算出了当期利润。"利润"是企业在一定期间生产经营成果的集中体现，也是企业计算缴纳所得税和进行利润分配的依据。

利润表的内容如表 6-6 所示。

表 6-6　利润表的内容

构成主营业务利润的各项要素	主营业务利润以主营业务收入为基础，减去为取得主营业务收入而发生的相关费用（包括有关的流转税）后取得
构成营业利润的各项要素	营业利润在主营业务利润的基础上，加减其他业务利润、营业费用、管理费用和财务费用后取得
构成利润总额（或亏损总额）的各项要素	利润总额（或亏损总额）在营业利润的基础上，加减投资损益、营业外收支等后取得
构成净利润（或净亏损）的各项要素	净利润（或净亏损）在利润总额（或亏损总额）的基础上，减去本期计入损益的所得税费用后取得

利润表的作用

利润表的作用如图 6-5 所示。

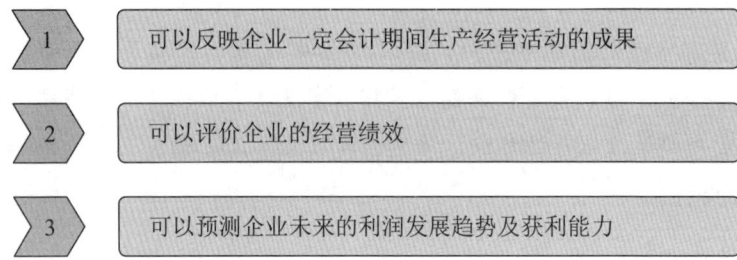

图 6-5　利润表的作用

利润表的格式

利润表是依据"收入－费用＝利润"的会计等式编制。其格式主要有多步式利润表和单步式利润表两种。我国企业的利润表采用多步式。（如表 6-7 所示。

表 6-7　利润表的格式

单步式利润表	将当期所有的收入列在一起，然后将所有的费用列在一起，两者相减得出当期净损益
多步式利润表	通过对当期的收入、费用、支出项目按性质加以归类，按利润形成的主要环节列示一些中间性利润指标，分步计算当期净损益

在我国，企业利润表采用的是多步式结构，将不同性质的收入和费用类别进行对比，从而可以得出一些中间性的利润数据，便于使用者理解企业经营成果的不同来源。

利润表的格式如表 6-8 所示。

表 6-8 利润表的格式

利 润 表

编制单位：　　　　　　　　　　　　　___ 年 ___ 月　　　　　　　　　单位：元

项目	行次	本期金额	上期金额
一、主营业务收入	1		
减：主营业务成本	2		
税金及附加	3		
二、主营业务利润（亏损以"－"号填列）	4		
加：其他业务收入	5		
投资收益（损失以"－"号填列）	6		
减：其他业务支出	7		
销售费用	8		
财务费用	9		
管理费用	10		
资产处置损益（损失以"－"号填列）	11		
三、营业利润（亏损以"－"号填列）	12		
加：营业外收支净额（亏损以"－"号填列）	13		
四、利润总额（亏损总额以"－"号填列）	14		
减：所得税费用	15		
五、净利润（净亏损以"－"号填列）	16		

◎利润表的编制方法

利润表编制的原理是"收入－费用＝利润"的会计平衡公式和收入与费用的配比原则。在生产经营中企业不断地发生各种费用支出，同时取得各种收入，收入减去费用，剩余的部分就是企业的盈利。取得的收入和发生的相关费用的对比情况就是企业的经营成果。如果企业经营不当，发生的生产经营费用超过取得的收入，企业就发生了亏损；反之企业就能取得一定的利润。会计部门应定期(一般按月份)核算企业的经营成果，并将核算结果编制成报表，这就形成了利润表。

利润表的编制步骤

利润表的编制步骤如图 6-6 所示。

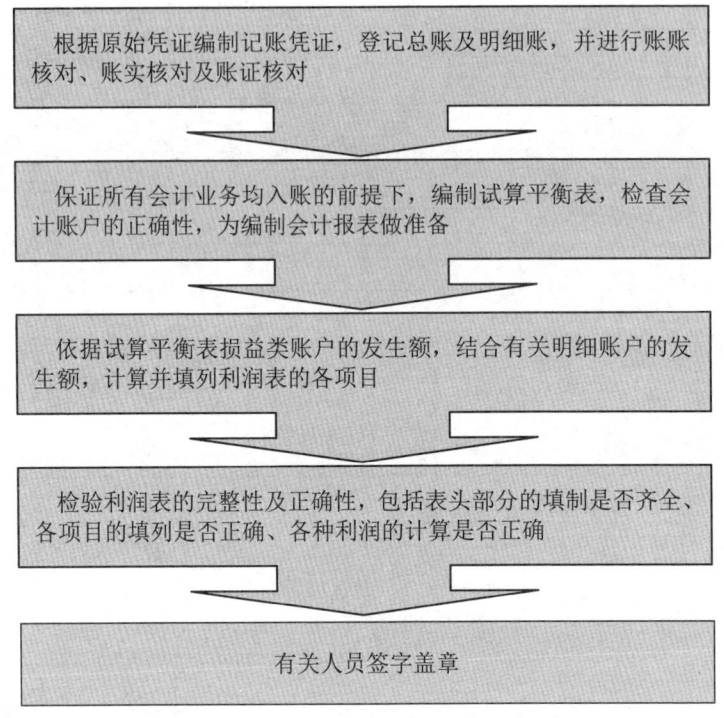

图 6-6　利润表的编制步骤

计算利润时，企业应以收入为起点，计算出当期的利润总额和净利润额。其利润总额和净利润额的形成的计算步骤为：

1. 以主营业务收入减去主营业务成本、税金及附加。计算主营业务利润，目的是考核企业主营业务的获利能力。

主营业务利润 = 主营业务净收入 - 主营业务成本 - 税金及附加

主营业务净收入 = 主营业务收入 - 销售退回 - 销售折让、折扣

2. 从主营业务利润和其他业务利润中减去管理费用、销售费用和财务费用，计算出企业的营业利润，目的是考核企业生产经营活动的获利能力。

营业利润 = 主营业务利润 + 其他业务利润 - 管理费用 - 销售费用 - 财务

费用

3．在营业利润的基础上，加上投资净收益、补贴收入、资产处置损益、营业外收支净额，计算出当期利润总额，目的是考核企业的综合获利能力。

投资净收益＝投资收益－投资损失

营业外收支净额＝营业外收入－营业外支出

4．在利润总额的基础上，减去所得税费用，计算出当期净利润额，目的是考核企业最终获利能力。

利润表的编制方法

利润表中"本月数"栏反映各项目的本月实际发生数；在编报中期财务会计报告时，填列上年同期累计实际发生数；在编报年度财务会计报告时，填列上年全年累计实际发生数，并将"本月数"栏改成"上年数"栏。如果上年度利润表与本年度利润表的项目名称和内容不相一致，应对上年度利润表项目的名称和数字按本年度的规定进行调整，填入本表"上年数"栏。在编报中期和年度财务会计报告时，应将"本月数"栏改成"上年数"栏。利润表"本年累计数"栏反映各项目自年初起至报告期末止的累计实际发生数。

利润表中的各个项目，都是根据有关收入和费用科目记录的本期实际发生数和累计发生数分别填列的。利润表各项目的填列方法如表6-9所示。

表6-9 利润表各项目的填列

"主营业务收入"项目	反映企业经营主要业务所取得的收入总额。本项目应根据"主营业务收入"科目的发生额分析填列
"主营业务成本"项目	反映企业经营主要业务发生的实际成本。本项目应根据"主营业务成本"科目的发生额分析填列
"主营业务税金及附加"项目	反映企业经营主要业务应负担的消费税、城市维护建设税、资源税、土地增值税和教育费附加等。本项目应根据"税金及附加"科目的发生额分析填列
"其他业务利润"项目	反映企业除主营业务以外取得的收入，减去所发生的相关成本、费用以及相关税金及附加等的支出后的净额。本项目应根据"其他业务收入""其他业务支出"科目的发生额分析填列
"销售费用"项目	反映企业在销售商品和商品流通企业在购入商品等过程中发生的费用。本项目应根据"销售费用"科目的发生额分析填列

续表

项目	说明
"管理费用"项目	反映企业发生的管理费用。本项目应根据"管理费用"科目的发生额分析填列
"财务费用"项目	反映企业发生的财务费用。本项目应根据"财务费用"科目的发生额分析填列
"投资收益"项目	反映企业以各种方式对外投资所取得的收益。本项目应根据"投资收益"科目的发生额分析填列;如为投资损失,以"—"号填列
"资产处置损益"项目	反映企业固定资产、无形资产、在建工程等因出售、转让等原因,产生的处置利得或损失。本项目应根据"资产处置损益"科目的发生额分析填列
"补贴收入"项目	反映企业取得的各种补贴收入以及退回的增值税等。本项目应根据"补贴收入"科目的发生额分析填列
"营业外收入"项目	反映企业发生的与其生产经营无直接关系的各项收入,根据"营业外收入"科目的发生额分析填列
营业外支出"项目	反映企业发生的与其生产经营无直接关系的各项支出,根据"营业外支出"科目的发生额分析填列
"利润总额"项目	反映企业实现的利润总额。如为亏损总额,以"—"号填列
"所得税费用"项目	反映企业在报告期内,按规定从本期损益中减去的所得税费用。本项目根据"所得税费用"科目的发生额分析填列
"净利润"项目	反映企业报告期内实现的净利润,是根据利润总数减所得税费用而得。如为净亏损,以"—"数填列

特别提示

通过利润表的分析,我们可以了解企业的获利能力,自身发展能力、筹资能力等财务信息。对利润表的分析可以从利润的形成、利润的分配、利润表所包括的各项内容来进行分析,分析的技巧可以运用比较分析法、比率分析法等来进行。

现金流量表的编制

> 现金流量表,是反映企业一定会计期间现金和现金等价物流入和流出的报表。编制现金流量表的主要目的,是为财务报表使用者提供企业一定会计期间内现金和现金等价物流入和流出的信息,以便于财务报表使用者了解和评价企业获取现金和现金等价物的能力,并据以预测企业未来现金流量。

◎现金流量表的概述

现金是指企业库存现金以及可以随时用于支付的存款。现金等价物是指企业持有的期限短、流动性强、易于转换为已知金额现金、价值变动风险很小的投资。

现金流量表的作用

现金流量表的作用如图 6-7 所示。

1. 提供企业的现金流量信息,从而有助于评价企业的偿债能力和支付能力
2. 有助于预测企业未来的现金流量
3. 有助于分析企业的收益质量及分析影响现金净流量的因素

图 6-7 现金流量表的作用

现金流量表的内容和结构

通常来讲，按照企业经营业务发生的性质将企业一定期间内产生的现金流量归为以下三类，如表 6-10 所示。

表 6-10 现金流量的内容

经营活动产生的现金流量	指企业投资活动和筹资活动以外的所有交易和事项，包括销售商品、提供劳务、经营性租赁、购买货物、接受劳务、制造产品、广告宣传、推销产品、缴纳税款等
投资活动产生的现金流量	指企业长期资产的购建以及不包括在现金等价物范围内的投资及其处置活动，包括取得或收回权益性证券的投资，购买或收回债券投资，购建和处置固定资产、无形资产和其他长期资产等
筹资活动产生的现金流量	指导致企业资本及借款规模和构成发生变化的活动，包括吸收权益性资本、资本溢价、发行债券、借入资金、支付股利、偿还债务等

现金流量表分正表和补充资料两部分。如表 6-11 所示。

表 6-11 现金流量表的结构

结构	具体分析
正表	以"现金流入—现金流出＝现金流量净额"为基础，采取多步式，分别经营活动、投资活动和筹资活动，分项报告企业的现金流入量和流出量
补充资料	补充资料部分又细分为三部分：第一部分是不涉及现金收支的投资和筹资活动；第二部分是将净利润调节为经营活动的现金流量，即所谓现金流量表编制的净额法；第三部分是现金及现金等价物净增加情况

现金流量表的格式如表 6-12 所示。

表 6-12 现金流量表的格式

现 金 流 量 表

编制单位：　　　　　　　　　　　××××年　　　　　　　　会企02表

项　目	本期金额	上期金额
一、经营活动产生的现金流量		
销售商品、提供劳务收到的现金		
收到的税费返还		
收到其他与经营活动有关的现金		
经营活动现金流入小计		
购买商品、接受劳务支付的现金		
支付给职工以及为职工支付的现金		
支付的各项税费		
支付其他与经营活动有关的现金		
经营活动现金流出小计		
经营活动产生的现金流量净额		
二、投资活动产生的现金流量：		
收回投资收到的现金		
取得投资收益收到的现金		
处置固定资产、无形资产和其他长期资产收回的现金净额		
处置子公司及其他营业单位收到的现金净额		
收到其他与投资活动有关的现金		
投资活动现金流入小计		
购建固定资产、无形资产和其他长期资产支付的现金		
投资支付的现金		
取得子公司及其他营业单位支付的现金净额		
支付其他与投资活动有关的现金		
投资活动现金流出小计		
投资活动产生的现金流量净额		
三、筹资活动产生的现金流量：		
吸收投资收到的现金		
取得借款收到的现金		
收到其他与筹资活动有关的现金		
筹资活动现金流入小计		
偿还债务支付的现金		
分配股利、利润或偿付利息支付的现金		
支付其他与筹资活动有关的现金		
筹资活动现金流出小计		
筹资活动产生的现金流量净额		
四、汇率变动地现金及现金等价物的影响		
五、现金及现金等价物净增加额		
加：期初现金及现金等价物余额		
六、期末现金及现金等价物余额		

◎现金流量表的编制

列报经营活动现金量的方法

编制现金流量表时,列报经营活动现金流量的方法有两种:一是直接法;二是间接法。如表6-13所示。

表6-13 编制现金流量表的方法

直接法	一般是以利润表中的营业收入为起算点,调节与经营活动有关的项目的增减变动,然后计算出经营活动产生的现金流量。采用直接法编报的现金流量表,便于分析企业经营活动产生的现金流量的来源和用途,预测企业现金流量的未来前景
间接法	将净利润调节为经营活动现金流量,实际上就是将按权责发生制原则确定的净利润调整为现金净流入,并剔除投资活动和筹资活动对现金流量的影响。采用间接法编报现金流量表,便于将净利润与经营活动产生的现金流量净额进行比较,了解净利润与经营活动产生的现金流量差异的原因,从现金流量的角度分析净利润的质量

我国《企业会计准则》规定,企业应当采用直接法编报现金流量表,同时要求在附注中提供以净利润为基础调节到经营活动现金流量的信息。

现金流量表的具体编制方法

现金流量表的具体编制方法有两种:工作底稿法和T形账户法。

1. T型账户法

采用T型账户法编制现金流量表,是以T型账户为手段,以资产负债表和利润表数据为基础,对每一项目进行分析并编制调整分录,从而编制现金流量表。T型账户法的程序如图6-8所示。

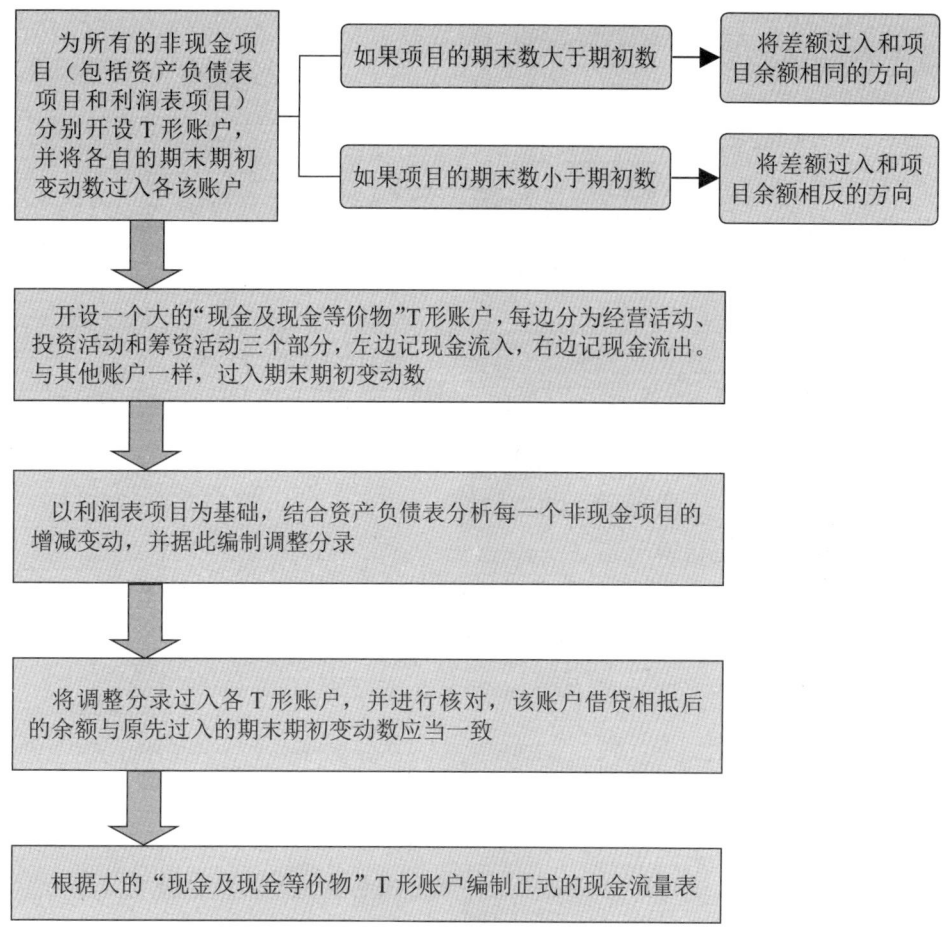

图 6-8 T 型账户法的程序

2．工作底稿法

采用工作底稿法编制现金流量表，是以工作底稿为手段，以资产负债表和利润表数据为基础，对每一项目进行分析并编制调整分录，从而编制现金流量表。工作底稿法的程序如图 6-9 所示。

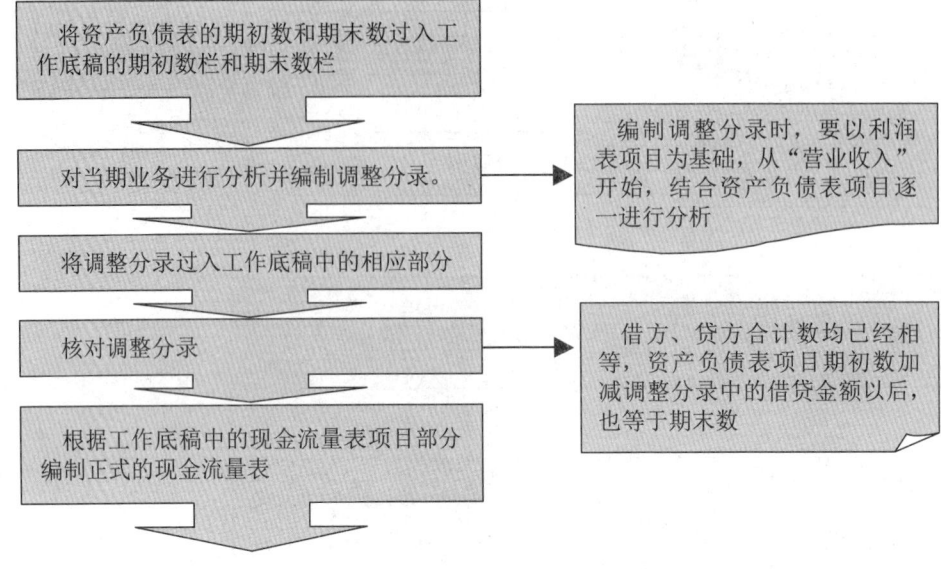

图 6-9 工作底稿法的程序

特别提示

对现金流量表进行分析，就是指对现金流量表上的有关数据进行分析、比较和研究，从而从动态上了解企业现金变动情况，判断企业的获取现金的能力，评价企业盈利的质量，并发现企业在财务方面存在的问题，预测企业未来的财务状况，为企业的科学决策提供依据。

所有者权益变动表的编制

> 所有者权益变动表是指反映构成所有者权益各组成部分当期增减变动情况的报表。所有者权益变动表应当全面反映一定时期所有者权益变动的情况,不仅包括所有者权益总量的增减变动,还包括所有者权益增减变动的重要结构信息,特别是要反映直接计入所有者权益的利得和损失,让报表使用者准确理解所有者权益变动表的根源。

◎所有者权益变动表的概述

所有者权益变动表应当以矩阵的形式列示,以便清楚地表明构成所有者权益的各组成部分当期的增减变动情况,其所列示的内容包括以下两个方面:列示导致所有者权益变动的交易或事项和按照所有者权益各组成部分及其总额列示对所有者权益造成影响的交易或事项。

所有者权益变动表的内容

根据新准则的规定,在所有者权益变动表中,以下信息项目应当单独列示,如图6-10所示。

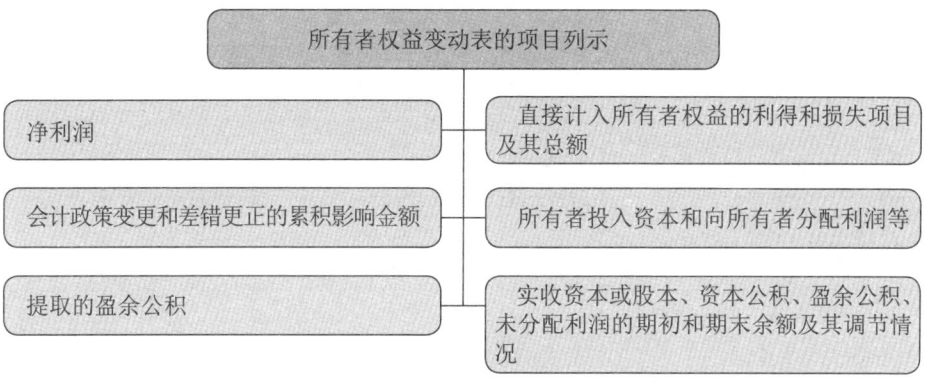

图6-10 所有者权益变动表的项目列示

所有者权益变动表的格式

所有者权益变动表的格式如表6-14所示。

表6-14 所有者权益变动表的格式

所 有 者 权 益 变 动 表

编制单位：　　　　　　　年度　　　　　　单位：元　　　　会企04表

项目	本年金额						上年金额					
	实收资本（或股本）	资本公积	减：库存股	盈余公积	未分配利润	所有者权益合计	实收资本（或股本）	资本公积	减：库存股	盈余公积	未分配利润	所有者权益合计
一、上年年末余额												
加：会计政策变更												
前期差错更正												
二、本年年初余额												
三、本年增减变动金额（减少以"—"号填列）												
（一）净利润												
（二）直接计入所有者权益的利得和损失												
1.可供出售金融资产公允价值变动净额												
2.权益法下被投资单位其他所者权益变动的影响												
3.与计入所有者权益项目相关的所得税影响												
4.其他												
上述（一）和（二）小计												
（三）所有者投入和减少资本												
1.所有者投入资本												

续表

项目	本年金额						上年金额					
	实收资本（或股本）	资本公积	减：库存股	盈余公积	未分配利润	所有者权益合计	实收资本（或股本）	资本公积	减：库存股	盈余公积	未分配利润	所有者权益合计
2.股份支付计入所有者权益的金额												
3.其他												
（四）利润分配												
1.提取盈余公积												
2.对所有者（或股东）的分配												
3.其他												
（五）所有者权益内部结转												
1.资本公积转增资本（或股本）												
2.盈余公积转增资本（或股本）												
3.盈余公积弥补亏损												
4.其他												
四、本年年末余额												

◎所有者权益表的编制

所有者权益变动表各项目均需填列"本年金额"和"上年金额"两栏。

所有者权益变动表"上年金额"栏内各项数字，应根据上年度所有者权益变动表"本年金额"内所列数字填列。上年度所有者权益变动表规定的各个项目的名称和内容同本年度不一致的，应对上年度所有者权益变动表各项目的名称和数字按照本年度的规定进行调整，填入所有者权益变动表的"上年金额"栏内。

所有者权益变动表"本年金额"栏内各项数字一般应根据"实收资本（或股本）""资本公积""盈余公积""利润分配""库存股""以前年度损益调整"科目的发生额分析填列。（如表6-16所示）

表 6-15 所有者权益变动表有关项目的内容及填列

上年年末余额	应根据上年资产负债表中，实收资本（或股本）、资本公积、盈余公积和未分配利润各项目的年末余额填列
会计政策变更	根据"盈余公积""利润分配——未分配利润"账户的发生额分析填列
前期差错更正	应根据"盈余公积""利润分配——未分配利润"以及"以前年度损益调整"账户的发生额分析填列
本年年初余额	该项目应根据以上各项计算得到

财务报表附注的编制

财务报表附注是财务报表的重要组成部分，是为了便于报表使用者理解会计报表的内容而对其编制依据、原则和方法及主要项目等所作的解释。通过编制会计报表附注可以对会计报表本身无法或难以充分表达的内容做进一步的补充说明，有助于会计报表使用者更完整地了解和使用信息。

◎财务报表附注的概述

财务报表附注是财务报表重要的组成部分，是对资产负债表、利润表、现金流量表和所有者权益变动表等会计报表中列示项目的文字描述或明细资料以及对未能在这些财务报表中列示项目的说明等。

财务报表附注的作用

财务报表附注的作用如图 6-11 所示。

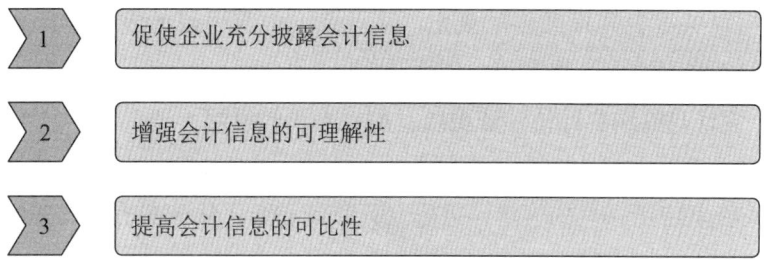

图 6-11 财务报表附注的作用

财务报表附注的内容

附注应当按照如下顺序披露有关内容：

1．企业的基本情况

企业基本情况如图 6-12 所示。

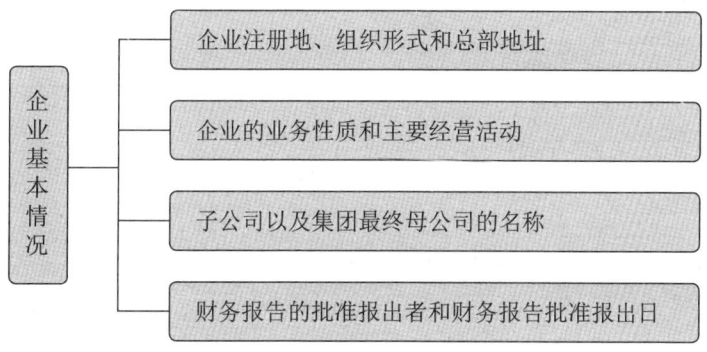

图 6-12 企业基本情况内容

2．财务报表的编制基础

企业应当以持续经营为基础编制会计报表。

3．遵循企业会计准则的声明

企业应当声明编制的财务报表符合企业会计准则的要求，真实、完整地反映了企业的财务状况、经营成果和现金流量等有关信息。如果企业编制的财务报表只是部分地遵循了企业会计准则，附注中不得做出这种表述。

4．重要会计政策和会计估计

根据财务报表列报准则的规定，企业应当披露采用的重要会计政策和会计估计，不重要的会计政策和会计估计可以不披露。

5. 会计政策和会计估计变更以及差错更正的说明

企业应当按照《企业会计准则第 28 号——会计政策、会计估计变更和差错更正》及其应用指南的规定，披露会计政策和会计估计变更以及差错更正的有关情况。

6. 报表重要项目的说明

企业应当以文字和数字描述相结合、尽可能以列表形式披露报表重要项目的构成或当期增减变动情况，并且报表重要项目的明细金额合计，应当与报表项目金额相衔接。

7. 其他需要说明的重要事项

这主要包括或有和承诺事项、资产负债表日后非调整事项、关联方关系及其交易等，具体的披露要求须遵循相关准则的规定。

财务报表附注的编制形式

财务报表附注的编制形式灵活多样，常见的有以下五种，如表 6-16 所示。

表 6-16 财务报表附注的编制形式

尾注说明	尾注说明是附注的主要编制形式，一般适用于说明内容较多的项目
括号说明	括号说明形式常用于为会计报表主体内提供补充信息，因为它把补充信息直接纳入会计报表主体，与其他编制形式相比显得更直观，不易被人忽视，缺点是它包含内容过短
备抵账户与附加账户	设立备抵与附加账户，在会计报表中单独列示，能够为会计报表使用者提供更多有意义的信息，这种形式目前主要是指坏账准备等账户的设置
脚注说明	指在报表下端进行的说明，例如，说明已贴现的商业承兑汇票和已包括在固定资产原价内的融资租入的固定资产原价等
补充说明	有些无法列入会计报表主体中的财务数据信息、分析资料，可用单独的补充报表进行说明，比如，可利用补充报表的形式来揭示关联方的关系和交易等内容

◎财务报表附注的编制

财务报表附注的内容

财务报表附注内容及方法如表 6-17 所示。

表 6-17 会计报表编制附注的方法

类别	具体分析
直接使用会计账簿记录资料	如应收账款的账龄结构、固定资产的原价、累计折旧、应付职工薪酬的明细资料、应交税费的明细资料等
需要单独建立有关资产市场价格信息的备查簿,并进行连续、完整记录	如短期投资的市场价格、存货的市场价格等
使用报表和账簿记录相结合编制	如利润分配表的编制、企业所得税纳税申报表的编制
根据需要使用相关合同或经营计划进行编制	如对外担保合同、未决诉讼和未决仲裁文书、发生严重亏损的持续经营计划、未来经营方案等

财务报表附注编制需注意的问题

目前,报表附注中存在许多问题,主要包括以下几个方面,如表 6-18 所示。

表 6-18 会计报表编制附注存在的问题

类别	具体分析
信息披露不充分	分析目前上市公司报表附注所披露的情况,不难发现,有的企业对关联方交易情况有意回避或点到为止;许多企业对其主要投资人、关键管理人员以及关系密切的家庭成员情况填写不全,甚至空白
附注内容滞后	如对或有事项、提供担保等需要及时公布的内容有意延期披露
存在虚假信息	如对重要事项的说明,不少企业都有过不实的陈述等

参考文献

[1] 王素荣. 税务会计与税务筹划［M］. 北京：机械工业出版社，2019.

[2] 解秀英，周民生. 基础会计：业务单据认知［M］. 北京：机械工业出版社，2017.

[3] 席进财. 会计综合实训教程［M］. 北京：机械工业出版社，2018.

[4] 李金茹. 基础会计实训［M］. 北京：机械工业出版社，2016.

[5] 李视友. 基础会计学［M］. 北京：电子工业出版社，2015.

[6] 崔国萍. 成本管理会计（第3版）［M］. 北京：电子工业出版社，2014.

[7] 范纪珍. 会计入门一点通（第二版）［M］. 北京：中国纺织出版社，2012.

[8] 黄孟丽. 会计实务操作一学就会［M］. 北京：民主与建设出版社，2013.

[9] 孙永健. 会计做账10日通［M］. 北京：经济管理出版社，2011.

[10] 李增. 手把手教你做账［M］. 西安：陕西师范大学出版总社有限公司，2011.

[11] 亦玲. 会计入门一点通［M］. 北京：北京工业大学出版社，2012.

[12] 周丽. 会计实务从入门到精通（图解案例版）［M］. 北京：中国铁道出版社，2013.

[13] 吴竟成. 会计入门两星期/会计培训速成［M］. 广州：广东经济出版社，2004.

[14] 王燕. 中小企业如何做账［M］. 北京：经济科学出版社，2012.

[15] 文莉. 做账入门五日通［M］. 北京：立信会计出版社，2009.

[16] 陈艳红. 小艾上班记：真账实操教你学会计［M］. 哈尔滨：东北财经大学出版社，2011.

[17] 李连玉. 会计真账实操教程(套装上下册)［M］. 广州：广东经济出版社，2010.

[18] 周龙腾. 零起点学会计［M］. 北京：中国宇航出版社，2014.

[19] 林素芬. 会计入门12日［M］. 北京：北京理工大学出版社，2013.

[20] 刘传松，王建中. 做账入门一点通［M］. 北京：中国致公出版社，2011.

[21] 陈静. 会计入门真账模拟实务［M］. 北京：企业管理出版社，2008.

[22] 杨红岩. 会计入门实账操练［M］. 安徽：黄山书社，2011.

[23] 文锋. 新编会计入门当月实账真做演练［M］. 北京：中国言实出版社，2011.

[24] 张秀玲. 我的第一本会计入门书(图解加强版)［M］. 北京：人民邮电出版社，2013.

[25] 代义国. 小企业会计实战步步通（图解版）［M］. 广州：广东经济，2008.

[26] 冯睿. 会计业务从入门到精通［M］. 北京：机械工业出版社，2010.

[27] 孙晓璐. 会计入门超短实战培训［M］. 北京：中国言实出版社，2007.

[28] 琼慧. 跟老会计学做账［M］. 北京：立信会计出版社，2012.

[29] 邹梅全，邹华勇. 会计做账基本常识［M］. 广州：中山大学出版社，2009.

[30] 高玉莲. 会计做账必备知识［M］. 广州：广东经济出版社，2008.